ケースで学ぶ
実戦
起業塾

Case Studies : Starting and Running Your Own Venture

Tetsuo Kitani
木谷哲夫 [編著]

日本経済新聞出版社

はじめに

「自分経営」の時代の起業

　会社より、個人の寿命のほうが長くなっている。

　高度成長期でも、企業の成長は設立後30年間が最も大きく、その後は頭打ちと言われてきた。1990年代末の調査によると、それがさらに短くなっている[i]。21世紀に入り、情報通信技術の飛躍的な進歩により産業構造の変化が加速し、この傾向はさらに強まっているように感じられる。新たな企業が登場する一方で、毎年のように変化に対応できない老舗企業が手詰まりとなり、姿を消している。

　ユニクロが老舗百貨店を駆逐しつつあるように、制度疲労し、古いビジネスモデルしか持たない企業が消えていくのは、当然の、あるべき産業の新陳代謝の姿である。

　こうした変化のサイクルが速い世の中で、多くの人にとっての問題は、どのようなビジネス上のキャリアを選択するか、ということだ。大手企業で定年まで働く、というかつての「王道」は、50歳を超えてゴールが見えてきた人以外には現実味を失ってきているからだ。

　米国で、欧州で、大会社を辞めて個人ベースで生きる人の割合が増加している。組織から個人への"民族大移動"が起きているのだ。企業や組織の存在感は低下している。米国では自分で会社を保有する人の数は人口の13%に達し[ii]、さらに増え続けている。欧州でも同様だ。「マイクロカンパニー（個人企業）化」と言われる現象である。大組織の「中抜き」現象だ。個人が市場と直接向かい合う形になっている。

　日本でも、その動きが周回遅れで起こっている。この「中抜き」の時代に大事なのは、「会社経営」ならぬ「自分経営」の視点である。会社より、自分個人のキャリア戦略をどうするか。起業という選択肢は、他の人と共同し、大きな事業機会にチャレンジできる魅力的なものだ。「自分経営」の1つの手段として、起業をとらえることが必要になる。

起業を「楽しむ」

　自分のキャリアを充実したものとするため、1つの選択肢として起業を選ぶ。その場合、「他に選択肢はない」と悲壮感をもってやるのは今の時代にはそぐわない。むしろポジティブに、「起業を楽しむ」という感覚が必要だ。
　実は、どの世界でも一番楽しんでいるのは新しいことをやる人たちだ。ビジネスでも、一番楽しんでやっているのは創業者である。起業して成功する人の多くは、きちんとしたビジネス経験を積んでいる。新しい事業を創ることの面白さ、守りに入ることのつまらなさを仕事の中で体感したことが、起業の原動力となっている。
　起業するには本人の強い意志と大きなエネルギーが必要だが、余計なストレスを抱え込む必要はない。イチロー選手のような大打者でも、「この1打席は絶対ホームランを打たなければいけない」と思っても、そう簡単に打てるものではないだろう。ホームランは、打席に何回も立つことができて初めて打つことができるのだ。
　起業においても、大事なのは失敗を恐れず、まずは「打席に立つ」こと。それには適切な技術や道具、つまり「方法論」が必要になる。それがあれば、チャンスで打席に立つことができる。今のように大きく変化する時代に必要なのは、そのような方法論を体得して、自分の選択肢の幅を広げることである。

勝つための方法論

　本書では、起業で勝つための方法論を6つのキー・ステップごとにまとめ、それぞれに章を割いて解説した。

ステップ1　勝てる土俵で戦う——ビジネスアイデアと起業マーケティング

　最近の研究では、成功した起業家に、共通の特質はない。つまり、「正しい起業家像」などはない、ということだ。しかし、「正しい事業機会」というも

のはある。例えば、ビル・ゲイツ氏がもし別の事業を選択していたら、マイクロソフトのような巨大ビジネスはできなかったかもしれない。彼にとっての「正しい事業」を始めたから成功したのだ。

　本人の資質も重要だが、もっと重要なのは、「勝てる土俵」を選ぶことだ。例えば、資本集約型で、製造過程が複雑な産業は、既存大企業に資本もノウハウも蓄積されており、個人が戦いを挑んでも勝てる見込みは非常に少ない。顧客の獲得も、広告宣伝費に大量の資金を投入したりすることはできない。

　第1章では、そういった分の悪い戦いを避け、勝てる土俵をどう探すか、作り上げるかのポイントについて考察する。

ステップ2　他力を活用する——チームビルディング

　本田宗一郎氏や、京セラ創業者の稲盛和夫氏といった偉大な起業家をとりあげた起業家列伝は、彼らの行動パターンや思想が大いに参考になる。なにより、素晴らしい活躍からエネルギーをもらうことができる。しかし、自分も同じようにできるかと問われれば、多くの人が「自分もできる」とは答えられないのではないか。むしろ「到底自分には無理」と言う人が多いだろう。

　本書は、「どのような人になるべきか」ではなく、「どのような人と組むべきか」に重点を置いている。世の中の起業家待望論には、スーパーマンの登場を期待する向きがある。しかし、技術も、財務も、営業も、マネジメントも自分ひとりでできる人など、どこを探してもいるわけがない。

　米国では、起業家が不得手な部分をカバーして起業する仕組みができ上がっている。発明者がいれば、それと組み合わせる生産、営業、財務から、社長業（つまり経営管理）まで、各種の機能がモジュールになっていて、流通している。ハリウッドでは、いい脚本がありさえすれば、プロデューサーが監督、俳優、配給会社、撮影スタッフなど必要なリソースを組み上げ、映画が一丁あがりとなる製作システムが確立している。それと同様だ。

　日本でも先進的なベンチャーキャピタル（ＶＣ）はそのようなプロデュース機能を提供し始めている。第2章では、仲間を集め、外部リソースと協業するための方法論について詳しく述べる。

ステップ3　合理的なリスクを取れるまで計画する——ビジネスプラン

　人生設計で、のるかそるかのギャンブルをしたい人は、ごく一部しかいないはずだ。起業は決してギャンブルではない。多くの人は、多種多様な魅力的なキャリアオプションの中から、起業という方法を選択するだけである。
　ここでのポイントは、不要なリスクは避けることだ。ある研究によれば、事業計画（ビジネスプラン）を立てている起業家の成功確率は、事業計画を立てない場合より高い[iii]。行動を起こす前に、必要な調査をし、できるだけ投資を抑制し、他力を活用してフレキシビリティーを上げる計画を作ることが重要になる。
　調査といっても、大規模なアンケートなどはなかなかできないし、今まで世の中にない新規事業の場合は人に聞いても情報はなく、ピンポイントの限られた情報で判断しなければならない。大企業のようなプランニングをすると、失敗してしまう。第3章では、大企業とは異なるスタートアップならではのスキルを解説する。

ステップ4　市場の目で技術を見る——知財と技術マネジメント

　日本の技術系ベンチャーは、開発者がそのまま社長になり、シーズから発想することが多い。自分の技術に入れ込むあまり、「こんないい技術だから、必ず顧客はいるはずだ」という論法を展開する。技術的な詳細は秘密だからと、あまり人と相談しないケースも多い。そうなると、失敗に向けて一直線、という事態に陥ることになる。
　どんな技術も、単独でビジネスになるのはまれである。多くは、他の技術と組み合わせることによって初めてビジネスとして成立する。「シーズ」からではなく、市場の「ニーズ」から発想することが必要だ。ニーズを満たすために最適な知的財産（知財）を調達する、自分の技術より他人の技術が優れていればそれを使う、といった「逆方向の技術マネジメント」が必要になる。第4章では、知財と技術マネジメント（MOT）について詳しく述べる。

ステップ5　会社の成長に合わせて自分も進化する——成長の管理

　会社の規模が大きくなると、創業当時とはかなり様子が違ってくる。これにとまどう創業者が多い。
　会社規模がある一定人数を超えると、1人の経営者が経営のすべてを把握するのはますます困難になる。権限委譲や組織化、システム化がますます重要になる。社員のマインドも変化する。創業当時自分は寝袋で徹夜をしていたからといって、大きな会社に成長してから入社した人たちに同じことをさせると、モラールダウンを招き、下手をすると労働基準法違反になってしまう。
　そうした変化に合わせて、自分も進化させることが必要になる。起業初期の成功パターンにしがみつくのはあまり良くない。むしろ、起業初期と同じようにやりたいなら、自分は持ち株を売却して別のビジネスを創業する、という生き方も「あり」である。「創業する人」と「経営する人」は別でもよい。シリアル・アントレプレナーと呼ばれるように、そのような人は実はかなりの数存在する。
　第5章では、起業家が長期にわたって成功を収めるために重要な成長戦略とその管理手法について解説する。

ステップ6　出口戦略を常に意識する

　起業をビジネスキャリア上の1つの過程とすると、その「入り口」があると同時に、「出口」がある。最終形には、株式を上場（IPO）して大企業を目指し、将来は社長を後継者である息子に譲り、自分は相談役におさまるというのが、かつての主流パターンだった。しかし、それ以外にも、様々な可能性がある。出口戦略が重要になる所以だ。
　最終形を起業の初期段階から意識することにより、事業のコンセプト自体も変わってくる。例えば、初めから「成功確実」なベンチャーというものが米国では存在する。「何年後に、いくらで買収してもらう」という事業譲渡（会社売却）を大手企業と会社設立時にあらかじめ合意している場合などだ。

そのような場合、何年か後での「終わり」を念頭に置いてビジネスプランを立てることになる。

第6章では、さまざまな出口戦略の可能性について論じる。

本書の特色

本書の特色は、以下のようなものだ。

特色その1　豊富な経験に基づき、具体的に解説

本書はキャリアの1つの選択肢として起業を検討するすべての人を対象にしている。このため、ベンチャーキャピタリストなどの専門家でなくても読めるように、専門用語は極力かみくだいて説明した。

執筆者はいずれも現在、京都大学でベンチャー教育に携わっている一方、それぞれが経営コンサルタント、ベンチャーキャピタリスト、ベンチャー経営陣としてベンチャーに関わってきた豊富な経験を持っている。

本書は、いわば「実戦と理論をつなぐ架け橋」を企図して執筆した。起業家にとってのポイントをうまくマネージした例や、起業家が陥りやすい落とし穴について、具体例を数多く取り上げた。ケーススタディーというものは、現実的な課題についての理解を助ける。実際にチャレンジする人が現実を目の前にして「そういえば、こういう例があったな」と思いだして下されば、幸いである。

特色その2　日本での実戦を重視

ベンチャーに関して最先端の理論がいろいろと輸入されている。しかし、それがそのまま日本で通用すると考えると、間違えてしまう。ことベンチャーに関しては、日米のギャップは相当大きいからだ。直輸入した考え方は「最先端すぎて、そのままでは使えない」という事態がまま起こる。

例えば、よく聞く話に「ビジネスプランより社長の人物が重要」という話

がある。米国の有名ベンチャーキャピタリストが投資判断のポイントとして実際に語った話がそのまま紹介されているのだ。

　米国では、どんなビジネスプランもピカピカに仕上がっている。ビジネスプランはあって当たり前なので、「だから、人を見て判断する」ということになる。日本では、まともなビジネスプラン自体が少ない。「プランより人」という最先端の考えだけを輸入しても、単なるヤマカン投資になってしまう。いくら情熱がある人でも、事業の将来性がなければ話にならない。

　本書では、直輸入の理論でなく、日本の現状を踏まえた実際的な理論・経営手法を解説することに重点を置いた。

特色その3　事業の作り方を解説

　「会社の作り方」について書かれた文献は多い。会社設立の手続きは、手なれた司法書士にまかせれば数万円の手数料でやってくれる。そんなことまで四苦八苦して自分でやることはない。本書は、会社の作り方ではなく、「事業の作り方」に重点を置いている。

　起業に限らず、独立にはいろいろな形態がある。例えば、ビルを建てて、1階でコンビニンスストアのフランチャイズチェーン（FC）店を経営し、上の階は賃貸マンションにする、という方法もある。そちらの方が確実かもしれない。ブログを書いて、いわゆるアフィリエイト（成功報酬型の広告）などの副業で小銭を稼ぐという手もあるだろう。ライフスタイルの面から、それを選択するという道もあっていい。

　起業家とコンビニ経営や副業を分けるものは、事業機会を「大きく考えるかどうか」である。キャリア上の自己実現に対する考え方と、事業の成長ポテンシャルの大きさがポイントになる。つまり、'THINK BIG, START SMALL' が重要だ。本書は、いかに大きな事業機会を見つけ、成長させるかに力点を置いている。

　なお、本書の刊行にあたっては、フリージャーナリストの高嶋健夫氏にご協力をいただいた。また、日本経済新聞出版社の赤木裕介氏には、本書の構

想段階からお世話になった。この場を借りて、深く感謝申し上げる。

それでは早速、『実戦・起業塾』を開講しよう。

2010年7月

執筆者を代表して　木谷　哲夫

---

i 「日経ビジネス」1999年10月4日号記事「企業短命化の衝撃～新・会社の寿命」によれば、最近の株式時価総額に基づく実証分析では上位100社以内に企業が滞在する期間は平均7年以下であることから、「企業が大きな影響力を保つ盛期は平均で7年以下」とされている。同様に、「ビジネスウィーク」誌が毎年実施する時価総額ランキング「グローバル1000」を基にした米国企業の分析では、上位100社の平均滞在期間は5年以下となっていることが指摘されている。なお、「日経ビジネス」誌は83年9月に、総資産額のランキングに関する実証分析を基に優良企業といえども「本当に生きが良いのは最初の10年」「元気な優良企業でいられるのは30年まで」という結果を算出し、企業が繁栄を謳歌できる期間、すなわち「会社の寿命」は、平均わずか30年にすぎないとしていた。

ii スコット・A・シェーン著/スカイライト コンサルティング株式会社訳『プロフェッショナル・アントレプレナー』（英治出版、2005年）。米国で新しく設立された企業の年間登録件数は、1970年代から劇的に増大し、そうした新企業の設立に関わる人の数は年間の婚姻者数や新生児数よりも多い。詳しくはP. Raynolds and S.White, *The Entrepreneurial Process: Economic Growth, Men, Women and Minorities* (Westport, CT: Quorum Books 1997)。また、B. Hamilton, "Does Entrepreneurship Pay? An Empirical analysis of the Return to Self-employment", *Journal of Political Economy* 108 no.3(2000) : 604-31　によれば、ビジネスオーナーの数は、農業従事者を除く米国人口の13％に達している。

iii Delmar, F., and Shane, S., "Does business planning facilitate the development of new ventures?" *Strategic Management Journal*, 24(12): 1165-1185, 2003 では、223社のベンチャー企業を設立後5年目まで追跡調査したデータに基づき、ビジネスプランを作成することがベンチャーの失敗確率を減少させると結論している。ビジネスプランは起業家の資源配分に関する意思決定や、抽象的な目標を具体的なアクション・ステップに落とし込むことに貢献し、製品開発や企業の組織化にも有効としている。

ケースで学ぶ
**実戦
起業塾**

目次

第1章 勝てる土俵で戦う
ビジネスアイデアと起業マーケティング

1 なぜ起業テーマが重要なのか ——————— 14
2 なぜ同じような起業テーマでも差が付くのか ——————— 24
　ケース 1-1 オトバンク ——————— 25
3 事業領域を選ぶための4ステップ ——————— 31
4 マクロ要因から見た企業テーマの選び方 ——————— 38
　ケース 1-2 ユネクス ——————— 40
5 自分の「強み」から見た起業テーマ発掘法 ——————— 44
6 システマティックなアイデア発想法 ——————— 49
7 アイデア評価の3つのポイント ——————— 54
8 起業におけるマーケティング ——————— 61
9 初期顧客の探し方 ——————— 69
10 一気に市場に普及させる方法 ——————— 75
11 ベンチャーならではのマーケティング ——————— 78

第2章 他力を活用する
チームビルディング

1 中核メンバーを作る ——————— 86
　ケース 2-1 DeNA（ディー・エヌ・エー） ——————— 99
2 外部リソースの使い方 ——————— 106
　ケース 2-2 クエステトラ ——————— 112
　ケース 2-3 ルネッサンス・エナジー・インベストメント ——————— 120
　ケース 2-4 ライフネット生命保険（その1：チームビルディング） ——————— 125

第3章 合理的なリスクを取れるまで計画する
ビジネスプラン

1 ビジネスプランを書く前に────────134
  - ケース 3-1　EARTHWORM社────────142
  - ケース 3-2　ライフネット生命保険（その2：フォーカス戦略）────────150
  - ケース 3-3　アーキネット────────157
  - ケース 3-4　翻訳センター────────162
2 ビジネスプランを書く────────165
  - ケース 3-5　ナノキャリア────────181
3 ベンチャーの財務戦略────────186

第4章 市場の目で技術を見る
知財と技術マネジメント

1 MOTとは何か？────────200
2 技術戦略────────206
  - ケース 4-1　エムオーテックス（その1）────────208
  - ケース 4-2　チームラボ（その1）────────211
  - ケース 4-3　HNC社（その1）────────214
3 技術マーケティング────────216
  - ケース 4-4　エムオーテックス（その2）────────219
  - ケース 4-5　チームラボ（その2）────────222
  - ケース 4-6　HNC社（その2）────────225
4 イノベーション────────230
  - ケース 4-7　エムオーテックス（その3）────────234
  - ケース 4-8　チームラボ（その3）────────237
  - ケース 4-9　HNC社（その3）────────239
5 知財戦略────────244
  - ケース 4-10　エムオーテックス（その4）────────249
  - ケース 4-11　チームラボ（その4）────────251
  - ケース 4-12　HNC社（その4）────────252

第5章 会社の成長に合わせて進化する
成長の管理

1　ベンチャー企業と成長 ——— 260
2　成長の前提条件 ——— 266
3　成長の制約要因とその対策 ——— 271
4　ケース：タリーズコーヒージャパン ——— 282

第6章 出口戦略を常に意識する

1　なぜ出口戦略（Exit）が必要なのか ——— 300
2　株式公開（IPO） ——— 303
3　会社売却 ——— 314
　ケース 6-1　メールニュース（現サイバー・コミュニケーションズ） ——— 317
4　事業の終了 ——— 322
　ケース 6-2　初代ライブドア ——— 322

装幀　渡辺弘之

第1章

勝てる土俵で戦う
ビジネスアイデアと起業マーケティング

瀧本哲史

1. なぜ起業テーマが重要なのか

どうやって事業領域を決定するか

①「業界」を選ぶ

　起業するときに、最初に決定すべきことは、起業のテーマを何にするか、言い換えれば、起業した会社の事業領域を決定することである。事業領域を決定するには、例えば、3つの視点から決定することが必要である。

　第1の視点は、業界の視点である。例えば、旅行業、通信業、金融業などといったくくり方である。経済産業省がかなりシステマティックな産業分類を行っており、マクロ的な市場調査データを使うときには、こうした分類も有効である。ただし、実際の起業テーマとして有力なのは、こうした伝統的な産業分類に囚われない、複数の産業の要素を持っている複合的なテーマにこそチャンスがある。というのも、新たに事業を興すときには、今までの産業区分を破壊したり、顧客側から見て新たにくくり直したりして新しい切り口を出した方が、業界に対する正しい見方になるからである。いくつか例を挙げて説明しよう。

　例えば、グーグル（Google）は、どの産業に属していると言えるだろうか。大きく捉えれば、インターネット業界に属しているという言い方になるが、グーグルが市場としているところを既存の産業と比較してみると、驚くほど多くの産業に影響を与えていることがわかる。

　まず、メディア企業としての要素を持っている。グーグル自体がコンテンツを作っているわけではないが、インターネット上のニュースや記事に対するリンクを提供することで、顧客のメディアに接する時間を雑誌やテレビから奪っているという点では、何らメディア企業と違いはない。同社が運営している「ユーチューブ（YouTube）」はテレビの需要を奪っていると考えると、放送業としての要素をも含んでいる。また、「アドワーズ（AdWords）」はこれまで広告代理店が行ってきた仕事を奪っている。具体的には、広告欄を仕入れてきて、どのような広告を打ったらよいかを提案し、広告の効果測

定を行うというサービスである。

　最近では、同社はクラウド・コンピューティング・サービスの領域にも進出している。「グーグルアップス（Google Apps）」というオンラインで利用できる生産性アプリケーションサービス（マイクロソフトの業務用アプリケーションソフト「オフィス」に当たるもの）を提供している点で、ソフトウェア産業とも言える。このサービスの基盤として、サーバーの貸し出しを行っているので情報処理サービス産業としての要素も持っている。著作権上の問題を抱えており、サービスはまだ本格的に開始されていないが、「グーグル・ブック検索」という過去の書籍すべてを検索できるサービスは、出版業、書店業をもカバーするビジネスになっている。これらは、顧客側から見れば、「すべての必要な情報を一元的に管理したい」というニーズに根ざした統一的なサービスと見ることもでき、グーグルはまさに複数の産業を１つの産業として再定義することによって、事業を広げてきた企業と言えるだろう。

　グーグルがやや極端な事例だとするのであれば、一般に保守的な産業と考えられている金融業を例に取ってみよう。従来、金融業は、旧大蔵省の組織構造に対応する形で、「銀行」「証券」「保険」と完全に分離されていた。それぞれ別の企業が事業化しており、相互の連携は厳しく規制されていた。しかし、これは顧客側から見れば、きわめて不自然な業界区分である。

　顧客が金融に求める機能は、大別すると４つある。すなわち、①おカネを預けて増やして欲しいという「資金運用」、②必要な資金を調達したいという「資金調達」、③現金を持たずに済ませ、指示することで支払いを銀行に代行させたり、資金を移動させたりする「資金決済」、④手数料を払うことでリスクを引き受けてもらう「リスクマネジメント」——である。

　このうち、「資金運用」サービスを提供しているのはどの業態であろうか。結論的には、銀行業や証券業はもちろんのこと、保険業も変額年金保険に代表されるような資金を運用する金融商品を販売している。これは実態的には、主に証券会社が販売している投資信託に保険を付けたものに過ぎない。つまり、ユーザー側から見れば、この３業態の区別は供給者の論理によるものに過ぎない。かくして、金融ビッグバン以降の規制緩和によって、この３業態は融合を強めていった。銀行でも投資信託を販売することができるし、保険

を売ることもできる。三菱UFJフィナンシャル・グループも、みずほフィナンシャルグループも、銀行と証券を統合した金融グループになっている。また、金融業のうち「資金決済」については必ずしも伝統的な金融機関がやる必要性はないので、セブン＆アイ・ホールディングスといった流通業やNTTドコモといった通信業のプレーヤーも参入してきている。
　このように、産業による起業テーマの分類は、必ずしも有力な切り口ではなくなっている。

②「顧客」を選ぶ
　第2の視点は、顧客の視点である。究極的には、"誰が"提供される商品やサービスに対価を払ってくれるのかという視点である。同じ産業であっても、顧客が個人なのか法人なのか、ターゲットとなる顧客の属性で、全く違うタイプのビジネスになる。個人顧客であれば、性別、年齢、ライフスタイル、企業顧客であれば、所属産業、企業規模、購買者の社内での地位（役員が顧客なのか、現場のスタッフが顧客なのか）などの点の分析が重要だ。
　例えば、同じ自動車を販売するディーラーのビジネスをするにしても、想定される顧客が法人か、個人かによって、ビジネスの形態が変わってくる。個人向けのディーラーであれば、店舗のデザインや従業員の接客サービスといった要素が自動車の性能や価格以上に重要な購買決定要因になってくる。集客方法は広告を打ったり、販売エリア内の自動車保有状況、とりわけ車検時期による買い換えタイミングを把握したりすることなどが重要である。顧客がメーカーや車種を変えることは頻繁に起こることであり、収益性を改善・安定させるためには、自動車保険の販売なども有効である。
　一方、法人向けのディーラーであれば、顧客が最も重視するのは価格である。特に、運送事業者が顧客の場合には、「数台買うから安くしてくれ」といったボリュームディスカウントにどれだけ対抗できるかが事業のカギとなる。顧客の保有台数が多く、走行距離が長いため、保守メンテナンス体制も重視される。これに対し、営業担当者の接客サービスなどは相対的に重要性は低くなる。法人顧客の担当者は社内体制・事務手続きを変えたくないので、車種やディーラーの変更は比較的少ない。飛び込みの見込み客もほとんどい

ないので、店舗への集客に力を入れる必要はない。自動車保険は、顧客が保険会社と直接やりとりする、あるいは業界で共済組合を作るので、ビジネスチャンスにはならない。

このように、同じ自動車ディーラーでも、想定顧客が違えば、全く違うビジネスモデルと言ってよい。

③「商品」を選ぶ

第3の視点は、商品の視点である。顧客に対して「商品として何を提供するか」という視点である。ここで商品と言っても、いわゆる「モノ」であるとは限らない。「サービス」などの無形物であったり、さらには、最終提供物だけでなく、提供する過程の体験（商品を選ぶプロセス自体も顧客にとっての満足度を左右する）なども重要である。より本質的には、「顧客にどのような体験を与えて、どのような欲求を満たすか」という抽象化されたレベルで考えることになる。

例えば、顧客が「商品」を買っているわけではないという考え方を説明するために、「宅配ピザ」の例を取り上げよう。

実は、宅配ピザは大変収益性の高いビジネスである。原価に配達コストを考慮しても、1回の注文ですぐに3000円ぐらいの単価になるのは、顧客の立場からは「いかにも割高」と感じないだろうか。レストランでピザを注文してもこんな値段にはならないであろうという価格設定になっている。それでは、「宅配ピザ」で顧客は何を買っているのであろうか。

一言で言えば、「利便性」を買っていることになる。要は、主婦にとっては、宅配ピザを注文することによって、買い物や調理や片付けの手間をほとんどかけることなく、家族の満足を得ることができる。しかも、その非日常性から、「手抜きをしている」という罪悪感を持たないで済むところまでが、トータルパッケージになっているのである。実際、宅配ピザが売れる日は天気が悪くて、買い物に行きたくない日であったりする。

他方、「母の日」など、他の家族が主婦に楽をさせたい日もよく売れる日である。家事参加を普段していない家族が急に料理を手伝ったりすると、往々にして片付けをしないなど、かえって主婦の家事負担が増えてしまいがちだ

が、宅配ピザは食器を使わず、空き箱を捨てるだけで済むところも優れている。一般的な出前が容器を洗ったりしなければならないのとは対照的である。しかも、宅配ピザは子供が喜ぶようなアニメや漫画のキャラクター商品とタイアップするなど、食材以外の点でも魅力を高める戦略をとるチェーンも多く、子供から不満が出ることもない。

つまり、実は、宅配ピザは「主婦が楽をできる」ということを提供価値としているのだ。「ピザを売る」と考えると、ピザの市場とか、せいぜい出前（ケータリングサービス）市場との比較で考えてしまうことになるが、「家事代行業」と考えてよりそれにふさわしい商品に磨き上げていけば、既存の出前ビジネスよりも大きな市場で勝負することが可能になるわけである。

似たような"見えざる価値"を提供している商品には、幼児向けのセルビデオ（一般消費者向けの販売用ビデオ・DVD）がある。まず、誰が顧客であるかだが、もちろん、子供たち本人ではない。ほとんどの場合、セルビデオを買うかどうかは、最終的には親・保護者が決定するからである。

それでは、顧客である親はどのような提供価値を目当てに買っているのであろうか。実は、これは「子供が静かに見てくれて、親がひと息つける」というのが提供価値なのだ。しかし、読み聞かせが必要な絵本に比べて親の関与が少なく、いかにも手抜き感がある。そこで、「親が安心して見せられる高

図表1-1 事業領域の基本要素

- 旅行業、通信業、金融業など
- 経産省が産業分類をしている
- ただし、複合的な産業など新しい領域もある

- 誰がお金を払ってくれる人なのか
- 個人か法人か、性別、年齢、所属産業、企業規模、社内での地位など

- いわゆるモノであるとは限らない
- サービスや提供する過程の体験であることもある
- 本質的には顧客の欲求を満たす何か

出所：筆者作成

品質の物語」とか「教育効果」などがうたわれているものが、親にとっても自分に対する納得感が強く、売り上げを伸ばす重要な要素になっている。

失敗する起業はどこでつまずくのか

　こうして、業界、顧客、商品という切り口から、起業テーマを探すわけであるが、多くの起業がつまずいてしまうのは、最初に選んだ起業テーマそのものが間違っているというケースが実は多い。

　筆者は国内外で多くのビジネスプランコンテストの審査員を務めてきているが、一番努力が報われないケースが「テーマ選択の段階」でつまずいているケースなのである。最初に間違ったアイデアに惚れ込んでしまった結果、その後の努力がほぼ無駄になってしまうということが、よくある。いかに一生懸命、市場分析をしようと、洗練されたマーケティングプランを考えようと、精緻なプレゼンテーション資料を作ろうと、最初に選んだテーマが間違っていれば、所詮、審査員を納得させることは難しい。もちろん、あなたのすばらしいプレゼンテーションに審査員が"引っかかってしまう"ことがあるかもしれない。しかし、それは単に問題の先送りでしかない。実際の起業となれば、お金、時間、そしてあなた自身のキャリアを犠牲にすることになってしまう。間違ったと思ったら、なるべく早く引き返した方がよい。

　例えば、業界の選び方であれば、成長率が高く、これから立ち上がっていく業界を選ぶのが鉄則である。逆に望ましくない業界としては、一般的には、少子化によって顧客数が急速に減少している子供向けの市場（例：子供服）は望ましい起業テーマではない。あるいは、通信業のようにガリバー企業が過当競争を繰り広げている業界も良いテーマではない。もちろん、少し視点を変えて、例えば既存の子供服市場を狙うのではなく、「子供服の中古流通業」という新しい業態を作り出せれば、少しはチャンスが広がるかもしれない。それでも、長い目で見れば縮小市場であり、成長には限界があると言わざるを得ない。

　顧客であれば、ターゲット顧客の物理的な人数や財布の大きさが、チャンスの大きさを規定してしまう。ターゲット顧客が学生であれば、自ずと支出

できる金額は決まってくるし、ある特定分野の教育・研究機関しか顧客にならないようなビジネスであれば、顧客の数には自ずと限界があることになる。

　商品という視点に立てば、起業テーマが「商品」として成り立つものでなければならない。つまり、顧客が「対価を支払ってもよい」と考える製品・サービスを安定的に供給できる体制を構築できなければならない。どれほど画期的な研究成果や発見に基づき、それらの成果を利用した商品であっても、誰かが「お金を払ってもよい」と考えるだけの価値がなければ、それは商品ではない。商品として成り立つかどうかは、商品の生い立ちや内在的な価値によってではなく、「顧客の金銭的評価」という外部評価によって決まるのである。

　また、どれほど良い商品で、顧客が対価を払ってもよいと考えるものであっても、安定的に供給できなければビジネスにならない。つまり、まだ研究段階で品質が安定しなかったり、性能に再現性がなかったり、顧客の求めに応じて供給できなかったりすれば、それは商品ではないことになる。しかも、顧客は商品そのものではなく、付随的な提供価値も含めて買うのであるから、それも含めて設計しなければならないことは、これまで述べてきた通りである。

図表1-2　間違った領域を選んでしまうと…

業界	● 逆風で勝負するのは厳しい 　ex. 子供服 ● ガリバー企業同士の過当競争業界は厳しい 　ex. 通信業
顧客	● どの顧客を選ぶかで財布のサイズは自ずと決まる（無い袖は振れぬ）
商品	● どれほど画期的でも顧客の欲求を満たすモノでなければ誰もカネを払わない ● どれほど良い商品でも安定的に供給できなければビジネスにならない

出所：筆者作成

魅力的な起業テーマの3つの利点

より魅力的な起業テーマを選択することにより、その後の事業展開も楽になる。そのことを以下、3つに分けて説明する。

①事業展開の柔軟性が高まる

第1には、事業展開の柔軟性が高まることがある。あるテーマで起業しても、当初の計画通りに進むことはまずないと思った方がよい。目論んでいた市場が思ったより小さかったり、十分な大きさがあったものの競合が多すぎて、誰も儲からない市場になってしまったり、過当競争の中で自社が最終的に「負け組」になってしまったり、ということもよくあることである。それでも、元々魅力的なテーマで起業していれば、テーマを多少改変することで、新しい事業機会を作り出すことが可能である。

また、市場が十分に大きければ、トッププレーヤーでなくても、それなりの地位を築いてなんとか事業を継続し、次のチャンスを待つことも可能である。

例えば、日本におけるSNS（ソーシャル・ネットワーキング・サービス）のトッププレーヤーであるミクシィ（mixi）は、最初からSNS事業で起業した会社ではない。元々は、「ファインドジョブ（Find Job！）」というインターネット上の求職サイトからスタートしている。この業界は、業界ガリバー企業であるリクルートの「リクナビ」をはじめ数多くの求人サイトが立ち上がり、その中で「ファインドジョブ」が勝ち残っていたとは言い難い。

しかしながら、市場自体の成長性が高く、既存のリアル媒体（求人誌）との比較で優位性があったため、インターネットサービス関連の人材に強い求人サービスとしての地位を確保することができた。同時に、成長している産業や若いインターネットユーザーにフォーカスした広告ビジネスを事業領域にしていたため、SNSという新しい事業機会を発見し、その事業を加速することができたのである。これがもし、紙媒体の求人サービスを起業していたら、ほどなく行き詰まっていたであろうし、他の事業機会を発見し、市場を開拓することはできなかっただろう。魅力的な起業テーマを最初に選んでいることで、多少読みが外れても逆転可能になるわけである。

②資金調達が容易になる

　第2には、魅力的な起業テーマの方が、資金調達がしやすいという構造がある。ベンチャー企業が成長し、競合他社と差を付けるためには、ベンチャーキャピタル（VC）に代表される外部資金を調達することが有効である。この場合も、起業テーマが魅力的であることは決定的に重要である。近年はVCも過当競争になっているため、投資ファンドの出資者に対する魅力度向上とファンド運用のスキルの差別化という観点から、特定の投資テーマに特化したファンドが増えている。投資ファンドが好む起業テーマにはある程度の傾向ないしは流行があり、テーマが魅力的である方が資金調達は容易である。

　例えば、2010年夏現在であれば、モバイル・アプリケーション・ビジネスについては多くの特化型のファンドが存在し、資金調達が相対的に容易な環境にある。逆にマイナーなテーマであると、それだけで資金調達が困難になる。今でこそ、リサイクルなどの環境関連ビジネスは脚光を浴びている産業であるが、10年ほど前までは、産業廃棄物処理業という透明性が低く、コンプライアンス（法令遵守）リスクも高い産業としてしか認知されていなかった。

③優秀な人材の獲得・育成・定着が容易になる

　第3には、魅力的な起業テーマの方が、人材を集めやすいという理由が挙げられる。ベンチャーの成長は、優秀な人材を集められるかどうかに依存する。人が働く理由としては、大別して、「金銭的な報酬」と「非金銭的な報酬」がある。その両方において、魅力的な起業テーマの方が、魅力的な職場を提供できるので、優秀な人材を集めやすく、起業後の中途退職など人材の流出を防止することも容易である。

　まず、経済的報酬であるが、起業テーマの成長性、収益性が高ければ、人材に経済的に魅力のある待遇を提供しやすい。成長産業においては、より多くの経営課題に直面することになるため、キャリアとしての学習機会、仕事としてのおもしろさといった非経済的な報酬の面でも、魅力的な職場を提供できる。このため、より良い人材を集めやすくなる。

　採用や退職防止といった要素にとどまらない。起業テーマが魅力的で成長

性が高ければ、採用した後の人材の成長も速いので、既存の人材のレベルアップという意味でも、起業テーマが優れていることは重要である。つまり、魅力的な起業テーマを選択することで、より良い人材を集め、より速く成長させ、かつその人材を組織に維持しておくことが可能ということになる。

　逆に衰退する産業は、人材の採用が困難であり、成長させることも困難であるため、人材が流出するという悪循環に入っていく。具体的な例を挙げると、2000年代前半に外食のフランチャイズチェーンが急速に成長した。この過程で、金融機関、製造業などからも多くの人材がこの産業に流入した。産業が成長するときには、組織も成長し、新規業態の開発、エリア拡大など次々と経営課題が広がり、経済的な待遇の面でも、学習機会としても魅力的な場であったからである。

　しかしながら、2000年代後半に入って、リーマン・ショックによる景気後退によって外食離れが進む中で、逆に外食産業は人材を新規採用しにくく、しかも店舗の閉鎖・撤退など後ろ向きな業務経験しか与えられないことから、学習機会としての魅力も薄まり、人材の流出が始まった。

　大きく言えば、産業の盛衰は人材の移動によって決定され、また、人材の移動を決定付けるものである。日本はいわゆる終身雇用制が根強く存在すると言われるが、ベンチャーの人材市場の流動性は比較的高く、コア人材は産業の将来性に合わせてある程度移動すると言ってよいだろう。外食産業のみならず、人材サービスや不動産流動化ビジネスで、同じような人材の移動が見られた。ベンチャーにおいては、人材が会社の成長の限界を決定する局面が多いので、人材が集めやすい起業テーマを選ぶことは決定的に重要である。

2. なぜ同じような起業テーマでも差が付くのか

「3つの理由」が差を付ける

　それでは、正しい起業テーマを選択すれば、それで成功できるのか。実際には、それほど簡単ではない。というのも、どんなに画期的なアイデアであっても、似たようなアイデアを考える起業家が複数存在することがほとんどのケースである。インターネットの登場によって、多くの情報が短期間で広がるようになってくると、完全に独自な情報を持って、完全に独自な事業を立ち上げるのは難しくなってくる。

　さらに、非常に魅力的な起業テーマであれば、自分が起業してしばらく経ったタイミングで、必ず模倣するプレーヤーが現れるのは覚悟しておいた方がよい。日本の伝統的な大企業のほとんどは、成長機会の創出と中高年を中心とした余剰人員に悩まされており、新規事業の種をいつも探している。そして、安易ではあるが、実際によくとられるアプローチが、うまくいってそうなベンチャーの事業や商品を「パクる」、つまり模倣するという方法なのである。

　先行しているベンチャーが独自の技術・ビジネスモデルを保有していて、それら知的財産権が特許などで保護されていたとしよう。そうであっても、全く油断することはできない。というのも、前述したように、顧客が買うのは実は「モノ」や「サービス」でなく、それらの商品を購入することによってもたらす「問題解決（ソリューション）」という「提供価値」だとするのであれば、後発企業が全く違うアプローチで同じ課題を解決しようとすると、結果的に競合してしまい、独自性だけで勝負することは難しいからである。

　以上のことから、正しい起業テーマを選ぶことは必要条件ではあるが、十分条件ではないことが理解できよう。

　しかし、それでもやはり、同じような起業テーマを選んだ複数の企業が競合しても、最終的には「勝ち組」と「負け組」に大きく分かれていく。具体的な起業テーマ選択の前に、いったん、そのメカニズムについて理解しておいた方がよいだろう。

図表1-3 アイデアが良くても…

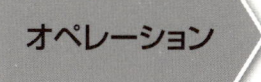
- タイミングが早すぎると、市場ができる前に資金を使い切ってしまう
- タイミングが遅すぎると、競争過多で儲けられない

- アイデアが良くても、実際それを実行できるかどうかはまた別の問題
- 企画倒れ、計画倒れに終わる

人　材
- ほぼ同じタイミングに同じ事業をスタートさせても、人材の差で勝敗が分かれる（判断力、アライアンス力、営業力、リクルーティング力など）

出所：筆者作成

　なぜ同じような起業テーマでも差が付くのだろうか。それについては大きく分けて、3つの理由が考えられる。すなわち、①タイミング、②オペレーション、③人材——の違いである。つまり、同じ起業テーマを選択しても、「どのタイミングでスタートしたか」「そのテーマを実現するオペレーションをどれくらいの精度で構築できたか」そして「その構築に関わる人材はどれくらい優秀なのか」によって、大きな差が生まれるのである。
　以下、具体的なベンチャー企業を例にとって説明しよう。

ケース1-1　オトバンク

①オトバンクの事業概要

　オトバンク（本社東京都千代田区、2004年創業）は、いわゆる「オーディオブック」（書籍の朗読）を「iPod（アイポッド）」に代表されるデジタル・オーディオ・プレーヤーに配信している会社であり、こうした音声配信サービス分野ではデファクトスタンダードをとっている会社になっている[i]。
　書籍を朗読した音声コンテンツの配信事業は、オトバンク以外にも、同様の事業で米国でデファクトスタンダードになっているオーディブル（Audible Inc.）の日本法人の他、筆者が把握している範囲で少なくとも新規の企業で

4社、株式公開企業の新規事業として2事業、出版社の関連事業で2事業がトライしている。しかし、2010年7月現在、すでに半分以上の企業が撤退しており、残った企業の中でも、トップシェアを持つオトバンクと他社との差は大きく開いている。

　オトバンクは、創業社長である上田渉氏（1980年生まれ）が祖父が緑内障にかかって読書ができなくなったことから、朗読コンテンツを探そうとしたところから発想がスタートした。その当時、朗読コンテンツは社会福祉法人などが視覚障害者向けに細々と制作していた他は、新潮社が古典や有名文学作品などをカセットテープに吹き込んだ「新潮カセットブック」や、出版社や制作会社が採算を度外視して作った単発物など、きわめて限定されたコンテンツしかなかった。これに対して、米国では通勤に自動車を使う人が多いこともあり、売れ行きの良い書籍のほとんどは、カセットテープにコンテンツを朗読して収録する「オーディオブック」の形で販売されていた。

　それから数年経ち東京大学の4年生になった上田氏は、日本でもオーディオブックの市場を創造できるのではないかと考え、起業した。最初は、英語教材向けの音声収録事業でデジタル録音のノウハウを積み重ねつつ、航空会社の機内サービス用コンテンツの制作などで実績を積み重ねていった。こうした実績を足がかりに、オーディオブックの本格的な事業化を出版業界に働きかけ続けた。先行している企業がすべて事業化に失敗していたので、出版社側も半信半疑であったが、上田氏の粘り強い説明の結果、著名な著者や大手出版社が次々とオトバンクと契約を結び始めた。現在は、ラジオ局の過去のコンテンツのアーカイブの販売や、新聞・雑誌のインターネットラジオの有料配信も行っており、この分野では、デファクトを握る企業になっている。

　オーディオブックだけでなく、インターネット上の書籍に関するマーケティング支援やインターネットラジオの広告配信プラットフォーム（電通グループとの協業）など、音声コンテンツや書籍のマーケティングに関するサービスを総合的に提供する会社に成長している。

② **成功要因その1＝タイミング**
　オトバンクの成功要因を、前述した3つのポイント別に分析する。併せて、

著名なベンチャー企業なども分析していこう。

　第1に、「タイミング」について検討する。ほとんど同じアイデア、起業テーマに基づいて起業する場合でも、市場が立ち上がる時期に対して、早すぎるタイミングでスタートしても、遅すぎるタイミングでスタートしても成功することはできない。

　オトバンクが主要事業としている、音声コンテンツ事業が立ち上がるためには、まず、デジタル音声圧縮技術である「MP3」とそのフォーマットを搭載したデジタル・オーディオ・プレーヤーが十分に普及する必要があった。MP3が普及する以前の、携帯音楽プレーヤーがまだカセットテープやCD、MDなどのパッケージ媒体を使っていた段階でスタートした事業は、いずれも成功できていない。MP3プレーヤーが十分に普及する前は、音声コンテンツを流通させるにはパッケージ化が必要だったためにコストが高くなり、書籍を買うのと同じ手軽さで朗読音声コンテンツを提供することは不可能であった。実際、カセットやCDを利用した朗読コンテンツは、大手出版社が手がけたものの収益化には成功できなかった。

　逆に、マスメディアでも取り上げられるぐらいに市場が成長してきたタイミングで新規参入した大企業の多くは、早期に撤退するか、あるいはかなりニッチな分野にフォーカスせざるを得なくなっている。

　一般に、新しい市場に新規参入する場合、新聞や雑誌に載っている公開情報を使って稟議書を書くことができ、社内提案もしやすくなってくるくらいのタイミングでは、すでに遅すぎるケースがほとんどである。これが大企業の新規事業の多くが失敗する大きな理由の1つとなっている。オトバンクの場合は、デジタル・オーディオ・プレーヤー市場が立ち上がるよりもやや早いタイミングで、CDによる展開も視野に入れつつ起業したことが、参入のタイミングにおいて、競合と差を付けることができた理由になっている。

■「iPhone」の成功の前にあった早すぎた失敗

　起業テーマとして考えるときには、「参入のタイミングが早すぎて失敗する」というのがより多くあるパターンである。アップルの「iPhone（アイフォン）」は世界的に一大ブームを起こしている商品であるが、携帯用情報端末

（PDA）という面で言えば、アップルは1993年に発売された「Newton」というPDAで大失敗をしており、数百億円規模の損失を出したという過去を経て、iPhoneの成功があるのである。

インターネットで最も成長している分野の1つはソーシャルメディアだが、実は、2000年のITバブル期にも似たような、ソーシャルメディアのサービスは立ち上がっていたし、それなりにすばらしい経歴の経営陣が経営していた。だが、インターネットの普及率自体が現在ほど高くなく、ユーザーのITリテラシーも低かったため、ほとんど誰の記憶にも残らないうちに失敗に終わっている。

正しい起業テーマであっても、技術的な発展が不十分だったり、ユーザーの受容する前提がなかったりという理由で、成功できないケースは多く存在する。

それでは、どのようにタイミングを計ったらよいのだろうか。サッカーやバスケットボールなどの球技でパスを出すときの秘訣は、空いているエリアにパスを出し、その位置にあらかじめ移動しておくことである。逆に、"子供サッカー"と呼ばれるダメなパターンは全員がボールに殺到してしまうケースである。これを事業の考え方に置き換えると「まだ早い」と思われるタイミングでその場所に待機し、市場における事業機会というボールが来るまで辛抱強く待つことである。

したがって、タイミングを捉えるためには、事業機会がやってくるまで、しばらく待てる資金的な体力、経営上の忍耐力が必要である。なぜなら、未来を予測する一番良い方法は、その機会を自分たち自身で作ることであるからだ（The best way to predict the future is to invent it .）

③成功要因その2＝オペレーション

第2に、「オペレーション」の問題が挙げられる。アイデアがどれほど良くても、実際にそれを実行できるかは、全く別の問題である。往々にして、新しい優れたアイデアを考えるのが得意な起業家は、それを実現するある種の地道な活動を軽視しがちである。その結果、企画倒れ、計画倒れに終わってしまう。この手の企業でありがちなのは、オペレーションの構築に苦労する

と、起業家が現実逃避をし、「また、おもしろいアイデアを思いついちゃったんだけど……」などと"永遠の企画会議"を続けてしまうケースだ。

ここでまた、オトバンクの例で考えてみよう。音声コンテンツのインターネット配信というビジネスは、インターネット上のサービスではあるが、実際に音声コンテンツをビジネスとして配信しようとすると、インターネット上のサービス構築だけでは実現できない。むしろ、オフライン、リアルの事業構築、オペレーション作りの方がはるかに重要である。

具体的には、低コストで効率よく音声を収録・編集する制作プロセスの構築ということだが、これには声優のリクルーティング、トレーニングといった人材の意欲、才能が絡む面倒な管理業務がつきまとってくる。音声コンテンツの内容が、書籍の朗読であれば、権利者である著者と出版社との版権交渉、新しい契約システムの構築といった取引慣行作り、啓発に始まる地道な営業・マーケティング活動、法務業務などが重要な要素になってくる。

システム面においても、「iTunes」などの既存の配信サービスがまだ十分に立ち上がっていなかったことから、音声コンテンツに適したユーザー利便性と権利保護を両立させるシステム構築が必要になってくる。こうした現実的な課題を1つずつ、地道に解決できた結果、オトバンクは有利なポジションを確保することができた。

逆に、ビジネスモデルの概念上の構築は得意だが、実際の事業そのもののオペレーション構築はクライアント任せで不得手な人が多いコンサルティング会社出身の経営陣は、こうしたプロセスのどこかでつまずいて、オトバンクと事業構築の部分で大きく差を付けられてしまい、実際に立ち上がることなく消えてしまったケースもあった。

④成功要因その3＝人材

第3には、「人材」の問題が挙げられる。これは、前述の「オペレーション」の問題とも関連するのだが、ほぼ同じタイミングで、同じアイデア、同じ事業領域で事業をスタートさせても、それを遂行する人材によって、大きく差が付くことになる。具体的には、経営メンバーの判断力、アライアンス（提携交渉）力、営業力、リクルーティング（人材獲得）力などによって、会

社の組織力に違いが生じ、結果的に成果にも大きな差が付くことになる。

　オトバンクでは立ち上げ段階で、企業理念を説いてステークホルダーを次々と巻き込む力を持つ上田渉社長を中心に、著作権処理に強い弁護士、暗号処理技術に必要な高速演算に強いITエンジニア、声優業界に詳しいディレクターなど、事業の成功に必要な人材を次々にチームメンバーとして取り込むことに成功している。

■グーグルの成功を支え得た専門人材

　グーグルを例にとっても、成功の大きな要因は人材と言える。検索の精度、速度を追求することで、登録ディレクトリ優位のヤフー（Yahoo!）を倒すという事業アイデアを持つ会社は他にもたくさん存在した。また、初期のグーグルの検索アルゴリズムを特徴づけた「ページ間のリンク構造の解析によって重要性判断を行う」という理論は、情報工学の世界では20年ほど前から存在し、アイデアそのものに圧倒的な新規性があったとも言えなかった。実際、グーグルより前に、「次のヤフーになる」と注目された会社もあまた存在した。

　それでは、何がグーグルの優位を決定づけたのか。初期のグーグルがフォーカスしていた検索エンジン事業において、競争力を決定づけたポイントは、アルゴリズムそのものよりも、その演算を短い時間かつ低コストで実現するサーバー構築の部分だったからである。グーグルはこの経営課題を、インテルの新規事業であるデータセンター事業のキーパーソンを引き抜くことで解決した（インテルのデータセンター事業そのものは、結局はあまり成果が上がらなかったが）。

　インテルは自社の中央演算処理装置（CPU）を大量に並列させることで、大規模なデータセンターを低コストで実現するための実験をしていたとも言える。グーグルはこの事業のキーパーソンをチームメンバーに引き入れることで、事業成功の鍵を手に入れた。その後、グーグルはキーワードマッチング広告のAdWords（アドワーズ）、マイクロ広告配信であるAdSense（アドセンス）、グーグルカレンダーに代表されるアプリケーションサービス、買収で手に入れたYouTube（ユーチューブ）など、次々に事業を拡大させて

いくが、どの事業も本質的には、大規模データセンターを自社で構築できていたことが事業成功の鍵となっている。

2000年代初頭には、検索サービスはどちらかというとメディアサービスとして理解され、AOLタイムワーナーに見られるように既存メディアとの合併などが試みられていたが、実は、グーグルはかなり初期の段階で、事業成功の真のカギとなるポイントを特定し、それに必要な人材を採用していたところが、その後の成長を決定づけたと言える。

というのも、投資家の世界では古くから「ビジネスではなく、人に投資せよ」と言われている。事業アイデアは実は模倣が容易であり、それを実行する人材の質が究極の競争優位性の源泉と言える。こうしたチームメンバーを短期間で集められるかどうかが、起業家としての能力、あるいは創業初期に投資する投資家の能力として問われることになる。

以上のような条件はあるものの、やはり正しい事業機会を選択していることが前提であることには、何ら違いない。次節では、起業テーマの具体的な方法論について説明していこう。

3.事業領域を選ぶための4ステップ

前節まで、起業テーマにおける事業領域決定の重要性とその限界について述べてきた。ここでは具体的な事業領域決定の方法を説明する。

事業領域を決定するためには、おおよそ次の4つのステップを経て、決定するのが最も効率的である。

すなわち、①アイデア導出、②アイデア改善、③アイデア評価、④絞り込み──の4ステップである。この4ステップは、この順番で行うことが論理的であるが、途中のステップまで進んで、行き詰まってしまったときは、前のステップに戻って、やり直した後にまた次のステップに進むという形で進めてもかまわない。また、これらの4ステップを全く独立に何度も繰り返す

ことで、最終的に良いアイデアを事業領域として決めることができることもしばしばである。

ステップ1　アイデア導出

　事業領域を決定するための一番最初のステップは、アイデアを出すステップである。ここで重要なポイントは、アイデアの善し悪しにかかわらず、ともかくも大量のアイデアを出してみることである。アイデアの抽象性、具体性のレベル感や新規性や事業の一見した魅力といった要素はあまり気にする必要はない。というのも、このステップで出すのはあくまでも、最終のアイデアの元になる材料であり、この段階であまり魅力的なアイデアでなくても、次の改善や評価のプロセスを経て、より良いアイデアに進化する可能性も十分にあり得る。むしろ、この段階では、ともかく数を出すことが重要である。

　筆者が様々な起業家にインタビューして、ある事業領域を選ぶまでにボツにしたアイデアの数を聞いてみると、「数え切れない」「100は軽く超える」などと答えるケースや、「かなり脈絡のないアイデアも当初には検討していた」と答えるケースがほとんどである。したがって、躊躇なく頭の中にあるものをできるだけたくさん出してみることが重要である。

　この段階で、一番ありがちな失敗例は、最初から「究極のキラーアイデア」を出そうとして、結局アイデアが全く出てこないというケースである。良いアイデアは、多くの「くずアイデア」の犠牲のもとに出てくると考えた方がよい。

　以下、たくさんのアイデアを出すアプローチを3つ紹介する。

①アイデア探しをユニット化する

　第1のアプローチは、アイデアを出すときに、時間、人、テーマ・領域といった切り口から、アイデア探しをユニット化し、そのユニットをたくさん積み重ねることである。

　まず、「時間をユニット化する」というのは、20分なら20分と時間を区切って、その間で、例えば20個とか30個とか目標数値を作って、ともかく

たくさんアイデアを出すというアプローチである。休憩を取ったり、日を改めたりしてこのセッションを繰り返せば、すぐに100個ぐらいのアイデアを出すことができる。

次に、「人をユニット化する」というのは、チームで集まって、各人ごとにノルマを例えば100個と決めて、独立してアイデアを出した上で、最後に持ち寄る方法である。ある程度のアイデアの重なりがあったとしても、すぐに数百のアイデアを作り出すことができる。

最後の「テーマ・領域のユニット化」というのは、産業、ターゲット顧客など、アイデア領域を絞って、その領域ごとにアイデアを出し、各領域ごとに50〜100個のアイデアを出す。アイデア領域の数が5個もあれば、すぐに数百のアイデアを出すことができる。

②他人のアイデアを模倣する

第2のアプローチは、自分で考えずに他人に考えさせることである。具体的には、積極的に他人のアイデアをパクる（模倣する）ことである。「徹底的にパクる」の頭文字を取って、俗に「TTP」[ii]と言われる。また、複数のアイデアを複合的にパクることは「FTTP」（インターネット専門用語と同じ綴り）と呼ばれる。

このときに重要な意味を持つのは、世の中でうまくいっているモノ、失敗しているモノを、海外、歴史、他業界などから模倣してくるという方法である。違う国、違う時代、違う業界の教訓をそのまま応用できるケースは非常にたくさん存在する。

③システマティックにアイデアを出す

第3のアプローチとしては、システマティックにアイデアを出す手法がいくつか存在する。これについては、後ほど詳しく解説する。

ステップ2　アイデア改善

第2ステップは、アイデアの改善ステップである。第1ステップでは、「ア

イデアの善し悪しを気にせずに、ともかく数を出す」ということを目標にしてきたため、今、目の前にはきわめて雑多なアイデアがたくさん存在することになる。こうしたアイデアのほとんどは、そのままでは利用することができない、荒削りなアイデアである。

そこで、第2ステップでは、それぞれのアイデアをなんとか改善できないかという視点で、見直しをかけていく。このステップで行いがちな間違いは、一見してばかげたアイデアをあまり検討せずに廃棄してしまうことである。どんなにばかげたアイデアでも、改善して磨けば良くなる可能性があり、最終的にそのアイデアが採用されなかったとしても、そのアイデアの改善方法を考えるために、いろいろと試行錯誤をすることを通じて、他のアイデアを改善するための視点が生まれてくることもある。

アイデアを改善するアプローチとしては、主に2つの方向がある。1つは「長所をもっと強化する」というアプローチであり、もう1つは「弱点、欠点を回避する」という方向である。

①長所を強化するアプローチ

まず、アイデアを強化する方向を説明する。書籍の朗読を音声コンテンツにして配信するオーディオブック事業を展開するオトバンクの例で説明しよう。オトバンクの元になっているアイデアは、従来は「カセットブック」という形で提供されていた朗読コンテンツ事業を、MP3プレーヤーで"復活"させるアイデアである。

このアイデアの最もおもしろいところはどこにあるか考えてみると、利用形態と顧客層を大きく変えた点にある。カセットブックの主な利用形態が「時間に余裕のある高齢者が、文学作品を何度も読む」という使い方だったのに対して、MP3プレーヤーでは音楽消費と同じように、「次々と新しいものを出し、いつでも、どこでも聞ける」という消費形態に変えたのである。

この考え方のエッセンスを抽出して、より強化すると、「いつでもどこでも」という要素を究極に求められるコンテンツは、エンターテインメントよりも、情報効率や時間効率が問われるモノということであり、時間効率を最も気にするのは、多忙なビジネスパーソンであるというところに、焦点をよ

り絞り込むことができる。

　そうなると、オーディオブックの提供価値として、「多忙なビジネスパーソンが、すきま時間に効率よく情報を手に入れられ、しかもネットの文字コンテンツより質が高く、課金可能なコンテンツ」というのが、さらに尖らせたアイデアになる。つまり、具体的には「ビジネスパーソンを対象にしたビジネス書の朗読」ということになるだろう。

②欠点を回避するアプローチ

　このアイデアの欠点は、ビジネス書を丸々朗読すると数時間かかること。つまり、「時間効率を重視するビジネスパーソンには、採用されないかもしれない」という欠点が気になる。この時点でこのアイデアをあきらめてしまいがちなのが一般的だろうが、オトバンクはなんとかクリアできないかと考えた結果、4つの方向性で欠点を回避することを考えた。

　第1の方向性は、トータルの時間が長くても、オーディオブックを聞かせる時間には、「何かを読むことが難しい通勤時間、移動時間、単純作業中といったアイドルタイムを使う」ことを訴求すればよいのではないか、という方向である。

　第2は、そもそも通常の速度で話すから時間がかかるのであって、「倍速で読み上げるバージョンを作成すればよいのではないか」という考え方である。

　第3は、そもそも情報を処理するときに、読書するよりも耳で聞いた方が理解しやすいという人が結構な比率で存在するので、「読書はしたいが、何となくおっくう」と感じている層に訴求すればよいのではないか、というアプローチである。

　第4は、本の全部を読ませるのではなく、本の紹介、書評といったコンパクトなコンテンツを提供するというアプローチである。

　以上、4つのアプローチを複合的に組み合わせて実行することで、オーディオブック事業の欠点をかなり減らすことができた。

　このように、最初の段階では焦点が定まらず、荒削りで、欠点が目につくアイデアも、どこが最もおもしろいところかを考え、そこを徹底的に尖らせ、逆に、どこが最も致命的な欠点で直さなければならないのか、その欠点を回

避する方法はないかと考えることで、アイデアを大幅に改善することが可能となるのである。

ステップ3　アイデア評価

　第3ステップは、「アイデア評価」のステップである。アイデア改善のステップを経て、具体化され、可能性が出てきたいくつかのアイデアを最終的には、優先順位付けをしていく必要がある。というのも、出てきたアイデアはあくまでも机上の空論の部分があり、アイデアの実現性について、実際に詳しく検証するためには、多くのリソースをつぎ込む必要があるからだ。すべてのアイデアを同じ精度で検証することは、リソース的に不可能である。
　「アイデア導出」と「アイデア改善」で、アイデアを徹底的に前向きに捉える段階を経た後で、第3ステップの「アイデア評価」では、逆に、冷徹かつ客観的に、見込みの高いアイデアだけに絞り込むことが重要である。
　この段階で犯しがちな失敗は、「アイデア導出」と「アイデア改善」のステップでの検討に影響されて、感覚的に事業を選択してしまうということである。アイデア評価の段階では、同じ軸を用いて、事実に基づき、なるべく定量的にアイデア同士を比較して、優先順位付けを行うことが必要となる。これについては、後段の第7節で具体的な評価基準について、詳しく説明することにする。

ステップ4　絞り込み

　4つのステップの最終段階では、「絞り込み」を行う。起業において最も希少性が高く、貴重なリソースは起業家自身の時間である。最終的には、自分の時間なり、キャリアなりをつぎ込むに足る、1つの事業アイデアを選択しなければならない。もちろん、事業を始めてから他の領域に微妙にシフトさせることは可能であるし、失敗しても再チャレンジすることも可能であるが、まずは1つの事業に集中する必要がある。
　この段階で、犯しがちな失敗としては、第3ステップのアイデア評価の考

え方をそのまま絞り込みに使ってしまうことである。

　すなわち、同じ軸で定量的に評価した結果をそのまま最終意思決定に使ってしまうということである。第3段階でどんなに精緻なモデルを作ったとしても、所詮は予想モデルでしかなく、実際にやってみればわかるが、上位2、3個のアイデアの優劣は甲乙付けがたいことも多い。こうしたときに、わずかな点数の差で事業領域を決めてしまうことは、理論的にも現実的にも問題が多い。そもそも、こうしたアイデア評価のモデルの精度からすると、上位2、3個のアイデアで甲乙付け難いときには、ほとんど同じ評価でしかないというのが理論的にも正しい。

　起業家として事業を行うときの成功確率は、どれくらい自分がそのテーマにのめり込めるか、潜在的なステークホルダーから支援を得られそうかによって決まってくる。したがって、定量判断（そろばん）で大きな差がないのであれば、「自分自身でやり遂げられる」、「成功するまで時間がかかっても、あきらめずに続けられる」、「失敗しても納得できる」というようなテーマを選択することが実は成功の近道となる。いわば「ロマンとそろばん」が両立する事業こそ、最適な事業領域なのである。

　オトバンクのケースでも、創業者の上田渉氏が、自分の祖父が緑内障で視力を失い読書ができなくなって困っていた姿を目の当たりにしていたこと、出版業が持っている社会変革的な役割に対して、元々政治家を目指していた上田氏が強く共鳴していたことが、実は、事業領域選択において、大きな役割を果たしていたのである。

教　訓

　以上、4つのステップに分けて、事業領域選択の方法を説明してきたが、大事なことは、各ステップで、思考の優先順位、頭の使い方が違うので、これを明確に分けることである。

　第1ステップの「アイデア導出」の段階では、アイデアの長所、短所を考えていてはいけない。その判断は、第2ステップの「アイデア改善」まで持ち越しておく。第2ステップの「アイデア改善」では、このアイデアの可能

図表1-4 事業領域決定のプロセス

	アイデア導出	改善	評価	絞り込み
ありがちな姿	最初からすばらしいキラーアイデアを出そうとする	ダメそうなアイデアをすぐにあきらめる	感覚的に善し悪しを判断する	軸に基づく評価だけで決めてしまう
あるべき姿	善し悪しにこだわらず、まずは出せるだけ数を出す	悪い点は改善できないか、良い点をもっと伸ばせないか、前提を根本的に変えられないかなど多面的に考える	同じ軸を用いて、事実に基づき、実証的に判断する	●小さな違いを捨象して自分がやりたい事業、やり抜けそうな事業を選択する ●ロマン、そろばんが揃う事業

出所：筆者作成

性を最大限に追求しなければいけないので、アイデアをふるい落とす思考は、第3ステップの「アイデア評価」まで、頭の中から追い出す必要がある。

　第3ステップの「アイデア評価」の段階では、冷静かつ客観的に判断する必要があるので、第4ステップの「絞り込み」の段階まで、自分自身のパッションは心の奥底にしまっておいた方がよい。

　つまり、事業領域選択を4つのステップに分解するのは、事業領域選択という、相矛盾する要素を持った意思決定に求められる要素を、ステップごとに完全に分離することで、それぞれの精度を高めていくことができるようにするためなのである。

4. マクロ要因から見た起業テーマの選び方

　もしIPO（株式公開）を念頭に置くのであれば、起業テーマを何にするかは、実は、マクロ的な要因から絞られてくる。

　新規上場企業の業種別の分布を見ると、情報通信、小売り、サービス業が上位を占めている。これをジャスダック（JASDAQ）、東証マザーズなどの

図表1-5 マクロ要因から見た起業テーマの選び方

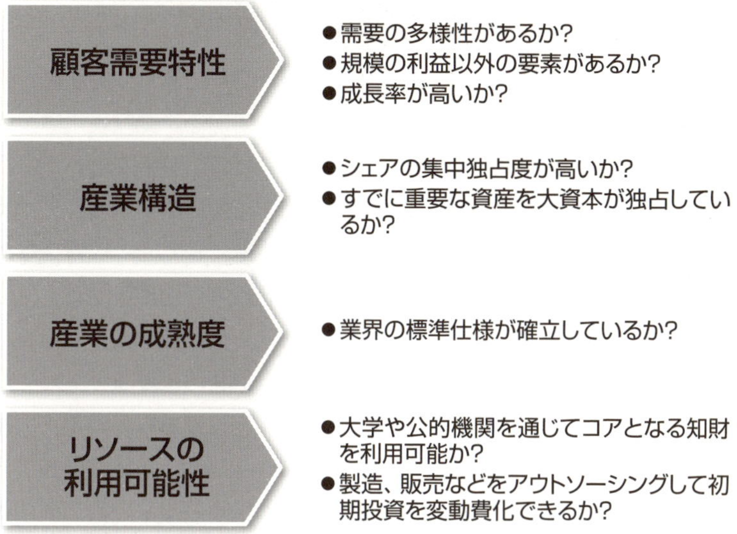

顧客需要特性
- 需要の多様性があるか？
- 規模の利益以外の要素があるか？
- 成長率が高いか？

産業構造
- シェアの集中独占度が高いか？
- すでに重要な資産を大資本が独占しているか？

産業の成熟度
- 業界の標準仕様が確立しているか？

リソースの利用可能性
- 大学や公的機関を通じてコアとなる知財を利用可能か？
- 製造、販売などをアウトソーシングして初期投資を変動費化できるか？

出所：筆者作成

　新興市場に絞ると、その傾向はより顕著になってくる。これについては、元々その業種に会社の数が多いとか、その業種に属している起業家、経営者が特に優秀であるといった要素で説明するのは困難である。むしろ、それらの業種が持っている特徴が起業の成功確率を上げており、逆にその要素を持っているテーマであれば、全く同じ業界でなくても望ましい起業テーマと言えるであろう。

　ベンチャー企業が大企業と比べて不利なことは何であろうか。それは定義上明らかであるが、「規模が小さい」ということである。つまり、規模の戦い・物量戦には、ベンチャーはきわめて脆弱である。一方、ベンチャーの強みは何であろうか。それは規模が小さいために「素早く自分を変えることができる」ことである。このことから、ベンチャーにとって有利な戦場の条件が自然と決まってくる。

　ここでは、医療機器メーカーのユネクス社をケースに取り上げる。

ケース1-2　ユネクス

①ユネクスの概要

　ユネクス（本社名古屋市、貴田昭一社長、2003年設立）は動脈硬化の初期診断装置を製造販売している医療機器メーカーである。動脈硬化は、様々な成人病や高血圧、脳梗塞といった病気と関わりが深い分野であるが、従来の医療現場では、動脈硬化がかなり進行してしまった段階で診断を受けることが多く、その段階では進行を緩やかにすることはできても、改善はなかなか難しいという問題がある。動脈硬化が進行するかなり初期段階で、その兆候が発見できれば、生活習慣の改善を勧告したり、その成果をフィードバックしたりできるので、成人病予防にはかなり有効な手段となる。

　特に、高齢化による医療費の高騰を抑えるために、治療以前の予防に投資をしたいというのは、政府の国民医療政策の視点からも、企業の健保組合の財政健全化のためにも重要な課題になりつつある。ところが、動脈硬化を初期に診断するには、精度の高い高価な診断装置を使い、診断の精度を保つためには、十分に訓練された、熟練の専門家による計測が必要となっていた。

　そこで、ユネクスは、音波による画像診断をコンピューターアルゴリズムを使うことで効率化し、低価格かつ熟練していない医師でも診断ができるようにする装置を開発した。この装置は多くの大学や医療機関で採用が進んでおり、この分野のほぼデファクトスタンダードになっている。

　同社が最終的に成功するかどうかは未知数なところもあるが、ほぼゼロベースで立ち上げた製造業という厳しい条件下で、ベンチャー企業として成立しているのはいくつかのマクロ的な要因が満たされていることが理由として挙げられよう。

②起業成立のマクロ要因その1:顧客需要特性

　第1には、顧客需要特性である。医療機器市場は、医療の高度化、専門化により常に新しい需要が生まれている業界で、かつ、機器の選定を行うのが、研究者や専門医なので、商品購買の要因は一定ではない。また、動脈硬化の初期診断という分野は、医療の中でも治療ではなく、予防に関わる分野なの

で、新市場であり、中長期的な成長が見込める分野でもある。

　これを一般化すると、ある商品やサービスに対する顧客の選択理由が多様であれば多様であるほど、チャンスが大きい。もし、商品が1種類しかなく、選択理由が価格しかなければ、その産業は適切ではない。例えば、セメントは規格がほぼ決まっており、価格と供給体制以外の要素で選択する余地はほぼない。ここでは、規模の経済、すなわち大きい企業であればあるほど有利という仕組みが働くので、ベンチャー企業が参入する余地は小さい。

　それでは、どういった産業が需要の多様性を持ち、ベンチャーの参入余地が大きいのだろうか。市場が大きく、かつ成長率が高い産業にチャンスがある。市場が大きければ大きいほど、その一部に別の需要が生まれている可能性が高い。また、市場が大きければ大きいほど、初期の設備投資を後で回収できる可能性が高いので、後発のベンチャー企業にもチャンスがある。

　なぜ、成長率が高い産業は、チャンスがあるのか。急成長市場は、既存の企業とぶつからず、棲み分けして成長できる可能性がある。また、急成長市場は新しい需要なので、顧客から見ても何が重要な購買要因かはっきりしていない、不確実性のある状況である。こうした、不確実性に対して、早くキャッチアップできることがベンチャーの強みであるから、急成長市場であるがゆえの不確実性はベンチャーにとってはリスクではなく、チャンスなのである。小売りや外食など、一般消費者向けのサービスが起業しやすいのは、消費者の好みは多様であり、また流行によって変わっていくので、その新しい好みに対応すればベンチャーが存在できるからである。

③起業成立のマクロ要因その2:産業構造

　第2のポイントとして、産業構造が挙げられる。医療機器分野は、異業種も含め、様々なプレーヤーが参入しており、圧倒的に市場を独占しているプレーヤーは存在しない。分野ごとに有力なプレーヤーが存在している業界である。ベンチャーが有利かどうかは、産業構造にかなり依存する。現状で企業の規模が大きく、シェアの集中独占度が高い産業は、ベンチャーが参入する余地は少ない。そうした産業は、すでに大きな設備を持っていて資本力がある大企業が圧倒的に有利であり、知名度や販売チャネルなど、これまでか

けてきた広告プロモーションの資本投下の結果であるブランド資産を持っているため、これらにベンチャーが追いつくのは困難である。

　例えば、ビール産業は大手メーカーにシェアが集中しており、物流、設備、知名度など圧倒的に大資本が有利な産業となっている。こうしたところに、ニッチな地ビールメーカーとして参入しても、大きな企業に成長するのは難しい。

④起業成立のマクロ要因その3:産業の成熟度

　第3のポイントとしては、産業の成熟度が挙げられる。医療機器自体は長い伝統がある産業ではあるが、複雑な人体を対象にしているため、すべてのプレーヤーが合わせなければならない業界の標準仕様といったものは存在していない。

　新しい産業であれば、まだベンチャー企業しか存在せず、大企業がいないため、条件は同じであるが、古くからある産業であれば、ベンチャーの参入は難しい。特に、業界の標準技術などが確立してしまって、後から来たプレーヤーはそれに合わせる他ないというタイプの産業にベンチャーが参入するのはきわめて困難である。こうした場合は、大企業がまだ目を付けていないニッチ市場を開拓して、最終的には大企業に会社や事業ごと売却する戦略を立てた方が現実的である。

⑤起業成立のマクロ要因その4:リソースの利用可能性

　第4のポイントはリソース（経営資源）の利用可能性である。事業を興すためには、様々なリソースが必要であり、多くのリソースは大企業が過去の事業活動を通じて独占的に所有していたり、手に入れるのに高額の費用がかかったりする。

　ユネクスがフォーカスしている「FMD（血流依存性血管拡張反応検査）」という検査手法は、大学レベルで長期にわたって研究されていたものであり、文献も研究者も広くアクセスが可能であった。製造については、元々医療機器メーカー出身のメンバーが創業メンバーに含まれていたことと、製造委託ができるパートナー企業を確保できた点で、ベンチャーの不利な点をカバー

できた。マーケティングについても、業界出身者が創業メンバーであったことに加え、病院向け市場には多くの販売代理店が存在しており、中長期的な拡販も比較的容易であることも挙げられる。

教訓

　企業活動を、上流から研究開発、製造、マーケティングの3つに分類すると、製造に依存しているビジネスは参入が難しい。製造には多くの設備投資と、長年培われたノウハウが積み重ねられており、ベンチャーが容易には真似しにくい。

　ただし、産業によっては、ユネクスのように、こうしたプロセスをアウトソーシングによって解決することができる。例えば、半導体であれば、ベンチャーが設計さえすれば、その製造を請け負う「ファウンダリー（foundry）」と呼ばれる専門企業が存在する。家電製品でも、デザインさえすれば、EMS（Electronics Manufacturing Service）という電子機器の受託生産を行うサービスが存在しており、そうした専門企業を活用することで、資本集約的でノウハウを必要とする部分をアウトソーシングすることも可能である。

　実は、日本の製造業はたくさんの中小下請け企業がノウハウを所有しているので、上手にパートナーを探せば、製造部分をアウトソーシングすることは十分可能である。

　研究開発について言えば、新しい知識がどこで創られていて、それが入手しやすいかどうかという要素がきわめて重要である。分野によっては大企業が知識と設備と研究者を独占的に所有していたり、しかもその内容が暗黙知に近いものであったりする場合もある。こうした分野においては、研究開発に大規模に投資できる大企業の方が有利である。

　しかしながら、基本的な知識が形式化されていて、文章化されていたり、高等教育で学ぶことができたり、大学で行われている研究が企業よりも先端的でしかもオープンな性質を持っていたりする場合には、大企業よりもベンチャーの方が有利となる可能性がある。

　ただ、容易に事業化できるものについては、大学の知財も大企業との連携

によって囲い込まれている可能性がある。けれども、昨今の経済状況の悪化から、大企業の研究開発部門の縮小や大企業と大学との連携の縮小という状況が始まっており、これはベンチャーから見れば1つのチャンスと言えるだろう。[iii]

5.自分の「強み」から見た起業テーマ発掘法

　同じ起業テーマであっても、手がける起業家によって、差が付くことは、第2節で説明した通りである。逆に言えば、起業家自身がどのような強みを持っているかを"棚卸し"することは、最善の事業機会を選択するための重要な基準になると考えられる。
　起業家が「強み」として活用できる個人的資質・資産（パーソナルアセット）として、より直接的・具体的なものから、間接的・抽象的なものへ、順番に、①業界経験、②事業の成功要因と起業家のスキル、③真実の瞬間（moment of the truth）——の3種類に分けて説明する。

業界経験

　まず、最初に業界経験について説明しよう。
　自分が過去に社員として、あるいは取引先として関わったことがある業界に関連して起業するときには、その業界の知識、経験、ネットワークがそのまま活用できる。例えば、人材関連ビジネスや中小企業向けの法人営業分野の起業家にリクルート社出身の人が多いのは、リクルート社が人材サービス最大手で、人材以外の情報誌のビジネスも含めて中小企業向け営業の強さが特徴になっているからである。
　市場を理解し、顧客を理解していて、そこで必要なビジネススキルを持っているのであるから、成功する可能性は高いと言える。特に、自分が仕事を

している中で、「自分の勤めている会社では顧客を満足させることができない」という、自社の構造的な弱点を発見したときは、大きな起業のチャンスである。

　世界最大規模のITサービス会社のEDS（2008年にヒューレット・パッカード［HP］が買収）を起業したロス・ペロー氏は、IBMの優秀な営業担当だった。だが、顧客が単にハードだけではなく、ハードとソフトを組み合わせた最終的なサービスを求めているにもかかわらず、IBMは元の社名が「International Business Machines」であることからもわかるように、ハードでの売り上げに固執しがちな経営風土があり、それに限界を感じて起業し、成功した。[iv]

　小型モーターの大手である日本電産の永守重信社長（CEO）は、以前はティアックに勤めていたが、永守氏の考えるモーターの小型化に対する情熱が会社の方針と合わなかったことが、独立の1つのきっかけになったとされる。[v]

　業界経験というのは、必ずしも、同業である必要はない。むしろ、他業界で見聞きした経験を他の業界に応用するといった形で、業界経験を活用する方法もある。

　例えば、インターネット証券大手の松井証券の松井道夫社長は、元々日本郵船の社員だったが、結婚相手の実家の松井証券を継ぐことになった。松井氏は、海運の外航が価格の自由化によって、あっという間に10分の1規模で価格が低下し、産業構造が大きく変わってしまったことを経験しており、証券業も規制緩和により同じ事態が起きることを業界の中でも早く察知し、それに合わせて、松井証券を対面営業型の中堅証券会社から、電話、ファクスさらにはインターネットを利用したディスカウントブローカーにいち早く展開することで、一時期は日本最大のオンライン証券会社にまで成長させた。

　松井氏は、他業界の経験を持ちながら、証券業界の経験を持たなかったがゆえに、証券業界の常識に囚われることなく、業界の大きな変化を先取りして、オンライン証券会社として成功を収めたわけである。[vi]

　このように、業界経験を活用して起業をするのは、実は、王道中の王道であり、海外では大企業の幹部がこうした形で起業するケースが多い。日本の

サラリーマンの感覚では、せっかく幹部になって"上がり"が見えてきたのに、リスクに合わないと考える向きが多いので、ケースは少ないが、今後は増えてくるカテゴリーだと思われる。日本企業の業績不振により、大企業に勤め続けるリスクとリターンが合わなくなってきたり、思い切ったリストラが行われたりすることがこうした流れを推進するだろう。

事業の成功要因と起業家のスキル

　第2のパターンは、業界経験ほどはっきりしたパーソナルアセットでなくても、その事業の成功要因と起業家の持っているスキルが一致しているときは成功の可能性が高まるというケースがある。
　1つの例は、前述したオトバンクのケースだ。創業社長の上田渉氏が民間非営利団体（NPO）を立ち上げたり、大学のゼミで生産管理を学習したりした経験が、出版社や著作権者との版権獲得交渉や音声コンテンツの低コストでの安定生産というオーディオブック事業の成功のカギと、ちょうどマッチしていたわけである。
　事業の成功要因が、実はその事業そのものとやや離れたところにあり、その要素を起業家が持っていたから成功できたという会社もある。オンライン流通最大手のアマゾン・ドット・コム（Amazon.com）の創業者ジェフ・ベゾス氏の前職は、D. E. Shaw & Co.というヘッジファンドの上級副社長であり、インターネットとも書籍流通ともほとんど関係がなかった。
　ただ、インターネットバブル期には、先行投資で赤字をいくら出してもともかく成長を続け、その赤字を埋めるために市場からどんどん資金を集め続けるというプレーヤーが有利に立てる構造があり、真っ先にIPO（株式公開）を実現し、その後もかなりトリッキーなファイナンス手法を使って、資金を集め続けられたことは同社の成功において重要な要素であることは間違いない。機関投資家のニーズに合わせて、同社をより魅力的な"金融商品"に仕立て上げることに、ベゾス氏が長けていたとしても、それはきわめて自然なことと言えよう。[vii]
　日本の例を挙げると、外食大手のサイゼリヤは理論物理学を東京理科大学

で学んでいた正垣泰彦氏が、学生時代にエンジニアリング的な発想をレストランに持ち込んだことによって成功している。

　以上は、起業家個人のスキルだが、元は平凡だった企業が新規事業によって、ほぼ新たに起業するほどの業態変革を引き起こしたときにも有効な考え方である。
　例えば、任天堂がテレビゲームの草創期に圧倒的な強さを発揮した理由の1つは、花札・トランプメーカーとして、玩具店ルートの販売チャネルを押さえていたことが実は大きい。携帯電話端末、専用機向けの組み込みブラウザーのデファクトスタンダードを押さえていたアクセス（ACCESS）が、NTTドコモのインターネット接続サービス「iモード」立ち上げの際に、いち早くブラウザーを準備できたのは、それ以前に家電など組み込み型のプログラミングというニッチな分野で、小さな容量のプログラミングスキルを蓄えてきたところが大きい。
　つまり、一見、非連続的に企業が立ち上がっているように見えても、実は、その事業に必要なアセットをそれまでにある程度蓄積して、それを活用、転用している企業が圧倒的に有利なのである。

真実の瞬間（moment of the truth）

　以上の2つの要因は、分析的かつ再現性がある話だが、実際、大成功した起業家が最初に事業領域を選ぶキッカケになったのは、実は、ちょっとした偶然の出来事から、駆り立てられるように始めることが多いようにも思われる。
　例えば、前述のサイゼリヤは、大学在学中に起業した喫茶店が火事で全焼してしまい、業態を一から考え直す必要に迫られた。どんな飲食業が有望かを研究する中で、「世界に広がっているのはイタリア料理か中華料理」という結論になり、実際にイタリアに視察に行ったところ、うまくて安いイタリアンの店を見つけることができたのが決定的なキッカケになっている。
　ハンバーガーチェーン大手のモスバーガーも創業者の故・櫻田慧氏が、日興證券の社員時代、ロサンゼルスに駐在したときに、「米国にはマクドナルド

以外にも様々な業態のハンバーガー店がある」ことを強く印象づけられたのが、後々の起業のキッカケになったようである。

　ミクシィ（mixi）の創業社長、笠原健治氏も東大の経営戦略のゼミでIT関連のケーススタディーをたくさん学ぶ中で、インターネット関連で起業することを決意するに至った。そのゼミに参加するまでは、パソコンすら所有していなかったということである。[viii]

　実際、気になるベンチャー企業の社長インタビューなどをチェックしてみると、必ずと言ってよいほど、こうした「偶然のキッカケ」があったように記述されている。

　とはいえ、こうした話を100％真に受けてはいけないところもある。というのも、ここではあえて具体例を書かないが、メディア向けに話している社長の武勇伝的なストーリーと実際の起業の経緯はその会社が大きければ大きいほど、ギャップが大きいと考えた方が良いからである。メディアが取材をするときによくする質問のパターンとして、「どうしてそのようなことを始めようとしたのですか？」というものがあり、そこに劇的な要素をメディアが求めるので、それに合わせる形で「会社の歴史」が整理され、やがて「正史」になっていくというケースが少なくないからである。

　だからといって、「真実の瞬間」が存在しないとは主張しないし、まして、重要ではないとは思わない。実際のところ、リスク、不確実性が高いことを成功するまで続け、多くの人を巻き込んでいくためには、自分を含めて関係者がワクワクするような伝説が必要不可欠であり、確かにそういう要素もあったという「真実の瞬間」は嘘にならない範囲で、自分に対しても、社内や取引先に対しても積極的に発信していった方がよいだろう。

　そういうストーリー性、冒険性を、ベンチャーを取り巻くステークホルダーは待望しているからである。そういう意味で、「真実の瞬間」を語れるような事業を選択するということは、事業領域を選択するうえで、実は重要な基準と言えるのである。

図表1-6 自分の「強み」から見た起業テーマ発掘法

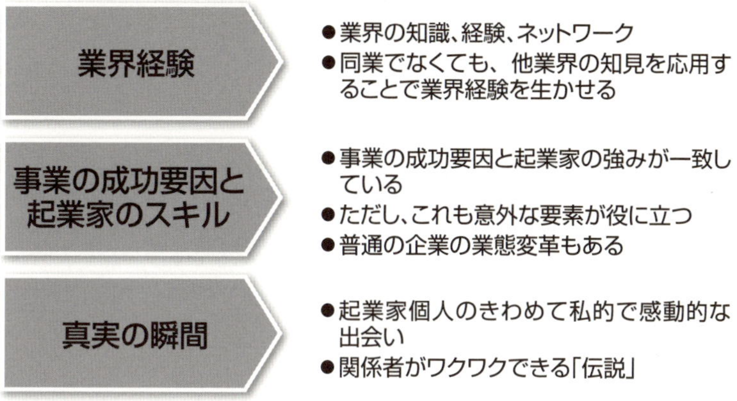

業界経験
- 業界の知識、経験、ネットワーク
- 同業でなくても、他業界の知見を応用することで業界経験を生かせる

事業の成功要因と起業家のスキル
- 事業の成功要因と起業家の強みが一致している
- ただし、これも意外な要素が役に立つ
- 普通の企業の業態変革もある

真実の瞬間
- 起業家個人のきわめて私的で感動的な出会い
- 関係者がワクワクできる「伝説」

出所:筆者作成

6. システマティックなアイデア発想法

　事業領域選択の4ステップの第1段階として、ともかくたくさんのアイデアを出すことが必要だと説明したが、実際に、たくさんのアイデアを出すことは、なかなか大変である。そこで、この節では、システマティックに有効なアイデアを大量に作り出す手法について説明しよう。

　まず、この手法は3つのステップによって行われる。第1段階は、「元となるアイデアの候補出しと軸出し」である。第2の段階は、「アイデア要素の一部変更」である。第3の段階は、「アイデアのリアリティーチェック」である。[ix]

ステップ1　元となるアイデアの候補出しと軸出し

　まず、第1段階は「元となるアイデアの候補出しと軸出し」を行う。全く新しいアイデアをゼロから作り出すことも可能ではあるが、領域を絞るため

にも、まず、元になるアイデアを原料として準備する。そのアイデアは商品でも、ビジネスモデルでもよい。現実に存在しているものでも、存在してなくてもよく、アイデアの善し悪しも気にせず、原料として準備する。

その上で、そのアイデアの構成要素をできるだけ、漏れなく重なる形でいくつかの軸に分解する。

例えば、ノートパソコンであれば、デザイン、形、色、利用シーン、基本機能、追加機能などが挙げられるだろう。普通のノートパソコンであれば、デザインは「ノートを開くような形」、色は「事務機器ではあるが色が選べる」、利用シーンは「仕事での文書作成、メール、ウェブ検索、DVD鑑賞など」、基本機能は「キーボード、カラーディスプレー、通信機能」、追加機能は特になしといったところであろう。

ステップ2　アイデア要素の一部変更

第2段階として、いくつかの要素から1つの要素を選んで、その要素を変えてみよう。

例えば、色であれば、普通のノートパソコンでは考えられないような色のアイデアをたくさん出してみよう。1色だけではなく、絵を描くとか、透明（シースルー）にするとか、そもそも色を色見本帳から自由に選べるとか、様々な可能性があるだろう。機能についても、電話がかけられるとか、扇風機が付いているとか、空気清浄機が付いているといった形で機能を広げることも可能であるし、逆に、文章作成ができない、インターネットにつなげないなど絞り込むことも可能である。

こうした要素の変更の仕方もある程度、パターンが決まっており、ここでは、オズボーンの「SCAMPER（スキャンパー）」[x]を紹介する。

「SCAMPER」とは、次の7項目の頭文字を取ったもので、アイデアを作り出すときのチェックリストになっている。

代用してみたら？　（Substitute）
結合してみたら？　（Combine）

応用してみたら？（Adapt）
変更してみたら？（Modify）
置き換えてみたら？（Put）
減らしてみたら？（Eliminate）
逆転してみたら？（RearrangeあるいはReverse）

　このチェックリストは必ずしも相互排他的なものではなく、概念的に重なりがあるが、あくまでもアイデアを創出するための刺激となるものであるから、概念の厳密性はあまり追求されていない。
　まず「代用」は、現状とは何か別のものを代わりに要素として取り込むという方法である。次に「結合」は、複数の要素を組み合わせることで、新しいものを作るという方法である。「応用」は、他の分野か過去の事例で使えそうなものを、自分のアイデアに応用してみる方法である。
　「変更」は、質的、量的に増やしたり、減らしたりすることである。「置き換え」は、同じものを違う用途に置き換えるという方法である。「減らす」は、文字通り要素をなくしてしまう方法である。最後に「逆転」とは、順番を入れ替えてみる方法である。
　こうしたチェックリストを用いることで、かなりの量のアイデアをシステマティックに作り出すことが可能になる。

ステップ3　アイデアのリアリティーチェック

　最後の第3段階は、上記のように1つの要素をずらして、非現実的になったアイデアを他の要素を変えることで無理矢理整合させて、現実的なアイデアにするということである。
　例えば、インターネットにつなげないパソコンというのは文書作成しかできないのだから、文書作成に特化して、他の部分も整合させればよい。そうなると、液晶ディスプレーがカラーである必要もないし、通信機能がないことを利用して、電池の保ちを良くした方がよいということになる。こうして整合性をとると、通常のノートパソコンから全く違う商品のアイデアが導き

出されたことになる。

　ちなみに、この商品は実在する。事務機器メーカー、キングジムのデジタルメモ「ポメラ」がそれに当たる。ポメラは、テキスト入力しかできず、白黒液晶で、データのやりとりはUSBケーブルかミニSDカード、あるいはQRコードで行う。キーボードだけはノートパソコン並みに大きく、電源は乾電池で長く保つというメモ帳機能に特化した商品である。

　この手法を使うときのコツは、第2段階でずらす構成要素を、その商品なりビジネスモデルなりにおいて、最も根本的で動かしにくいものをあえて否定してみることである。

　例えば、タクシー業界を考えてみよう。タクシーの最も基本的なモデルは、走っている自動車を手を挙げて拾うという"流し"の部分にある。京都のタクシー会社MKが、規制緩和に伴い東京に進出する際に、この常識を逆転し、MK専用乗り場に客が来て、選ばせるというアプローチを行った。これは、MKの台数が少なく、顧客にブランドを選ばせるためには、こうする他なかったという点もあるが、東京市場への新規参入企業であるがゆえの常識の否定でもある。

　しかし、第2段階で否定がうまくいっても、勝負を決するのは第3段階での整合性を確保するための他の要素の組み合わせである。

　MKの戦略に対抗し、東京地区の業界最大手の日本交通は「顧客にブランドを選ばせる」という戦略をより推し進め、不動産会社、ホテルに営業をかけ、東京の主要ビル、ホテルの車寄せに自社の独占乗り場を次々と獲得し、タクシーのヘビーユーザーが求める東京の地理理解、サービスレベルに達している優良乗務員を集中的に配置した。MKタクシーは道が碁盤の目状でわかりやすい京都で主に営業していたため、サービスレベルは日本交通に匹敵できても、地理能力で勝つことが難しいため、シェアを伸ばすことができなかった。[xi]

　ビールの最も基本的な要素はアルコールが含まれているということであるが、これを否定し「アルコール0.00%」実現したキリンビールの「フリー」はヒット商品になった。しかも、そのユーザーは、開発チームが当初想定していた「自動車運転のためにアルコールが飲めない人」だけでなく、「妊娠中

第1章　勝てる土俵で戦う──ビジネスアイデアと起業マーケティング

図表1-7　アイデア導出のコツ

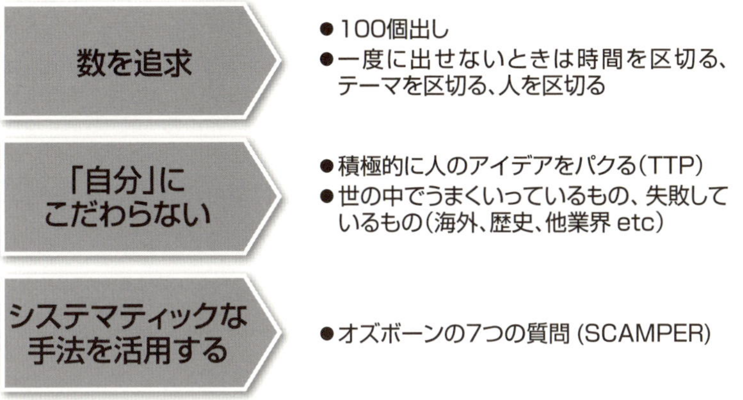

数を追求	● 100個出し ● 一度に出せないときは時間を区切る、テーマを区切る、人を区切る
「自分」にこだわらない	● 積極的に人のアイデアをパクる(TTP) ● 世の中でうまくいっているもの、失敗しているもの(海外、歴史、他業界 etc)
システマティックな手法を活用する	● オズボーンの7つの質問 (SCAMPER)

出所：筆者作成

の女性」「軽い飲み会の後に仕事に戻る人」といった新しい市場を開拓することもできたのである。

　実は、当初の「自動車運転のため」というコンセプトは、「誤解をまねく可能性もある」として、社内からいったん「待った」がかかり、新市場について、発想をふくらませる機会があったという偶然のキッカケもあった。[xii]

　以上の3つのステップによる新アイデアの作り方は、たくさんチャレンジすることによって、より熟練する要素を持っている。したがって、今すぐ起業をするわけでなくても、普段から目にするサービスを変形して、新しいサービスのアイデアを作り出したり、ヒット商品はどのようなメカニズムでできているのか考えたり、失敗した商品は3つの段階のどの部分が甘かったのかなどを日常的に分析したりする癖をつけておくと、いざ起業を検討するときにも、非常に有効である。

7.アイデア評価の3つのポイント

　ここまで、起業のアイデアの導出方法について、様々な視点から説明をしてきた。これまで説明してきたプロセスを経ていれば、かなりの数のアイデアを手にしているはずだ。
　次に必要になるのは、それらのアイデアの中から詳しく検討するに値する確率が高いアイデアを選別することである。アイデアが最終的に良いアイデアかどうかは、事業アイデアをビジネスプランに書き起こす過程ではっきりしてくる。ビジネスプランがうまく書けないアイデアは、最終的には良いアイデアではないのである。
　ビジネスプランの書き方については第3章で詳しく説明するので、ここでは起業テーマの選び方の最終ステップとして、クイックにアイデアを判断する手法を紹介しよう。
　アイデアの善し悪しを決める究極のポイントとは何だろうか。筆者は、以下の3つに集約されると考える。すなわち、「市場性」「収益性」「持続的競合優位性」の3つである。

評価ポイントその1:市場性

　まず、「市場性」とは、「その商品なり、サービスなりが最大どれくらいの市場規模を持っているか」ということである。
　これは簡単に言えば、
　「顧客の単価」×「顧客の数」×「顧客の購入頻度」
　で決まる。
　これがあまりにも小さい市場であれば、非常にうまくいった場合でも限界があるわけだから、自動的にそのアイデアはやめるべきである。捕らぬ狸の皮算用でもよいので、どれくらいの市場規模があるか、ざっくりと計算してみるとよいだろう。[xiii]
　経営コンサルティング会社の採用面接で、必ずと言ってよいほど、「○○の

市場規模を試算して下さい」という質問が出るのは、はっきりしない市場規模を算定することが重要だからに他ならない。イメージ的には、封筒の裏を使って、ちゃっちゃと計算できるぐらいの精度でかまわない。逆にそれくらいの精度で計算しても十分な規模、具体的には100億円以上の市場規模があるものを1つの基準とするのがよいだろう。

①顧客単価の推定方法

　顧客単価の推定だが、その新しい商品なりサービスなりを買うことで、ユーザーが買うのをやめるであろう競合商品・サービスの値段を1つの参照点にするのがよいだろう。

　スペックがほぼ同じで、安さがセールスポイントであれば、半額を目安にするとよいだろう。それくらいの価格差がなければ、ユーザーはベンチャーの商品にスイッチングしない。逆に、品質が良いときには、現在とほぼ同じぐらいの価格と保守的に見積もってみればよいだろう。

②顧客の数の推定方法

　顧客の数も、既存競合商品の数字をベースにどれくらいスイッチングできるかを目安にするとよいだろう。

　全く新しい商品のときには、想像力を大きく働かせてもよい。例えば、マイクロソフトの創業者であるビル・ゲイツ氏は現社長のスティーブ・バルマー氏を入社に誘うときに、「すべての個人がコンピューターを所有する時代がいずれ来る」と予言したという。当時は全く荒唐無稽な話に思えたが、今ではこのビジョンは実現したと言ってよいだろう。

　オトバンクを例に取ってみれば、オーディオブックは本の代替品なので本と同じプライシングがおそらく可能で、書籍の年間市場規模がおおよそ9000億円、電子書籍が急成長中で100億円弱であることを考えれば、100億円ぐらいあってもおかしくないだろうということがざっくりイメージできる。

　主な市場は米国であるが、オーディオブックの全世界での市場は1000億円ぐらいあるので、やはりオーダー感として「数百億円の規模があってもおかしくないだろう」というイメージを持つことができる。

評価ポイントその2:収益性

　次に収益性だが、これは大きく分けて、最初に固定費としてどれくらいの投資が必要で、その後の売り上げの増大に合わせて生じる変動費がどれくらいかかるか、特に原材料費や製造コストといった原価と、顧客を獲得するための営業コストがどれくらいかかるかによってほぼ決定される。

　ベンチャーとして望ましい収益構造は、最初に大きな固定費がかかるとしても、売り上げが伸びるときにかかる変動費が小さく、最初は赤字が続いても、事業規模が拡大することで急激に収益性が改善するというタイプの事業である。売り上げ増加分と利益増加分の比率を「限界利益率」と呼ぶ。悪くとも限界利益率が40％以上、望むらくは60％以上という事業が望ましい。

　したがって、原材料が高く付くビジネスはそれに見合った高い値付けができない限り、外した方がよい。

　逆に、最も理想的な限界利益率が高い事業はどういうイメージであろうか。端的に言えば、その製品・サービスが、石（半導体）、電気信号（コンテンツ、ソフトウェア、IT）、小麦粉（いわゆる粉もの屋系の外食ビジネス）など、無尽蔵にある資源を原料としていて、それらの材料で何をどのように作るかという「知恵の部分」はどんなに使っても「使い減りしない」というタイプの事業が望ましいことになる。

　同様に、営業コストが高いビジネスは排除した方がよい。逆に営業コストが低いビジネスは顧客がどこにいるかがわかりやすく、アクセスが容易だ。また顧客同士が連絡を取り合っていて、一度評判になると顧客が次の顧客を勝手に連れてくるタイプのビジネスは、営業コストが飛躍的に下がるため、限界利益率を上げることができる。インターネット上のサービスやネットリテラシーが高いユーザーが情報を交換しているタイプのビジネスの場合は、この法則が働きやすい。

　医者や研究者、技術者といった専門家をターゲットにした機器やサービスは顧客のターゲティングをしやすいし、情報交換が密に行われているため、効率的に営業活動を行うことができる。そこまで行かなくても、特定の趣味や興味のコミュニティーが組織化されている場合も、営業コストを飛躍的に下

げることができる。逆にどうやって顧客を見つけるかが、簡単に言えないような事業は、営業コストが高いため、魅力的な事業ではなく、候補から外した方がよいだろう。

　このことをオトバンクのケースで検討すると、音声コンテンツを作るための収録のコストが固定費としてかかるが、後は出版社や著者に対するライセンス料を払えばよく、典型的な「電気信号を売るビジネス」なので、限界利益率は高そうというイメージが持てる。顧客開拓についても、書籍の中でもビジネス書が好きなユーザー同士は、インターネットを通じて情報交換をしている傾向があり、顧客獲得コストを低くできる可能性が高そうだとの仮説を持てる。

評価ポイントその3:持続的競合優位性

　第3の「持続的競合優位性」だが、実はこれが一番難しい。ある程度、市場が大きくて儲かる事業がそこにあれば、他の会社が黙っているはずはない。似たような会社がたくさん出てきて、市場はあっという間に"たたき合い"つまり値下げ競争になってしまう。特に、日本においては、独自のサービスを立ち上げるよりも、市場のブームに乗って似たようなものを資金力を武器に立ち上げ、安売りで追いつこうとする大企業が多いので、競合優位性を継続できない会社の収益性はあっという間に低下し、独占するはずだった市場も、数社で分け合うことになり、結局、ビジネスが大きくならないうちに市場は成熟してしまう。

　そこで、どのようにして「持続的競合優位性」を確保するかが問われることになる。例えば、特許は合法的な独占を許す制度であるが、よほど強力な特許を完全に保有している場合でなければ、あまり効果がない。特許をかいくぐるような競合が出てくることも想定せざるを得ない。特許はそのメカニズムを世の中一般に開示する義務が生じるので、逆に、競合から分析されるリスクも高まる面もある。

　持続的競合優位性を確保する方法としては、自社だけが独自に利用できる材料を元にしている、自社だけがオペレーションを効率的かつ継続的に改善

しているので競合他社がなかなか追いつけないといった、「自社内に外からは見えないブラックボックス的な優位性を作る」のが1つの王道となるだろう。

これをオトバンクに当てはめると、書籍の音声化権という版権を獲得するためには、出版社との長期的な信頼関係、法的なスキームの構築力、マーケティング能力など様々なスキルが必要であり、この過程で獲得した版権はまさに独自な材料を保持していることになる。

継続的なオペレーションの改善という面で言えば、音声の収録を効率よく低コストで行うというオペレーションは、工場の生産性改善のような細かいノウハウの積み重ねであり、競合が後から模倣しても、差を縮めるのが難しい分野である。同社はまた、世界的な大手IT企業から電子コンテンツの不正利用を追跡する特許のライセンスを受けており、これも持続的競合優位性の源泉となっている。

競合優位性を構築するその他のアプローチ

以上は、競合優位性を構築するいわば正攻法のアプローチだが、逆に、競合優位性がそれほどなくても、顧客が他社に乗り替えしにくくする仕組みを構築できる可能性があれば、それも1つの方策である。

大きく分けて、2つの方向がある。1つは「顧客に関係特殊的な投資をさせる」[xiv]というアプローチであり、もう1つは「顧客にネットワーク効果を持たせる」という方法である。[xv]

①顧客に関係特殊的な投資をさせる

まず、「顧客に関係特殊的な投資をさせる」というのは、自社の製品・サービスを使わなくなってしまうと役に立たなくなってしまうものに投資させるという戦略である。初歩的な方法としては、専用オプションが挙げられるが、より無形的なものに投資させた方が、スイッチングが困難になる。

例えば、IT業界でよく使われる方法としては、ユーザーにどんどん情報を入力させたり、そのサービスの上で開発をさせたりするというテクニックがある。ある半導体やソフトを使うことを前提にデータ入力やシステム開発を

行うと、たとえ本質的な性能が優れており、価格が低い競合製品が現れても、これまで投資した部分を捨てたくないので、ユーザーの切り替えはきわめて困難である。データやシステムとまではいかなくても、ユーザーの入力の慣れというのもスイッチングコストを上げさせる。

　ロイターやブルームバーグなどの金融情報サービスは、瞬時に欲しい情報を手に入れたいので、様々なショートカットを覚えた方が便利に使える。いったん体が操作方法を覚えてしまうと、新しい操作方法を学習するのは面倒であるし、効率が落ちるので、ユーザーは利用し続けることになる。

　オトバンクを例に取ってみれば、購入サイトやダウンロード手順をユーザーに覚え込ませるというものがある。オトバンクは、サイトを作るときに中高年のインターネットユーザーでもクレジットカードで購入できるように様々なインターフェースの工夫を行った。その結果、ネットで初めてクレジットカードで購入したというユーザーが結構現れ、そうしたユーザーサポートは最初の購入段階では、多少面倒ではあるが、いったん慣れてしまえば、そのユーザーが他のサイトの購入方法やユーザーインターフェース、ダウンロード手順をまた学習し直すことは敬遠するであろう。

　つまり、ネットでの購買に慣れていない層をうまくユーザーにできれば、非常に強固な関係が築けることになる。その点で、ユーザーインターフェースは競合優位性を作る１つの鍵となるだろう。

②顧客にネットワーク効果を持たせる

　もう１つの「顧客にネットワーク効果を持たせる」というのは、多くの人が同じサービスを使うことによってメリットを持つような仕組みを作ることである。ユーザー全体が一度に他のサービスに乗り替えない限り、新しいサービスのメリットが小さくなるので、ユーザーは切り替えが困難になる。

　これは典型的には、オークションやSNSに代表されるユーザー同士をマッチングさせるタイプのインターネットサービスや、全員が同じプロトコルを利用しないと成り立たない通信系サービスなどである。

　ネットオークションを例に取れば、オークションは多くの人が参加して、たくさんの取引が成立しやすいことが、サービスとしての価値の大部分を占

めるので、後発のネットオークション会社が、たとえより便利でより安い手数料率のサービスを立ち上げても、なかなかユーザーを移動させることは困難である。したがって、こうしたサービスは寡占かつ高収益なビジネスになりやすく、インターネット勃興期に勝ち組とされていたヤフーやマイクロソフトが少しずつグーグルにその地位を脅かされているのに対して、米国のイーベイ、楽天といった新興IT企業が高成長・高収益を維持できているのはこのメカニズムによっていると言ってよい。

　オトバンクは、これにも当てはまる。音楽1曲ずつ買うことができ、比較的安いコンテンツはアップルの「iTunes」がシェアトップであるが、逆に1000円を超える高額なコンテンツを買う習慣を持っているユーザーから見れば、オトバンクのサービスである「FeBe」の方がシェアトップとなっている。こうなると、質の高い高価格の音声コンテンツを買いたいユーザーと高価格・高品質のコンテンツを売りたいコンテンツプロバイダーが出会う場所としてはオトバンクのFeBeが最も合理的であり、一斉に移動しない限り、他のサービスに切り替えるのは不合理である。よって、ここでも「顧客にネットワーク効果を持たせる」ことができていることになる。

図表1-8　クイックなアイデア評価方法

市場性	● 顧客単価、顧客の数、顧客の購入頻度などでフェルミ推定する ● 大まかな精度で100億円以上が1つの目安
収益性	● 最初に固定費がかかっても、売り上げの伸びとともに利益が急激に伸びる限界利益率が高い事業を選択する ● 顧客獲得コストが高い事業は避ける
持続的競合優位性	● 特許は有力な方法ではあるが完全ではない ● 自社内に外からわからない強みがあるのが望ましい ● 顧客のスイッチングコストを上げられる

出所：筆者作成

投資家がオトバンクに投資をしたときは、以上の「市場性」「収益性」「持続的競合優位性」をクイックに診断して、詳しく検討する価値があると判断した上で、より詳細な検討を行い、最終的に投資を決定したわけである。
　この３項目を評価することで、構造的に良いアイデアか、そうでないかがクイックに判断でき、より詳細な検討・調査に進むべき少数のアイデアに絞り込むことができる。

8.起業におけるマーケティング

マーケティングとは何か

　ここまでのプロセスで、正しい事業領域を選択したという前提で、この節では、本章の主要なテーマである「起業におけるマーケティング」について説明しよう。
　まず、マーケティングとは何か。日常用語としての「マーケティング」は、必ずしも肯定的なイメージの言葉ではない。むしろ、何か不要な商品をあの手この手で無理矢理売ってしまうことといったイメージも強い。例えば、「あの商品は、マーケティングだけで売れた」といった表現で使われる。
　しかしながら、本来のマーケティングの意味はもっと広く、内容的にも中立的な概念である。

①マーケティングの定義
　まず、イメージをつかんでもらうために、著名な経営学者のマーケティングに関する定義を紹介しよう。
- 「買わないことを選択できる第三者に、喜んで自らの購買力と交換してくれるものを提供する活動」（ドラッカー）
- 「どのような価値を提供すればターゲット市場のニーズを満たせるかを探

り、その価値を生み出し、顧客に届け、そこから利益を上げること」（コトラー）

　この定義からわかることは、マーケティングの本質は「顧客側にある」ことである。つまり、「顧客が顧客の持つ基準で選んでくれる商品を提供する」という考え方である。これと対極にあるのは、売り手が勝手に良いと思う商品を顧客に押しつけるという考え方だ。つまり冒頭で取り上げた「不要な商品を買わせる」という考え方は、最もマーケティングと縁遠い考え方になる。

　こう考えると、マーケティングの考え方はほぼ自明にも思えるが、現実の起業においてはマーケティング的な発想がないために、失敗するケースも多くある。顧客が選ぶかどうか、それを必要とするかどうかとは関係なく、「技術的に最高なものを提供すれば、顧客はそれを必要とするはずだし、必要とすべきだ」とか、「"良いもの"が売れないのは顧客が愚かで不合理だからだ」といった発想である。何が必要で、意味があるのかは、それぞれの個人が決定するのであり、生産者側が「必要とすべきもの」を勝手に定義するのは、全体主義国家の中央官僚が勝手に「必要なもの」を決めるのと等しく、独善的であり、効率が悪い。

②マーケティングの目的

　究極的には、マーケティングの目的は、社会的には、限りある資源（人であれ、設備であれ、エネルギーを含むその他の資源であれ、また、その消費を裏付けるものとしての金銭であれ）が人々の必要とすることに効率よく役立てるように、資源配分を行うことにある。

　これは、企業からすると必要な販売努力を最小限にすることで、生産性を向上させるためのものであり、企業が必要な人に必要なものを必要な形で効率よく提供して、利益を上げるための活動でもある。資本主義社会においては、企業に利益というインセンティブを与え、消費者に選択肢を与えることで、資源の有効活用を図るわけであるから、マーケティングというのは資本主義の基本的な考え方を実現する、最も根幹をなす活動と言えるだろう。

　ドラッカーは「企業の究極目的は、イノベーションとマーケティングである」と定義したが、イノベーション、すなわち新しい技術的発見があっても、

マーケティング、すなわち顧客の必要を満たすための活動がなければ、企業としては成り立たない。というのも、いかなる技術、新発見もそれを必要とする人がいなければ価値がないし、しかも、それに対するコストを必要とする人が負担できなければ、最終的には成り立たないからである。

例えば、常温核融合がもし技術的に可能になったとしても、それを実現するコストが既存のエネルギー発生方法に比べて極端に高く、どの顧客もそれを選ばないとしたら、それは企業としては成り立たない。そして、これは、社会としても、そのエネルギー発生方法が効率的ではないので、やるべきではないということの反映でもある。

③自由社会を担う最も基本的な考え方

マーケティングの考え方は、企業の商品を販売するという狭い領域以外にも活用が可能である。

顧客の欲求を効率よく満たすという観点からすれば、商品を販売する商品市場だけではなく、従業員を募集し、採用し、トレーニングし、退職防止を行う人材市場においても、活用することができる。どのような仕事にいくらの給料を出せば、最も効率よく働きたい人と働かせたい会社のニーズをマッチさせることができるかという問題解決でもある。

同様に、企業が行うもう1つの活動である、資金調達についても、マーケティングの考え方が応用できる。資金の出し手のニーズに合わせて、自分たちの会社や資金ニーズを提供することで、会社への出資や借り入れを実現することができる。すなわち、企業のあらゆる活動にはマーケティングの要素がある。というのも、相手にも自分にも選択肢があって、お互いの必要なものを取引によって実現しようとするための活動がマーケティングの根幹だからである。

民間非営利団体（NPO）でさえ、マーケティングの考え方が応用できる。例えば、寄付を募るときに、寄付をしたい人たちが、寄付を通じて実現したいことを調査、分析し、それに合ったシステムを提供することで、寄付を効率よく集めたり、ボランティアで協力したい人たちが欲しいものを分析することで、効率よくボランティアを集めたりすることができるからである。

さらに言えば、政治や選挙においても、マーケティングの考え方は応用できよう。すなわち、世の中において、顧客の自由な選択があるところには、マーケティングの要素が必ずあり、世界の秩序が、暴力や強制ではなく、人々の合意によって成り立っている以上、世界はマーケティングに満ちあふれているのである。

　つまり、「マーケティングは企業活動を含めた、自由な社会の最も基本的な活動であり、すべての人が身につけなければいけない考え方である」とすら言える。

ベンチャーと大企業のマーケティングはどう違うのか

①ベンチャーの弱みと強み

　ベンチャー企業がマーケティング活動を行うときには、大企業のマーケティングとは同じ考え方は取れない。それは、ベンチャーは大企業に比べて、明確な弱みがあるからである。ベンチャーの弱みとは、一言で言うと、「利用できる資源が圧倒的に少ない」ということである。

　まずベンチャーは、大企業に比べて資本規模が小さい。すなわち、持っている資金量が違う。資金が少ないということは、そのまま、人員の少なさにつながる。ベンチャーの最大の資産は人材であるが、人を探して雇い入れ、雇い続けるにも資金が必要である。さらに言えば、ベンチャーは大企業が持つブランドによる信頼感がない。全く同じ商品が同じ価格で売られていれば、ほとんどの消費者は大企業の商品を選択する。

　他方、ベンチャーは新たに事業を始めるので、既存の顧客もいなければ、チャネル（販売網）も持っていない。大企業であれば、新製品を導入するときにも、既存の顧客に対して、既存のチャネルを使い、既存商品の関連商品として販売することができるので大変効率的だが、ベンチャーにはこの方法は使えない。

　このことからわかることは、「大企業とベンチャー企業が正面衝突で戦えば、間違いなく大企業が勝利する」ということである。逆に言えば、ベンチャーが勝利するためには、正面衝突を避け、大企業がいない市場や手薄な市場を

攻撃すべきだということがわかる。比喩的に言えば、大企業は、たくさんの兵力を持っているが、領地や城も広いのですべてを全体として見れば強くても、ベンチャーが1つの門に対して全力で戦えば、そこに陣地を構築できる可能性はある。

しかもベンチャーには大企業にない独自の強みがある。そして、それは小さくて、資源が限られているがゆえの強みであるので、大企業がその強みを模倣することは困難である。

それでは、その強みとは何か。一言で言えば、「小さな試行錯誤を繰り返して、正しい解に到達するという市場発見的なアプローチが可能だ」ということである。そもそも、ベンチャーがターゲットにする市場は、まだ存在していない市場だったり、存在しているかどうかもわからない市場であったりすることがほとんどである。もし、誰の目にも明らかに存在している市場であれば、その市場は、多くの人材を抱えている大企業の経営企画スタッフや経営コンサルタントなどによって発見されてしまい、あっという間に大企業とベンチャー企業が正面衝突する市場になってしまう。

②大企業の弱み

逆に、大企業が避けて通る、未開拓市場こそベンチャー企業の生きる道なのである。こうした、未開拓市場においては、仮説を立てて、市場との対話を行い実験し、仮説の間違いを修正するというアプローチを取る他ないのだが、大企業にはこうしたアプローチは困難である。そして、こうした市場にアプローチしにくい大企業独自の弱みがあるのだ。

まず、成功するかどうかよくわからない市場について、社内を説得するのはかなり困難である。大企業、特に日本の大企業においては、意思決定主体は極度に分散されており、不確実性の高い段階で、社内を説得するのはほぼ不可能である。しかも、一度失敗してしまうと、「それ見たことか」と落伍者の烙印を押されてしまう可能性があるので、失敗から学習して、再修正した施策を行うというよりも、社内を説得する追加資料の作成にリソースを取られてしまうケースが多い。これは、大企業の新規事業を行った経験がある人が、必ず通る道である。

大企業の悩みの種は社内だけではない。顧客に対しても、大企業は制約を持っている。大企業は、既存顧客の持っているブランドによる信頼感を守るために、実験的で、完成度が低い商品を提供することは許されない。一部の顧客にだけ提供するということが困難なため、最初からある程度のロットで商品を提供しなければならなくなり、失敗により失うものが大きい。

　大企業は、顧客に対して総合的なソリューション、商品ラインナップを用意しなければならないので、一部の商品に集中的に投資することも難しい。さらには、大企業ならではの体質的な弱みもある。新しい市場、新しい商品は、最終的には既存のビジネスを破壊する力を持っているが、最初は大企業から見ると、無視できるほど小さい市場規模しかない。よって、大企業がこうしたビジネスを立ち上げようとすると、既存のビジネスを運営している部隊から、「そんな事業は迷惑だからやめてくれ」「既存の事業の方が確実に儲かるのだからこちらに集中すべきだ」といった横やりが入ってくる。

　しかも、人間は変化よりも現状維持の方が楽なので、よほど、既存の事業がぼろぼろになるまでは、「そうは言っても既存事業の方が大きいし、儲かる」という信念を持ち続け、事業構造の変化を無視してしまう。

③「ゆで蛙現象」と「イノベーションのジレンマ」

　こうした大企業の弱点を「ゆで蛙現象」や「イノベーションのジレンマ」[xvi]と呼ぶ。

　「ゆで蛙現象」とは、蛙を熱湯に入れるとすぐに湯から逃げだそうとするが、ゆっくりと加熱していくと、茹でられているのに気づかないまま死んでしまうというたとえ話から来ており、変化がゆっくりしているために対応できなくなることを指す。

　「イノベーションのジレンマ」とは、技術革新によって、既存のビジネス、市場が破壊的に変わるときには、そうなるとわかっていても、大企業は旧世界を守るか、新世界に進むかを迷っているうちに、結局、新興企業に倒されてしまうという構造のことである。

　米国から上陸してきて、日本では中堅の書籍取次店としか提携できなかったアマゾンが、大規模書店の作った電子商取引（EC）サイトに圧勝したのも

このメカニズムによる。日本の大手書店は、ネットで本を買う習慣をつけさせると書籍のヘビーユーザーになるとか、現在の書籍のヘビーユーザーもだんだんネットで買うようになるといった変化に気づきつつも、既存のビジネスモデルに気を取られたために、変化に素早く対応することができなかったのである。

ベンチャーのマーケティングの3原則

以上のことから、大企業の弱点を突き、ベンチャー企業の強みを最大化するためのマーケティングの3つの原則が導かれる。

①フォーカス（焦点を絞る）

第1の原則は、「フォーカス（焦点を絞る）」である。英語で言うと、"Focus, focus, and focus. You cannot overfocus."（徹底的にフォーカスしろ。どんなにフォーカスしてもそれが狭すぎるということはない）となる。

対象顧客、利用するシーン、商品のラインナップ、販売する場所、競合としてたたきつぶす商品・企業、どれを取っても、手広くやってはいけない。ま

図表1-9　ベンチャー企業のマーケティングの特色

フォーカス	●どんなにフォーカスしてもフォーカスしすぎということはない ●自分が得意な戦場で勝つ ●小さな世界で一番になる
仮説検証アプローチ	●前提を確認した上で、仮説を立て、その結果をフィードバックする ●失敗は織り込み済みで、責任追及よりも次の行動を前向きに考える
リスク管理	●手持ちの資金で何回トライアルができるか考える ●どこまで証明すれば次の資金調達が可能になるかの実験を設計する

出所：筆者作成

ずは、一番有利な戦場を選ぶことが重要である。大企業は、すべての戦場で、すべてのルールにおいてそこそこ勝たなければならないが、ベンチャーは自分の好きな戦場で、好きなルールのもとに圧勝することができる。

　それはなぜかと言えば、そういう戦場を自分で選べるからである。宮本武蔵が不敗を誇ったのは、勝てる相手としか戦わなかったからであり、柳生一族を倒せたのも、１対複数で戦わず、相手を分断して、個別撃破したからである。こうした戦い方こそ、ベンチャーの戦い方である。

②仮説検証アプローチの利用

　第２の原則は、「仮説検証アプローチを利用する」ということである。ベンチャーは不確実性を味方に付けることを強みとするのであるから、まだ正解がわからないうちに小さく実験して、結果を見て修正するというサイクルを速く回すことが本質と考えることである。最初考えたことに間違いがあったら、すぐに間違いを認めて、作戦を立て直す柔軟性が必要である。

　ただし、「当たって砕けろ」の精神では、あっという間にゲームオーバーになってしまう。事業計画を実行する前に、仮説を立てた前提を確認し、仮説と違った結果になった場合には前提を書き直せるようにすることが重要である。

　そして、社内の誰が言ったとか、いつ言ったとかにこだわらず、起きている事実のみに基づいて行動を素早く変えていくことが重要である。「あのとき、社長はこう言ったじゃないか」とか、「誰が悪い」といった責任追及をするヒマがあったら、どう行動を変えたらよいか、問題解決にリソースをつぎ込むべきである。

③リスク管理

　第３の原則は、「リスク管理を行う」ということである。仮説検証アプローチを行うときの最大のリスクは、実験、試行錯誤を続けているうちに正解にたどり着くにしても、正解にたどり着く前に資金が尽きてしまえば、そこでゲームオーバーになってしまうことである。次に開ける宝箱に出口のカギが入っていたとしても、その前に酸素切れになってしまえば、それでおしまいである。

ここで重要なのは、手持ちの資金との関係で、どのような規模の実験を何回繰り返せるのか、どこまで証明すれば、追加的な出資や注文を得られるのかを注意深く設計することである。
　一般に、投資家から資金調達をするタイミングは、いくつかのフェーズに分けられる。例えば、「基盤となる技術が完成するまでの資金」「初期の顧客を獲得して、客が金を払ってもよいと考える実際の商品にするまでの資金」「何を提供すれば大量の発注を得られるかわかったので、徹底的に営業するための資金」といったように、事業の発展段階によって、会社の価値は上がっていき、より高い株価で資金調達が可能になり、調達できる資金の幅も広がっていく。
　ところが、基盤技術を実際の商品にするまでの資金を調達したものの、商品化できないまま資金が尽きてしまえば、その後の資金調達は困難であるし、たとえ調達できたとしても、かなり不利な条件を受け入れざるを得なくなる。
　こうした中で、手持ちの資金で「どのような実験を設計すれば、どういった顧客が、どういった商品を欲しているか」の仮説を証明できるかどうかを考えることが必要になってくるのである。
　以下では、「初期の顧客獲得→商品の仮説構築→実験→証明」のサイクルを具体的にどのように作るかについて、説明していく。

9.初期顧客の探し方

なぜ初期顧客が重要なのか

　前提として、なぜ初期顧客を探すことが重要なのか。
　これは、これまで説明してきたことに尽きる。顧客のいない商品は、誰も買わない商品、誰も必要としていない商品なので、企業活動としては社会的意義がない。初期顧客を探すことを離れて、商品開発を進めてしまうと、せっ

かく商品ができても、顧客が必要としないため、商品開発や技術開発がムダになってしまう。逆に、初期の顧客がはっきりすれば、商品のイメージ、技術開発の方向性が明確になり、焦点が定まるので、ベンチャー企業が重視すべき、「フォーカス」という考え方が最大限活かされる。

　まず、初期顧客が見つけられる一番簡単なタイプのベンチャー企業、市場動向を考えてみよう。それは、すでに顧客がいる既存市場にある、既存商品と全く同じ商品を低価格で提供できるケースである。この場合は、既存商品の既存顧客にアプローチすればよいので、初期の顧客を見つけることは比較的容易に思える。しかし、現実にはそうではない。というのも、まず、全く同じ商品で価格が安くても、顧客がその商品を選ばない場合がある。それは、顧客が商品が同じであることを判断できず、また、価格が安いことは信頼性の低さの表れと考え、あえてリスクを取るまでもないと判断するからである。

　逆に、わずかな価格差でも確実に買ってもらえる市場もある。それは天然資源の市場である。金、石油などの天然資源は、買い手が企業体で品質の確認ができ、商品を継続的に買い入れたり、自由に売買したりできる市場が存在するからである。しかしながら、天然資源に近いタイプの商品であっても、すでに長期契約が存在している、安定供給の証明が必要であるという場合には、価格だけでは勝負できない。

　次に、ほぼ同じ価格で、より高性能なものを提供すれば、それは既存の市場にそのまま提供でき、既存商品の既存顧客にアプローチすればよいように思える。しかし、このようなケースにおいても、すべてのユーザーがより高い機能を求めておらず、現状の機能水準で満足していれば、既存顧客へのアプローチはムダである。

　実際、ある大学の研究成果を利用した高性能ハンダ付け技術を持つ企業があったが、顧客のほとんどが現状の水準を超えるハンダ付けを必要としないため、初期顧客の獲得で困難にぶち当たってしまった。まして、市場全体のある特定のタイプの顧客に好まれる商品を開発したり、全く新しい市場を作ったりするときには、初期顧客の獲得が困難を極めよう。

　結論的には、初期顧客の獲得が問題にならないカテゴリーのベンチャー企業は、かなり例外的なケースに限られる。具体的には、既知の病気の治療薬

を製造するベンチャーなどである。

　こうした会社は、技術的に確立した段階で、大企業に対する技術ライセンスの供与、あるいはＭ＆Ａ（合併・買収）によって会社ごと売却することで初期顧客の獲得を議論する前に、商品化が終了する。

どのような顧客が、ベンチャーの初期顧客になるか

①最先端であることを好むユーザー

　どのような顧客が初期顧客になるのだろうか。新規サービスであれ、既存市場の再定義によるサービスであれ、新しいサービス、新しい方法、イノベーションに対してどのような態度を取る顧客なのかにより、顧客を分類することができる。

　新しい考え方に対して最も積極的な顧客は、「テッキー（techie：いわゆる"テクノロジーおたく"のこと）」とか「マニア」とか呼ばれるタイプの顧客である。このタイプの顧客は、何であれ、その業界の最先端であることを好み、ありとあらゆる商品・サービスを試してみることに情熱を傾けている。

　こうしたユーザーは、「商品が新しい」「今までとはちょっと違う」というだけで、その商品を採用してくれる。携帯電話を何台も持っていたり、インターネット接続サービスを短期間で次々と切り替えたりするタイプの顧客である。これらの顧客は、結論的には初期顧客には適切ではない。というのも、まずその数が少なすぎることである。せいぜい数％程度である。

　企業向けの商品の場合は、この手のユーザーは企業の中で大きな権限を持っている管理職ではなく、多くが現場担当者であり、自分の自由になる小さなものを買う予算は持っていても、彼自身が大きな意思決定はできない。次の新しいものが出れば、すぐにそちらにシフトしてしまう。

　しかし、このユーザーの良いところは、詳しい説明をしなくても、勝手に自分たちで使い方を考えてくれたり、商品の問題点を教えてくれたりすることである。彼らの欲求はかなりばらばらで、実用性よりもおもしろさを優先しがちであり、これらすべてに対応することは、ベンチャーの「フォーカス」の原則とは反してしまうので、取り合うべきではないが、商品のバグ、欠陥

を指摘してもらう一種のテストマーケティングとしてはきわめて有効である。

　彼らは非常に多くのアイデアを出してくれるので、初期の有力な仮説を作るためのブレーンストーミングの相手としてはきわめて有効である。こうしたユーザーにサンプルを配ったり、商品コンセプトをぶつけてみたりすることで、まずは、アイデアの広がりを確保するのが望ましい。

②アーリーアダプター

　次のセグメントは、「アーリーアダプター（初期採用者）」とか「ビジョナリーセグメント」と呼ばれるユーザー層である。全ユーザーの十数％ぐらいがこのグループに属する。このグループの最大の特徴は、まだ商品が実現できることが仮説の段階であっても、自分の使い方によって何らかの価値が生まれるだろうという夢、ビジョンを共有してくれることである。

　このグループは一見、最初に出てきたマニアに似ているが、マニアと違うのは、「新しい」だけでは評価をせず、「この新しいもので何かができそうな予感がする」と購入を検討してくれる人である。つまり、実績よりも可能性に賭けてくれるベンチャーにとって、大変有り難い存在である。

　実は、日本と米国のベンチャーを取り巻く環境の違いとして、日本企業の中に、このアーリーアダプター、ビジョナリーセグメントの顧客があまりいないので、新しいアイデアを出しても、顧客が見つからず、ゲームオーバーとなってしまうという説明を、日本のベンチャー支援を行っている関係者からよく耳にする。確かにそういう要素はあるのだが、このビジョナリーセグメントには、プロファイル的に一定の傾向があり、その傾向を知っていれば、確率よく出会える。

　第1のグループは、新興企業の経営者である。新興企業の経営者は、自らが新しいサービスの提供によって市場を開拓しており、その継続的優位性を実現するために、競合よりもいち早く新しいサービス、技術、考え方を導入して、競合を出し抜き、既存企業を打ち倒すチャンスをうかがっている。こういうタイプの顧客には、もしかしたら実現できる飛び道具のようなアイデアこそ好まれ、「業界のデファクトスタンダードで、大企業の皆さんが採用しています」というものは買いたがらない。

第2のグループは、大企業内の「暴れん坊マネジャー」と呼ばれるタイプの人間である。大企業は、強力な企業文化と組織化された仕組みが存在し、マネジャークラスになると均一性が高い。ところが、企業の中を見渡してみると、なぜ、ここにいるか理解できないような、必ずしも典型的な出世コースをたどっていないものの、実績があるので昇進しており、今も新しい分野を任されており、社内の多数派からは、多少煙たがられているというタイプの中堅幹部が必ず存在する。いわば、企業内新興企業のような存在である。
　こうした「暴れん坊マネジャー」タイプの社員は、硬直的な大企業の仕組みの制約をベンチャーとのアライアンス（提携）によって打破しようと考えており、新しい商品、サービス、考え方に対して柔軟である。
　第3のグループは、成熟産業の差別化・特化型企業である。産業の成熟化が進むと、自然と寡占化が進み、せいぜい4〜5社に市場のほとんどが支配されているという状況になる。この中で、ナンバーワン企業に対抗するために、「ナンバーワン企業とはここが違う」という形で独自性を売りにしている企業は、アーリーアダプター、ビジョナリーセグメントである可能性が高い。
　電機業界で言えば、かつてのソニーはこのセグメントに属していた。実際、外資系企業が日本に進出してきたときに、「最初の顧客はソニー」というのがあまりにも多く、非常に驚いたことがある。

見込みのある初期顧客を取り込む手法

　初期顧客になりそうな顧客プロファイルが理解できたところで、具体的にどのような手法を用いれば、彼らを初期顧客にして、商品を完成させるのに協力してもらえるのだろうか。
　大企業の法人営業のベテランをベンチャーの営業部長にした場合にありがちな間違いは、「まず顧客のニーズを深く理解しようとする」ことである。これは、かつて彼が属していたような大企業であれば、あらゆるニーズに応えることができるので、顧客のニーズからスタートした営業が可能であるが、今はベンチャーであり、きわめて狭い領域のどこにフォーカスしたらよいか、そのための初期顧客をどのように集めるかが課題なのである。

また、今、ベンチャー企業が開拓しようとしているマーケットはまだ存在していないか、存在していたとしても、新しい切り口なので、なかなか気づかないものだったりする。こういうときに、顧客に今困っていることや、やってほしいことを聞いても、新しい考え方と適合させるのは困難である。
　したがって、このフェーズでは、全く逆のアプローチを取る必要がある。つまり、そのベンチャーの最も強いところ、最も都合の良いところを、ほぼ完成しているビジョンとして提示し、その考え方に興味を持ってもらえるかを確認するのである。顧客候補は、新しい考え方と出会うことで、自分の隠れていたニーズに気づき、これから実現できるかもしれない未来に対してワクワクすることに対価を払うのである。ビジョナリータイプの顧客であれば、新しいアイデアに対して、可能性を広げるような質問をしたり、無茶な要求をしたり、営業の場は、一転してディスカッションの場と変わってくる。
　こうした、共同作業によって新しい商品とニーズのすり合わせが可能な基盤となる関係が顧客候補と構築できたところで、おもむろに提案するとよい。「当社のビジョンの本質を理解いただけているので、最初の顧客になっていただきたい。貴社（というか顧客個人に近い）のニーズにカスタマイズして対応させてもらうので、その分かなり価格が上がってしまうが、研究開発的な要素も含まれるので、実費だけ上乗せさせて欲しい」。これだけ聞くと、虫の良い提案にも聞こえるが、初期顧客になってくれるビジョナリーセグメントの顧客は、その商品の採用に先行投資することで得られる事業へのインパクトが、売り手のベンチャーよりもはっきりとイメージできているので、こうした提案を受け入れやすい。
　多くの場合、ビジョナリーセグメントは、過去にもこうした先行投資によって大きなリターンを得ており、必要なときに投資に踏み込むことが成功のカギであることを理解しているのである。必要であれば、数値のシミュレーションを作って、投資対効果を明示すべきであろう。
　ビジョナリーセグメントの顧客は、多少金がかかっても、未来に大きなリターンが見込める投資を選択する。大事なことは、なるべく大きな金額を払ってくれて、本気で共同プロジェクトを仕掛けてくれるようなパートナーを選ぶことである。逆に、そういった顧客を見つけることができないのであれば、

そもそもその会社が仕掛けようとしているイノベーションはおもしろくないと考えた方がよい。

　以上は、企業向けサービスでのビジョナリーであるが、消費者向けのサービスでも同じようなタイプの顧客を探すことが大事である。それは有力なリテール（小売業）のバイヤーだったり、オピニオンリーダーである雑誌編集者やライターだったりする。彼らが「これは世の中を一変させる」と思えるものを彼らを通じて、世の中に伝播させることが重要である。

10.一気に市場に普及させる方法

なぜ注目企業はその後消えてしまうのか

　前節のステップをうまくやり遂げ、初期顧客と契約し、初期顧客とともに、商品を形作ることができたなら、次はその商品を一気に市場に普及させるタイミングが近づいてきたと言える。もちろん、初期顧客はややビジョン先行であり、ベンチャー企業側も商品開発の過程であるから、かなり振り回され、疲弊しきっているだろう。

　しかし、その対価として、ベンチャーは「生の技術」ではなく、実際に利用されている商品、先端的な顧客の採用事例、いわば予備校の合格体験記のような「買ってよかった」という証言などを手に入れているはずである。さらにうまくいっていれば、雑誌に自社の商品・サービスが特集されたり、講演に呼ばれたり、注目企業として新聞に取り上げられたりしているかもしれない。

　ここまでを聞くと、「一気にブレーク、市場を席巻」というイメージかもしれないが、実は、メディアで取り上げられるような話題企業のうち、かなりの企業はそこがピークになり、その後は消えてしまうのである。

　というのも、その後の普及に関わってくるユーザーのニーズと初期顧客の

ニーズは大幅に異なっており、そのままの勢いで突っ込むと間違いなく、外してしまうのである。そもそもメディアに取り上げられるのは、どこかしら、新しい、もっと言えば「普通じゃない」からである。

つまり、「犬が人間をかんでもニュースにはならないが、人間が犬をかめばニュースになる」ということで、普及期に定番になるメカニズムは、ニュースにならないような定番を目指すことに他ならない。これが、ビジネス雑誌で、「注目企業」だった会社がしばらくして、「失敗事例」のページに再登場する理由なのである。

それでは、普及期のユーザーはどのようなことを望むのであろうか。それは一言で言えば、「安心して使える」である。つまり「そのサービスを採用すれば、必ず成果が上がる」「だからみんなが使っている」「詳しくない自分でも使える」というところがセールスポイントになってくる。ビジョナリーセグメントの「可能性に賭ける」「いち早く導入して世の中と差をつける」「ニーズは俺がわかっているので、それを実現しろ」とは、真逆のニーズなのである。初期顧客フェーズとは完全に頭を切り替える必要がある。

普及フェーズでは、顧客が増えるので、1人ひとりの顧客に丁寧に対応したり、カスタマイズしたりすることは難しい。そもそも、顧客自体がぱっと買って、面倒なことを考えずに成果だけを手に入れたいと考えている。こんなときに、戦線をむやみに拡大することは、期待と現実のギャップから、"逆営業"になったり（買ってみたけど、使い方がよくわからないから、結局お蔵入りになってしまった）とか、「導入が面倒だから、興味があるけど買わない」といった事態が起きて、悪いイメージだけ与えてしまい、二度と顧客が戻ってこないという最悪の事態を迎えることになる。

普及期ユーザーにフォーカスするポイント

どうしたら、この問題を解決できるだろうか。ここでのキーワードはまたしても「フォーカス」である。「何にでも使えます、無限の可能性があります」という売り方の正反対の営業手法として、特定のタイプの客の特定の使い方にフォーカスして、その使い方で使いやすくするための、ありとあらゆ

る商品及びサポートを準備するというのが効率的である。

　この初期顧客と普及期の顧客の違いこそ、多くのハイテクベンチャーの落とし穴であることを指摘した古典的名著『キャズム』[xvii]によれば、例えば、次のような文章の空白を埋められるようにすることが重要とされる。

　この商品は、
　（1）＿＿＿＿＿で問題を抱えている
　（2）＿＿＿＿＿向けの
　（3）＿＿＿＿＿の製品（あるいはサービス）であり
　（4）＿＿＿＿＿することができる
　（5）＿＿＿＿＿とは違って
　（6）＿＿＿＿＿がこの製品には備わっている

　それぞれを解説すると、（1）は代替手段、（2）は明確なターゲット顧客、（3）は製品（あるいはサービス）のカテゴリー、（4）はこの製品が解決できること、（5）は対抗商品、（6）は製品全体の機能――ということになる。

　例えば、オトバンクのオーディオブックは、
　（1）ビジネス書で勉強したり、情報を集めたりすることで課題を抱えている
　（2）ビジネスマン向けの
　（3）情報コンテンツであり
　（4）いつでもどこでも情報を耳から入れることができる
　（5）本やウェブと違って
　（6）通勤時間や移動時間、単純作業中に目を使わなくても情報をインプットできる便益がこの製品には備わっている
ということになる。

　こうすることで、「何らかの音声情報を手に入れられます」という漠然とした状況から、ターゲット顧客、利用シーンが特定され、コンテンツも決まるので、十分にフォーカスし、必ず顧客に便益を提供できるので、「安心して」使ってもらえるわけである。

　それでは、どうやればこの文章を埋められるようになるのであろうか。『キャ

ズム』によれば、やはりここでも仮説作りとラフな検証をするためのシナリオを作ることが推奨されている。

具体的には、どういう人がどういう理由でどのように使っているのか、競合は誰なのか、チャネル、価格などの仮説を全社員で集めて、その中で事実に基づいた直感によって決めることが推奨されている。その上で、最も有力な仮説に沿った販売チャネルを使って一気に売っていくことが推奨されている。

初期顧客においては、顧客と直に接して相互のやりとりをすることが重要だが、このフェーズでは、提供したらそのまま使えるものを作って、販売チャネル、広告など等の物量作戦で一気に市場を押さえていくことになる。

11.ベンチャーならではのマーケティング

本章では、起業のテーマ選びから始まって、実際にベンチャーで行うべきマーケティングの考え方について説明してきた。読者の中には、セグメンテーション、ターゲティング、ポジショニング、マーケティングミックスといった、定番のマーケティング戦略におけるフレームワークについて、ほとんど言及がなかったことに対して、不思議に思う人もいるであろうし、さらには不満を感じる人もいるかもしれない。

しかしながら、これには理由がある。定番のマーケティングフレームワークについては、すでに多くの本が出版されているし、難易度についても、アカデミックなものから、初心者向けの入門書、細かいテクニックやノウハウをまとめた実用書まで数多く存在している。本書自体が、経営学の教科書、あるいはビジネス書という競争の激しい市場の中で「ベンチャーを起業するための教科書」というユニークなポジショニングを目指して書かれているもの以上、他の教科書に書いてあることと同じことを書いても意味がないと考える。マーケティングフレームワークをより詳しく知りたい人にはむ

しろ、世の中に存在しているたくさんのすばらしい書物に直接あたっていただきたい。

そこで、本章の最後では、ベンチャーを起業するという想定読者が、マーケティングの基本的なフレームワークを学ぶ上で注意すべき点や、ベンチャー企業ならではのマーケティングテクニックを説明したい。

「マーケティングミックスの4P」の使い方と留意点

コトラーに代表されるマーケティングの基本的な教科書に必ず載っているフレームワークとして、「環境分析」「STP」「マーケティングミックスの決定」というものがある。

まず、市場環境や自社の置かれた立場を分析し、市場を何らかの軸でいくつかに分割し（セグメンテーション）、その中でどこを狙うかを決め（ターゲティング）、その標的市場の中で競合との関係で自社をどう位置づけるかを決定する（ポジショニング）というプロセスである。

それを受けて、「マーケティングミックスの4P」、すなわち、「Product（製品）」「Place（販路）」「Price（価格）」「Promotion（販売促進）」を決めるというステップである。

こうしたフレームワークは、システマティックであるし、漏れをなくすことができるし、また、自分の考えていることを整理し、他人に伝える方法としても有効である。ただ、ベンチャーはユニークに差別化されていなければ、勝つことはできないので、その自社の位置付けを考える時には、そもそも市場のセグメンテーションの仕方自体をかなりユニークにしなければならない。

さらに言えば、今までのプレーヤーが整理してきた市場の見方自体を大胆に変えてしまうような、新しいセグメンテーションの仕方を発明したときに初めて、ユニークな製品・サービスが立ち上がったということになる。

つまりは、こうしたマーケティングのフレームワークはある程度後付け的な要素を持たざるを得ず、本当に考えなければならないことは、本章でこれまで取り上げてきたような、「仮説と検証を繰り返して正解にたどり着く」というクリエイティブかつ動的なプロセスである。

したがって、こうしたマーケティングのフレームワークを学ぶことは重要ではあるが、決してそれで満足することなく、正解にたどり着くまで実験する、実践することが大切であると強調したい。抽象的なニーズ、ターゲットではなく、具体的な人物、利用シーンにフォーカスして戦略を立てた方が、成功確率が高いことも再度強調しておこう。
　「マーケティングミックスの4P」についても、チェックリストとしては有効であるが、そのフレームワークを使うことで、発想が広がったり、気づかなかった視点が見つかったりすることはあまりないだろう[xviii]。

顧客視点に立った「ラウターボーンの4C」

　そこで、4Pに変わるものとしてロバート・ラウターボーン（Robert F.Lauterborn）の「4C」を紹介しよう。
　ラウターボーンはマーケティングミックスの4Pは企業側から見た視点であり、マーケティングが顧客満足を目的にしている以上、顧客の視点に立って再構成しなければならないと考えた。
　すなわち、
　①顧客価値（Customer Value）
　②顧客負担（Cost to the Customer）
　③入手容易性（Convenience）
　④コミュニケーション（Communication）
　の4つである。

①顧客価値
　まず、「顧客価値」だが、これは「商品」に対応している。しかしながら、企業が呈示する商品価値ではなく、顧客側から見たときに本質的にどのような点で価値を感じていて、満足しているのかという視点である。前述してきたように、顧客は商品を買っているのではなく、そこから得られる満足を得ているのである。単に商品に着目せずに、どのような満足を顧客に与えることを企業は目標としているのかと、もう一段階抽象度を上げて考えてみると、

商品に必要とされるもの、提供形態、付加サービスなどより多くの示唆が得られるだろう。

例えば、オーディオブックであれば、顧客のニーズは「すきま時間を使って本を読みたい」ということであるから、本質的な満足は時間の節約にある。そこで、倍速、さらには4倍速で聞けるバージョンを発売して、より時間を節約できるようにしたところ、多くのユーザーから支持された。

②顧客負担

次に、「顧客負担」であるが、これは「価格」に対応している。価格と言うと単に金銭的な対価だけを問題にしているようだが、購買行動に関わる顧客の負担は金銭的なものに留まらない。探す手間や運ぶ手間、購買手続きの手間など様々な負担をかけている。こうした手間を代行するサービスを提供することでより買いやすくすることもできるし、逆に価格以外の手間を顧客側に負担してもらうことで利益を増やしたり、買う顧客を選別したりすることもできる。

ネットビジネスでは購買手続きを簡素化することは、値引きをするよりも顧客を誘引することができる。例えば、アマゾンは書籍以外にも様々な商品を販売しており、その価格はネット全体で見て最安値というわけではない。ただ、住所の入力、クレジットカード番号の入力といった手間をアマゾンは省いているため、多少価格が高くても、トータルの「顧客負担」が低くなるので競争力があるということになる。

③入手容易性

さらに、「入手容易性」であるが、これは「販売方法」に対応している。どこでどのように売るかと考えると企業の都合で決まってしまうが、「顧客の立場に立ったとき、どのような方法で提供されたら手に入れやすいだろうか」と考えると、もっと発想が広がるだろう。

例えば、オトバンクでは、ITリテラシーが必ずしも高くない層でも、入手するキッカケが持てるように、いろいろな業界団体と提携して、導入のハードルを下げる施策を進めている。

④コミュニケーション

　最後に、「コミュニケーション」だが、これは、「販売促進」に対応している。「販売促進」というと、ある種極端なイメージで捉えることも可能である。企業が伝えたいことを大声であちらこちらで叫べば、そのうち顧客はそれが事実だと思って、企業の思う通りの行動をさせることができるという考え方である。

　しかしながら、これはもはや通用しない。「広告が効かなくなった」というのは、どのマーケッターや広告代理店の人と話していても必ず耳にする問題意識である。メディアも多様化し、消費者は単なる情報の受け手ではなく、自らも発信し、情報交換をする存在になっている。いわゆるCGM（Consumer Generated Media：消費者生成メディア）の台頭がそれを表している。ある大手企業がユーザーを装って自社に好意的な情報をネットに流したところ、ユーザーに見破られて、大変な騒ぎになったことがあった。

　もはや、消費者を情報統制によって、コントロールすることは不可能である。むしろ、消費者と企業は対等な関係になって、双方向のコミュニケーションを行う存在になっているとすら言ってよいと考える。

　実際、化粧品や食品、トイレタリーといったこれまで「良い広告」を作ることが重要とされていた業界の企業ですら、自社が運営するCGMサイトを立ち上げ、良い成果を上げ始めている。

私憤を公憤に変え、問題解決する

　特に、ベンチャーの場合は、製品やサービスの考え方が、起業家個人の人格と密接不可分に結びついている場合も多いし、まだ会社や商品としての実績が弱いときには起業家本人のパーソナリティーがそのまま会社のブランド、評価に直結する。

　したがって、ベンチャーの創業者は、自己の個人史や起業の経緯、ビジョンなどを整理して、戦略的に対外的に打ち出していくべきである。経営者の考え方が興味深い場合には、メディアも記事として取り上げやすくなる。一般メディアに掲載されることは、最もコストのかからない効果的なコミュニ

ケーション手段であるので、積極的に活用すべきである。

　ティップス（Tips：使い方やコツ）的にポイントを言えば、ユニークな人物は必ず意外性を持っている。例えば、「ハーバード・ビジネス・スクールを出ているのに、あまりエリートっぽくなく、むしろ挫折の連続である」といったパターンである。そして、その意外性が個人の中に矛盾を生み、それが一種の葛藤になっているが、その葛藤を解決するドライブが自分の中に閉じておらず、社会の問題解決につながっているようなタイプの企業・人物像は、多くの人から共感を得ることができる。

　一言で言えば、「私憤から公憤へ、事業による問題の解決へ」というパターンである。オトバンクの上田社長も高校時代に勉強する意義が見つけられず偏差値が30まで落ち、二浪してから東大に入ったという経験の持ち主であり、そのプロセスを通じて、彼が学習に対して前向きに捉えられるようになった経験と、オーディオブックを通じて、効率よく学習できる、読書の苦手な人、目の不自由な人まで学べるようにするという起業の理念と直結しているところが説得力を生むのである。

　第3章で取り上げられるライフネット生命保険も彼らの生き方と会社の理念がつながっているがゆえに、非常に効果的にパブリシティーが行われていると考えられる。

i オトバンクの起業の経緯は、上田渉『勉強革命！「音読」と「なぜ」と「納得」が勉強力とビジネス力をアップさせる』（マガジンハウス、2010年）にくわしい。

ii 元々大手流通グループ、イオンの社内用語だったものを、当時下着メーカーのトリンプ日本代表だった吉越浩一郎氏が書籍で広げたものらしい。吉越浩一郎『「残業ゼロ」の仕事力』（日本能率協会マネジメントセンター、2007年）など。

iii 大学に対する基礎研究予算すら、政権交代によって、大きく変化した。2009年度補正予算に盛り込まれていた先端研究助成基金の縮減により、研究者の中に戸惑いが広がっている（日経産業新聞2010年3月23日付11面）。

iv ロス・ペロー氏はEDSを株式公開させた後、ゼネラル・モーターズ（GM）に売却し、さらには、米国大統領選に二大政党以外の独立系で立候補するアメリカンドリームの典型のような経営者であり、スティーブ・ジョブズ氏がアップルに売却することでアップル復帰を可能にしたネクスト（NeXT）社の出資者でもあった。

v グローバルニッチで、京都を代表する製造業である。日本電産の永守重信氏については、『日本電産永守イズムの挑戦』（日経ビジネス人文庫、2008年）が最も網羅的で、毀誉褒貶ある経営者の全体像をつかむのによいだろう。

vi 起業の経緯については、松井道夫『おやんなさいよでもつまんないよ』（日本短波放送、2001年）を参照。

vii アマゾンが株式公開したときの目論見書は、複雑なファイナンスの歴史、事業のリスクの説明の仕方など興味深い情報がたくさん載っており、IPOを行う投資銀行家の中ではテキストになっていた。

viii 「読売ウイークリー」2006年10月29日号の笠原社長へのインタビューによる。

ix フィリップ・コトラー他著／恩蔵直人監訳、大川修二訳『コトラーのマーケティング思考法』（東洋経済新報社、2004年）にほぼ同じ手法が紹介されており、大量の事例が載っているが、海外事例中心なので、なじみがないかもしれない。身近な新商品をこの視点で分析するのが、この手法を身につける方法としては有効だろう。

x アレックス・F・オズボーン著／豊田晃訳『創造力を生かす―アイディアを得る38の方法』（創元社、2008年）。ブレーンストーミングという言葉を作ったとされるオズボーンの古典であり、このチェックリスト以外にも様々な手法が紹介されている。Osbornはオ「ズ」ボーンと発音している文献が多いが、創元社の本では、オ「ス」ボーンとなっているので注意が必要である。

xi 筆者は、MKの東京進出の際に、競合である東京大手タクシー会社の日本交通のアドバイザーをしており、東京においてはベンチャーに近いMKの強みと弱みを分析している。

xii ＠niftyビジネス　チーム・スピリット 2010年1月6日、20日

xiii 細谷功『地頭力を鍛える 問題解決に活かす「フェルミ推定」』（東洋経済新報社、2007年）で一躍有名になったいわゆる「フェルミ推定」である。なお、これを徹底的にやりたいという人には、やや、理系よりではあるが、ローレンス・ワインシュタイン他著／山下優子・生田りえ子訳『サイエンス脳のためのフェルミ推定力養成ドリル』（日経BP社、2008年）を薦めておく。

xiv 2009年ノーベル経済学賞受賞のオリバー・ウィリアムソンの「組織の経済学」における概念に示唆を受けている。

xv ネットワーク効果に関する、包括的かつ啓発的な書籍としては、アルバート・ラズロ・バラバシ著／青木薫訳『新ネットワーク思考―世界のしくみを読み解く』（NHK出版、2002年）を挙げておく。

xvi 大企業が、ベンチャー企業に敗れ去るメカニズムに関する研究として、クレイトン・クリステンセン著／玉田俊平太監修／伊豆原弓訳『イノベーションのジレンマ―技術革新が巨大企業を滅ぼすとき』（翔泳社、2001年）がある。

xvii ジェフリー・ムーア著／川又政治訳『キャズム』（翔泳社、2002年）。ハイテクマーケティングに関する古典中の古典であり、新技術のマーケティングを考えるのであれば、必読書である。

xviii とはいえ、「何かマーケティングの本を紹介してほしい」というニーズはあるだろうから、ここでは、アル・ライズ、ジャック・トラウト著／新井喜美夫訳『売れるもマーケ 当たるもマーケ―マーケティング22の法則』（東急エージェンシー出版部、1994年）、アル・ライズ、ローラ・ライズ著／共同PR株式会社翻訳監修『ブランドは広告でつくれない 広告vsPR』（翔泳社、2003年）を挙げておく。

第2章

他力を活用する
チームビルディング

木谷哲夫

1. 中核メンバーを作る

ベンチャーは中小企業ではない

　世間では、ベンチャー企業と中小企業とが混同されている場合が多い。例えば、ベンチャー支援を行う独立行政法人の名称は「中小企業基盤整備機構」となっている。
　だが、ベンチャー企業は中小企業とは質的に異なる存在だ。
　従業員１人当たりの時価総額を見てみよう。従業員１人当たりの時価総額は、１人の従業員が将来にわたって生み出すキャッシュフローの現在価値を、市場が評価したものである[i]。
　2004年にグーグルの時価総額がトヨタ自動車を抜き、従業員１人当たりの時価総額はその時点でトヨタのそれの30倍となったことが大々的に取り上げられた[ii]。
　同じことが日本企業同士でも起こっている。2009年12月現在、日立製作所の従業員数（単体）は３万7273人、時価総額は8352億円。１人当たり時価総額は2240万円だ。従業員１人当たりでは、数年間分の給料と同等程度の価値（将来生み出す価値の現時点での現在価値の総計）しか生み出さないと市場が見ていることになる。
　楽天は、8772億円の時価総額は日立と同程度だが、従業員は2499人しかいない。１人当たりの時価総額は３億5102万円と、楽天社員１人が将来生み出す価値の市場での評価額は、日立製作所の社員の約15人分に相当する。連結ベースで見ると、その差はさらに大きくなる。
　『日経ヴェリタス』紙は日経225銘柄について、１人当たり時価総額の比較を連結ベースで行っているが、そのデータは図表2-1の通りだ。

　「ユニクロ」を展開するファーストリテイリングは2009年12月にセブン＆アイ・ホールディングスを時価総額で追い抜いてしまった。製造小売り（SPA）というビジネスモデルによる利益率と生産性、グローバル進出によ

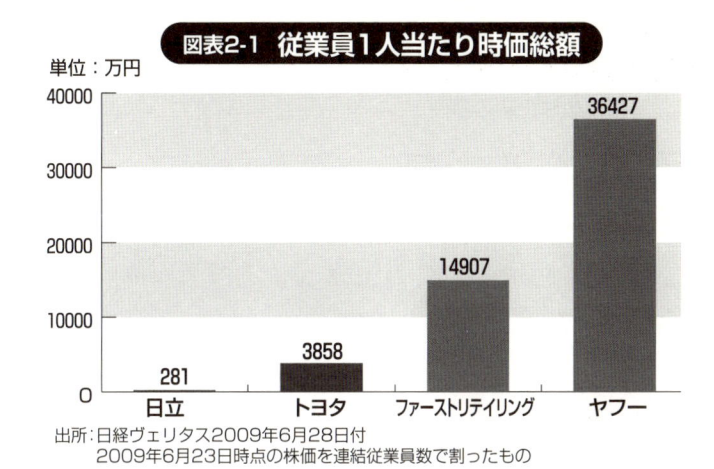

図表2-1 従業員1人当たり時価総額

単位：万円

- 日立　281
- トヨタ　3858
- ファーストリテイリング　14907
- ヤフー　36427

出所：日経ヴェリタス2009年6月28日付
2009年6月23日時点の株価を連結従業員数で割ったもの

る潜在成長性など、国内市場に閉じた存在であった従来の小売業には全く見られない企業価値の創出に成功しているのだ。

　それでは、ベンチャー企業と中小企業の本質的な差は何だろうか？

　ベンチャー企業を特徴づけるのは、成長性と突出した生産性の高さである。

　伝統的な大企業と中小企業との質的な差はない。違うのは企業の資産規模、従業員数といった量的なものだ。従業員数が多いと大企業、少ないと中小企業、ということになる。人事システムも終身雇用、年功序列が基本になっている点で同じである。つまり、大企業と中小企業は規模は違うが、基本的に同質な存在だ、ということだ。

　一方、ベンチャー企業は従業員の規模は中小企業と変わらない。根本的な違いは、**社員1人が生み出す価値の大きさ**である。経済学的には、イノベーションとは「より少ない労働者数で同等の財を生産すること」と定義されるが、つまり生産性の飛躍的向上をもたらすイノベーションの担い手がベンチャー企業、ということになる。

　ベンチャーは既存の企業社会の序列にははまらない「カテゴリー・キラー」なのである（図表2-2）。

図表2-2　ベンチャー企業はカテゴリー・キラー

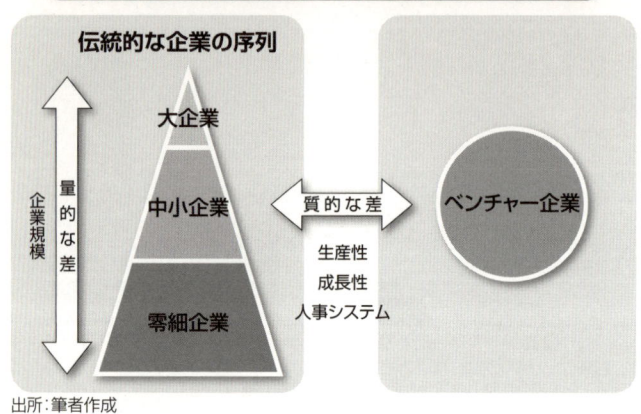

伝統的な企業の序列

大企業
中小企業
零細企業

企業規模
量的な差

質的な差
生産性
成長性
人事システム

ベンチャー企業

出所：筆者作成

創業チームの重要性

　ベンチャーの成功には良い事業機会の存在は欠かせない。大きくて成長の可能性のある事業機会が存在することが前提だ。しかし、どんなに良い事業機会があっても、「誰が」やるのかによって成否は全く変わってくる。

　本格的なハンズオン（育成型）投資を行うニューウェーブのベンチャーキャピタリストの1人は次のように言っている。「過去に自分が、『人は今ひとつだが、ビジネスプランが完璧』という理由で迷いながら投資をしたケースはいずれも失敗した。逆に、ビジネスプランはもうひとつだが、人物に確信が持てる場合の方が、自分としては自信を持って投資できる」。

　事実、事業を見る目のある優れた投資家は、ビジネスプランは「修正可能」であると考えている。人物は「修正」することはできない。

　また、そうした投資家は、事業機会が大きければ大きいほど、必ずしも1人の創業者にすべてを託そうとは考えない。人材の組み合わせにより大きな力が出てくることを知っているからだ。

　ハイテクベンチャーを興すにしても、マネジメント能力と技術の専門スキルを両方とも有している人は少ない。規制緩和によって生じた新たなビジネスチャンスに取り組む場合でも、業界知識や社会人としての「常識」と、そ

れを壊す「非常識」の組み合わせが、1人の人間の中に同居していることはまれである。しかし、しばしば、成功するためにはその両方が求められる。

複雑なビジネス環境では、創業者が1人で行えることには限界がある。チームを作ることによって、ベンチャーの成功確率、会社の生存確率は格段に増えていく。

「はじめの10人」がベンチャーの成否を分ける

人数の少ないスタートアップ段階でのベンチャー企業では、従業員1人ひとりの役割は大きい。成長性と圧倒的な生産性を持つ会社を作り上げるためには、どうやって優秀な人を獲得するか、が最重要の課題になる。

ベストセラーになった『Good to Great』(邦題『ビジョナリーカンパニー2』)[iii]には、長期にわたって成長し続ける優良企業が、どのように人材にこだわっているかが説得力ある形で描かれているが、そこには、「A級の人材はA級の人材を呼び込むが、B級の人材はC級の人材を呼び込む」とある。

創業時の中核メンバー選定の段階で必要に迫られて妥協すると、結果的に「C級の人材を呼び込む」ことになりがちだ。C級人材は、会社の効率性を低下させ、不良資産化してしまう。いったんそうなってしまうと、転換は容易ではない。

今はまだ規模が小さいので、「とにかく忙しいからイマイチの人材で妥協しよう。大きくなってから、いい人を採ろう」というのは間違いだ。イマイチの人がいる会社には、いい人は入社してこない。

どうやって「はじめに」優秀な人材を呼び込むか。単なる「中小企業」には、わざわざ大企業の内定を断って入社する学生、大企業を辞めて転職しようという人はほとんどいない。

しかし、ベンチャー企業は、企業社会のカテゴリー・キラーである。ベンチャーが大企業との人材獲得競争に勝つためには、既存企業との質的な差を前面に押し出すしかない。つまり、人材獲得のためには、**大企業にできない価値を提供する**ことが必要だ。言い換えると、大企業が持つ強みを弱みに転化させるのだ。

起業初期なら、立派なビルもない、ブランドもない、資金もない「ないないづくし」の状態だ。その段階でも人材獲得に成功した会社が、結果的に成功している。
　ベンチャーの起業初期での人材獲得のポイントは以下の3つだ。
　①戦略立案に巻き込み、貢献させる
　②能力を最大限フル稼働させる
　③金銭的なリターンを用意する
　である。順を追って見ていこう。

①戦略立案に巻き込み、貢献させる
　通常、できる人材ほど、すでに出来上がった計画がある会社に「入社」したいとは思わない。やる気と能力のある人の多くは、すでに戦略が決まっている会社や、ワンマン社長がすべて1人で決めるような会社には、「自分が行っても貢献できることは少ない」と考える。
　そうした人材には、「会社の根本的な戦略を作成することに自分が貢献できる」ということが大きな魅力となる。
　大企業では、全社レベルの戦略立案に若手が関与できる場面は少ない。バブル期までは新規事業分野に進出し、多角化を図る企業が多く、社内で新ビジネスに挑戦するチャンスもあった。しかし、バブル崩壊後の「選択と集中」で本業回帰を進めてきた大企業では、戦略面での若手の出番はどんどん減っている。
　本業の部分では、長年その事業をしてきた年長者に一日の長がある。優秀な人材で、本業部分で仮に大きな仕事を担当するチャンスが巡ってきたとしても、その道30年、40年の社長や役員をはじめとする"目上の人"がたくさん介入してくる。多くの場合、ダイナミックな戦略立案や、スピード感のある戦略実施によるインパクトを体感することは望むべくもない。
　自分の会社の戦略の根幹を自分で組み立てる、というのは非常に達成感のある仕事だ。そうした活躍の場を提供できることが、ベンチャーの大企業に対する差別化になる。
　起業の初期段階であれば、ビジネスプランを共同で書くというのも1つの方法だ。ビジネスプランはこれから取り組む事業機会を深掘りし、自分たち

の基本的な戦略を作るものだ。それを共同で作成すると、1人で書くときよりも効率は低下し、時間はかかる。しかし、中核メンバーのコミットメントを一段と上げることができるし、異なる観点をぶつけ合うブレーンストーミングの結果、より良いものができる場合が多い。

②能力を最大限フル稼働させる

　チャレンジ精神が旺盛な人にとって、「自分の能力をフル稼働できない」という状況は、きわめてストレスが大きい。

　伝統的な大企業では、依然として人材の多くがポテンシャルをフルに活用されずに、付加価値の低い分野に投入されている。また、年功序列型の人事システムによって、40代までは「人に言われたことをやるだけ」の仕事しかない場合も多い。「楽して給料をもらえれば、それでいいのでは？」と見られがちだが、ストレスを抱えて生きている人材が実は多い。

　40代になって、人に言われたことだけをやってきた人が突然変身し、自分のイニシアティブで価値を生み出すハイ・パフォーマーになれるわけはない。訓練を積むことなく急にマネジメント職をやらされたあげく、うまくできないで四苦八苦している先輩の姿を、自分の将来像と重ね合わせ、不安になる20代、30代の若手社員も多い。

　「能力をフル稼働できる」「成長スピードが速い」というのは、そのような現在の不満・将来への不安を抱える人材にとってはきわめて魅力的な提供価値だ。

　インターネットサービス・同広告大手のサイバーエージェント（東証マザーズ上場）の人事担当取締役の曽山哲人氏は、上智大学卒業後、大手百貨店に就職したが、「係長試験を受ける資格を持てるまで7年」「7年目から10年目までは若手」という古い企業体質に絶望し、1年で会社を辞めたという。「4月2日にメールをサイバーエージェントに送り、次の日に藤田晋社長と面接、入社は4月16日」というスピードで当時20人しか社員のいなかった同社に入社した。

　ちなみにサイバーエージェントは、「新卒数年目のグループ会社社長」を何人も作り上げている。フル稼働すれば、成長スピードは速い。曽山氏は、「年齢は若くても、『新卒社長』は十分可能だ」と言う。

ベンチャーが人材獲得のターゲットにしたいのは、能力があり、それを自覚している人、フル稼働できないことを「楽だ」と感じるのではなく、苦痛に感じる人だ。例えば、大企業のブランドと自分を一体化し、それに満足してしまう人は対象にならない。

　仮に数的には後者が9割を占め、前者は1割しかいないとしても、毎年の大学卒業生数60万人のうちの1割でも6万人いる計算になる。人材獲得のターゲットとするには十分な数だ。そして、残りの9割ははじめから対象とせず、捨てることだ。

　大事なのは、万人受けを狙うのではなく、そういったターゲット・セグメントをしっかりとイメージして、彼らにどのような提供価値が最も求められているのかを徹底的に考えることである。

　一生のかなりの時間を投資することになる就職の決断は真剣勝負である。提供価値が本物かどうかが試される。ターゲット人材を絞り、提供価値を明確にし、それが「本物」であることを実証して、コミュニケーションを深めるといった一連の活動が必要になる。

③金銭的なリターンを用意する

　創業当初からベンチャーに関わることによって得られる「金銭的な対価」も大きな提供価値だ。一般的にサラリーマンの生涯賃金は2億〜3億円程度といわれる。ベンチャー設立時の中核メンバーに加わり株式を保有していれば、創業者でなくとも、株式上場やM&A（合併・買収）などの出口の時点で一生生活するのには困らない、あるいはそれ以上の金額（$5+\alpha$億円程度）を受け取ることは決して夢物語ではない。

　また、大企業や役所で定年まで勤めても、生涯賃金を得るためのリードタイムが長い（30〜40年）ので、定年が事実上のキャリアの終わりになる。これに対して、6〜7年間である程度の金銭的な果実を手にできれば、単線のキャリアではなく、人生にいくつかの異なる活動を織り込んだ複線的なキャリア形成も可能になる。

　現在価値の観点からは、40年間のキャッシュフローを現在に割り引いた現在価値は、実はきわめて小さくなる、ということもポイントだ。40年後

の退職金2000万円の現在価値は数百万円にしかならない[iv]のはファイナンス理論をかじったことのある人には常識だ。

しかし、大多数の人間は、そうは考えない。カリフォルニア大学バークレー校で、多くのシリコンバレーのベンチャー企業に関わっているアンドリュー・アイザックス教授は次のように語っている。

「シリコンバレーに来る人材にとって、金銭的なリターンが非常に大きな誘因である」という話を研修に来た日本の大企業の社員たちにすると、決まって、「しかし、成功の確率はどうか」という質問をされる。「成功するまで挑戦するので、挑戦し続けている限り、失敗というものはない」という返事をしても、なかなかわかってくれないという。

どのような人も大企業を辞めてベンチャーに参加するときには一応の迷いはある。多くの人はその決断ができないのだが、自分の頭で考えることのできる人には、迷いを乗り越えることができる。大多数の人がそうできないだけに、自分の頭で考えることのできる一部の人にとっては圧倒的に有利な状況になる。自分と同じような競合がひしめく所を避けるのは、戦略の鉄則だ。

そのことを入社してほしい人材に説得力をもって伝えることが必要だ。皆がやらない理由は物事をよりわかっていて正しいからではなく、皆の目が曇っているからにすぎない。別掲のコラムに示すように、人間はどうしても、将来のチャンスを目先の失敗の可能性と比べて過小評価する傾向がある。だからこそ、「自分の頭で考える」人が成功するのだ。

ここまでのベンチャーに欲しい人材の特性と、それに対するベンチャーの提供価値をまとめると次の通りだ。
1. 言われたことをやるだけでは飽き足らない人
   ➡ 高いレベルの戦略作りに当初から巻き込む
2. 仕事のないことを「楽」ではなく、「苦痛」に思う人
   ➡ フル稼働させる。高い成長スピードを実感させる
3. 横並びではなく自分の頭で考えることのできる人
   ➡ 金銭的な価値、生涯賃金の現在価値とキャリアオプションを合理的に比較検討させる

人材の流動性不足はボトルネックか

　日本のベンチャーを取り巻く環境を論じるときの通説は次のようなものだ。「欧米・中国・インドでは、人材の流動性が高く、起業する人材が多い。日本は、戦前戦後にはベンチャーが多く生まれ、成長したが、その後は大企業化してしまった。大組織は終身雇用・年功序列を核とした人材囲い込みにより、ベンチャーの生成を妨げてきた」[v]。

　実際、終身雇用、閉鎖的な労働慣行は、ベンチャーの人材獲得上ボトルネックになることが多い。しかし、そうした労働慣行の中で安住している人材は、実はベンチャーにとっては役に立たない存在だ。ベンチャー向きの主体的に考え、行動し、パフォーマンス志向である人材をどうやって発掘し、惹き付けるのかが重要だ。

　全体から見ると一部ではあるが、それでも非常に多くの人材が、現状に満足していない。そしてベンチャーには大企業にはない強味がある。そうした人材を獲得するための戦いで、勝ち目がないわけではない。

　日本的雇用慣行が確立したのは戦後の一時的な現象だとされる[vi]。米国でも80年代までのゼネラル・モーターズ（GM）やAT&T、IBMといった大企業中心の経済体制から、「起業家経済」にこの20~30年間でドラスティックに転換している。大組織に属すべきかどうか、という個人の選択は、リスクとリターンの関係が変われば、時代に応じて変わっていく。

　現在、よりチャレンジングな仕事、エキサイティングな機会を求めるかなりの数の人材は閉塞感を持っている。既存の大企業がそうしたニーズに対して十分に答えを出せていないからだ。

　ベンチャーにとってはつまり、チャンスである。戦闘力の高い人材を獲得し、それにより会社の人材プールを広げ、会社の能力を拡大して大企業に勝つことができる。

　繰り返すが、人材獲得においても、戦略の基本は同じだ。万人受けを狙わず、ベンチャー向きでない9割の人は対象にせず、ターゲットはどのような人なのかをはっきりと特定して絞り込み、ベンチャーならではの提供価値を示す、ということが重要になるのだ。

> **コラム** **なぜ人間は目先の失敗を過大評価するか**
>
> 　行動ファイナンスは、人間の心理に基づく投資行動を研究している。2002年のノーベル経済学賞を受賞したカーネマンとトバスキーのプロスペクト理論では、**損失の先送り効果**というものが有名だ。人間は合理的に確率と効用から期待効果を算出して、合理的に最善の選択肢を選ぶものではないとする。要は確率だけではなく、主観的ウェイト付けがあるものとされる。利益と損失の非対称性がそれである。
>
> 　人は損失の方が、利益を上げるよりも「こたえる」わけである。したがって**近視眼的損失回避**と言われる行動パターンが出てくる。近視眼的損失回避とは、**長い目で見れば非常に魅力的な確率で成功するのに、目先の失敗の可能性に関心は集中し、結局、有利な機会をのがしてしまう**、ということだ。
>
> 　これが、**後悔回避**のための行動パターンである。現実の意思決定では、期待効用を最大化することよりも、将来後悔することを避けたいと思う心理が強く働くということになる。
>
> 　何かしたことに対する後悔は、したことが奇抜であるほど強くなる。皆と同じことをやって失敗した方が、心理的な後悔は少なくなる。
>
> 　こうして見ると、何も「自分は、後悔するタイプだから」、とか、「自分は気が小さいから」といって尻込みする必要はないことがわかる。他の人も皆同じなのだ[vii]。

積極的に価値を発信する

　どのような人材をターゲットにして、どのような価値を提供するかまでは明確になったとしよう。次の問題は、具体的にどのように人を集めるかだ。
　メディアを使い、自分の会社の提供価値を広く発信して、それに共鳴する人を集める、というのは1つの方法だ。自分の起業にかける理念をテレビな

どのマスコミや講演会、ブログやホームページ、SNS（ソーシャル・ネットワーキング・サービス）、ツイッターなどで発信して、興味を抱いた人からのコンタクトを待つ方法だ。後述するライフネット生命の岩瀬大輔副社長はブログや著書による情報発信で、自社の事業コンセプトや社員への提供価値に共鳴する優秀な人材を多く獲得することに成功している。

　自分のブログを公開し、著書や講演会で積極的に自分の会社の提供価値を発信しているベンチャー経営者は非常に多い。世の中の多くの潜在的な共鳴者に働きかけ、自社に来てくれる人材を発掘できるという効果があるからだ。どんなに忙しくても、ブログを毎日更新したことが、大事な人材の獲得につながったケースもある[viii]。

大企業からのスピンアウト

　もう1つの方法は、自分のネットワーク、つまり「つて（伝手）」を使う方法だ。「つて」にはありとあらゆるパターンがある。親戚の紹介とか、高校や大学の同級生とかもそうであるし、企業の社内ネットワークや取引先といったビジネスキャリアからのものもある。

　企業は戦略的に事業領域の見直しを行う。従業員にとっては、自分が意欲を持って取り組んでいる仕事が会社の突然の方針変更でなくなったりする場合が出てくる。「選択と集中」によって、重点分野でないと判定されたりするケースだ。

　このような場合、「望む仕事を続けるために独立する」というパターンは結構多い。会社の方も負い目があるので、MBO（マネジメント・バイ・アウト：子会社経営陣が、自力で調達した資金で親会社から株式を買って独立すること）などのスキーム構築に力を貸してくれる可能性もある。

　また、順調に昇進した場合でも、日本の企業組織で昇進すると、どうしても管理業務に専念することを求められる。会議に出たり、部下の勤務評定をしたりというルーティンワークが多く、仕事は実はつまらなくなる場合が多い。研究所の所長などは、それまでは自分でバリバリ研究していたのに、所長に昇進したとたんにハンコ押しが仕事になる。営業などの職場も同様だ。

得意領域の仕事をすでに持っており、それを発展させたいと考えて独立する場合は、すでに社内に人脈があり、フォロワーとなる後輩がいる場合が多い。チームでそのまま独立する、あるいは独立してからかつての同僚や部下を呼ぶ、という後追いパターンが成立しやすい。

　大企業からスピンアウトした例としては、リコーの研究者であった鳥谷浩志氏がスピンアウトして創業したソフト開発企業のラティス・テクノロジーや、東芝の技術研究所でLSI（大規模集積回路）開発部長だった飯塚哲哉氏が創業したザインエレクトロニクス（液晶分野における半導体回路などの事業）などが知られている。後述のルネッサンス・エナジー・インベストメントの一本松正道氏も、大阪ガスで研究所長にこれから昇進するというタイミングで退職し、起業している。

留学や外資系企業経由

　海外のビジネススクールに日本人が留学すると、ほとんどの人が、日本人以外の学生は企業派遣がほとんどいないこと、卒業後どこに就職するかが学生の最大の関心事であることに驚く。そうした中で2年間過ごし、触発されて、新しい自分のキャリアの可能性に目覚めるケースが多い。

　欧米のビジネススクールでは起業は非常に人気のある卒業後の進路の選択肢であり、成功した多くの先輩たちが講演に来たりして、ベンチャーへの関心もかきたてられる。

　そうした留学体験を経て日本企業に帰ってくると、年功序列など古い慣行が支配する状況に、何とも言えない閉塞感を感じることになる。こうして海外の「風」に触れた人が大企業を辞めるケースは多い。

　例えば、楽天の三木谷浩史社長はハーバード・ビジネス・スクールから日本興業銀行（現みずほ銀行・みずほコーポレート銀行）に帰ってきてから退職し、起業している。

　もう1つは、外資系企業経由のケースである。大企業を辞めてすぐに独立するのには抵抗のある人も、大手の外資系企業には、さしたる抵抗もなく転職できる。

マッキンゼー・アンド・カンパニーやボストン・コンサルティング・グループなどのコンサルティング会社やゴールドマン・サックスなどの投資銀行、プロクター・アンド・ギャンブル（P&G）などのマーケティング企業は、転職先として人気がある。しかし、そうした会社は、有名企業とはいっても終身雇用ではない。大手外資へ転職後は自然と次のステップとして独立を視野に入れる場合が多い。

　外資は人材の流動性が高い半面、仕事がハードで会社での人的ネットワークも濃密であるので、チームを作りやすい。外資系の仲間同士で起業、その後も当時の人脈を生かして採用、というのはよくあるケースだ。ケースで詳しく述べるが、マッキンゼーを退職してDeNA（ディー・エヌ・エー）を起業した南場智子社長がこのパターンだ。

「人材輩出企業」経由

　リクルートなどの「人材輩出企業」と言われる会社は、数多くのベンチャー企業経営者や、マネジャーを生み出してきている。リンクアンドモチベーションの小笹芳央社長、USENの宇野康秀社長、セレブレインの高城幸司社長、ウェブキャリアの川井健史社長などだ。リクルート出身経営者全員のリストはもっと長い。ハードで自由度の高い仕事のスタイルが起業家の育成に向いていて、濃密な人的ネットワークの中でチームが生まれやすいからだ。

高校や大学の友人

　学生時代にできた友人というのは、多様な業種に散らばって就職することが多い。新しい企業を作る場合、コアメンバーを集めるのに役に立つ。
　後述するクエステトラは、学生時代の友人だけで創業チームを構成しているが、財務、マーケティングから技術まで必要スキルの異なるすべての人材をそのネットワークでカバーしている。
　このパターンのメリットは、一緒に仕事をやる人間がどのような人物か、性格面を含めて非常によくわかっているケースが多い、ということだ。

例えば、一時話題を提供した村上ファンドなどは、元通商産業省官僚の村上世彰氏、元野村證券の丸木強氏、元警察庁官僚の滝沢建也氏らが率いていたが、元はすべて高校時代の同級生である。「大人になってから知り合った人間は信用できない」という村上氏のコメントもあるというが、投資ファンドのようにお金を主に扱い、敵が多く、競争も激しいビジネス分野では、重要な観点かもしれない。

ケース2-1　DeNA（ディー・エヌ・エー）

①DeNAの事業概要

　社名のDeNA（ディー・エヌ・エー）は、遺伝子の"DNA"とeコマースの"e"を組み合わせたものだ。1999年に当時まだ未成熟だったインターネットのオークション事業に着目、独自のオークションサイト「ビッダーズ」を1999年11月に開始して以降、eコマースからモバイル関連サービスへと、さらに新たな事業・サービスへと、事業領域を次々に拡大している。2005年には東証マザーズに上場、2008年12月には東証一部に上場を果たしている。

　同社は2004年3月には、ケータイオークションサイト「モバオク」を開始、2006年2月、ケータイ総合ポータルサイト「モバゲータウン」が誕生。「モバオク」「モバゲータウン」をはじめとしたモバイル関連サービスは、携帯電話のユーザーニーズを捉え、「モバゲータウン」のユーザー数は1100万人を超え、爆発的な成長を見せている。それに伴い、同社のネット広告代理事業も成長を続けている。

■モバイルポータル事業

　「モバゲータウン」は、本格的なリアルタイム対戦ゲームから手軽に楽しめるミニゲームまで、高品質ゲームを無料で楽しめるサイトである。サークル機能（同一の趣味・興味などを有するコミュニティー）・日記・掲示板・ミニメール・チャットなど、SNSやブログと同様のコンテンツも有しており、携帯電話1つで手軽に楽しむことができるため、膨大なPV（ページビュー）を

図表2-3　DeNAの事業展開

	1999年度		2000年度		01年度		02年度		03年度		04年度		05年度		06年度		07年度		08年度	
	上	下	上	下	上	下	上	下	上	下	上	下	上	下	上	下	上	下	上	下
ビッダーズ			●┄┄┄┄→																	
モバオク											●┄┄┄→									
ポケットアフィリエイト									●┄┄→											
モバゲータウン													●→							
モバコレ													●→							
ペイジェント															●┄→					

出所：DeNAホームページ

有する。「モバゲータウン」は、様々なコンテンツを追加し続けケータイNo.1ポータルサイトを目指している。

■eコマース事業

　「ビッダーズ」から始まったeコマースは、PCサイトで培ったオークションのノウハウを基に、モバイルでも多数のユーザーに様々なeコマース関連サービスを提供している。携帯キャリア大手のau（KDDI）では、DeNAのサービスをauブランドのサービスとして展開している。

■ネット広告代理店事業

　日本最大級のケータイ・PCアフィリエイトネットワークと、膨大なトラフィックを有する、「モバゲータウン」、「モバオク」などのメディアへの広告出稿を含め、各種ネット媒体への広告代理事業を行っている。

②DeNAの業績推移

　2009年12月8日時点の時価総額は2274億円に達し、社員数は約500人。「eコマース」「モバイル事業」で培ったノウハウを活用し、「国際事業」「新規事業」へと、事業領域を次々に拡大している。

　中国では携帯電話加入件数が5億9000万件を超え、さらには第三世代携帯電話の普及が始まるため、携帯電話向け事業の領域に大きなビジネスチャンスが到来すると予想されている。同社は2006年7月に100％子会社「北

図表2-4 DeNAの業績推移

単位：百万円

年	金額
1999	-186
2001	-700
2002	-723
2003	-265
2004	482
2005	1883
2006	4506
2007	12662
2008	15843

出所：DeNAホームページ

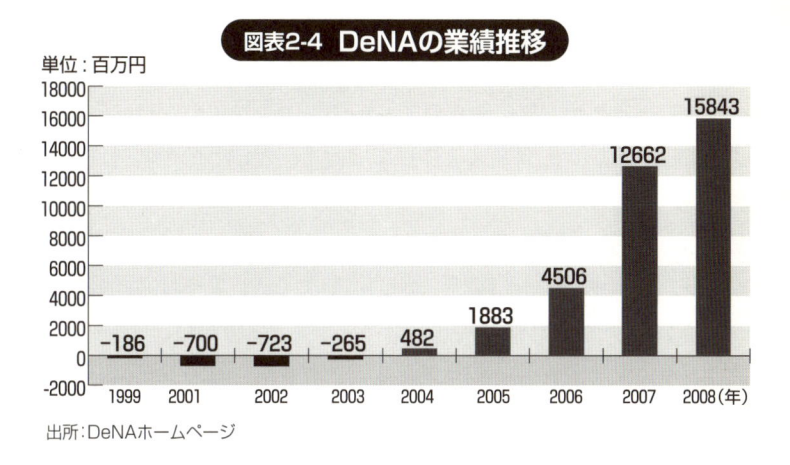

京得那網絡科技有限公司（DeNA北京）」を中国に設立し、「モバゲータウン」のノウハウを生かし、中国の携帯電話ユーザー向けにケータイ専用無料SNSサイトの「加加城」を開始した。また、2008年には、市場開拓のために、インターネット関連企業の多くが拠点を置く、米国カリフォルニア州に子会社「DeNA Global, Inc.」を設立している。

しかし、競争の激しいeコマースの世界で黒字化を達成するには時間を要している。図表2-4の通り、同社は設立当初の4年間は赤字であった。この期間は会社が「生存」するだけで大変なはずである。

それでは、どのようにして成長軌道に乗せることができたのだろうか。ネット事業はユーザーニーズを定義し、ウェブの構造を設計し、サイトをデザインするという知識集約型の産業である。優秀な人材の獲得と活用が同社の最大の成功要因として浮かび上がる。

③創業者のプロフィール（南場智子社長兼CEO）

創業者の南場智子氏は、津田塾大学を卒業し、1986年に大手コンサルティング企業のマッキンゼー・アンド・カンパニー日本支社に入社した。大学時代には米国ブリンマー大学に留学している。特に外資系志向・起業志向が強かったわけではないが、津田塾の先輩がマッキンゼーに入社したことを知っていたので、面接を受けに行ったという[ix]。

マッキンゼーは「終身雇用・年功序列」型ではなく、新卒であっても入社１年目からハードな仕事を割り当てられ、結果を出すことが要求される。短期間で成長できるため、３年間程度で一応のスキルを身につけ、別の新しいキャリアに転じるか、ビジネススクールに行く、というのが同社における普通のキャリアである。

　南場氏もハーバード大学のビジネススクールに留学し、MBA（経営学修士）取得後、マッキンゼーに復帰、96年にはパートナー（共同経営者）に昇進している。パートナー在職中にビジネスプランを構想し、99年にDeNAを創業し、インターネット・オークション・サイト「ビッダーズ」を立ち上げた。

④DeNAのチームビルディング
(i)創業時の３人チーム
　南場氏のマッキンゼーの同僚であった川田尚吾氏と渡辺武経氏を加えた３人が、創業メンバーになった。ビジネスプランも共同作業で書き、同時期にマッキンゼーを退社した。

　南場氏によれば、「共同作業によりビジネスプランの重要な事項を一緒に意思決定することに意味があった」という。そうでなければ、いい人材は興味を示さないし、基本方針についての意思統一もできなかったからだ。

(ii)「最初の10人」のメンバー集め
　リクルートやソネットとの提携、ベンチャーキャピタルからの出資などを実現させたが、創業メンバー３人だけではマンパワーが不足し、どうしようもない。南場社長は「最初の10人」がすべてであるという。メンバーの「質」の重要性を知りぬいていた南場社長は、「３人がそれぞれ１人ずつ、自分よりできる人を連れてくる」ことから始め、中核となる人材を集めた。

　以下に、そのうちの３人のプロフィールと同社での役割を紹介しよう。

■守安功氏
　取締役ソーシャルメディア事業本部長兼COO（最高執行責任者）を務めて

いる守安功氏は1998年に東京大学大学院（工学系研究科航空宇宙工学）を卒業後、大手IT（情報技術）企業に勤務していたが、99年に創業直後のDeNAに入社している。同氏のようなITエンジニアがなぜ同社に入社したのか、その経緯を詳しく見てみよう。

当初外部に発注したビッダーズのシステム開発の失敗もあり[x]、南場氏は強力なITエンジニアの採用が必要だと考えていた。最もプライオリティの高い仕事として採用に取り組んでいたのだが、思わぬところで人材獲得に成功することになる。

南場氏が講演をした際、中年の技術系管理者が中心だった聴衆の中に1人の若者が紛れていた。講演の後、若者は名刺の代わりに、「雇ってほしい」と履歴書の入った封筒を南場氏に渡した。「今いる会社で有給休暇が取れるから手弁当で仕事をさせてほしい」と言ったという。創業間もないベンチャーにとって「手弁当＝コストゼロ」なら断る理由はない。

若者は次の日から会社の仕事を終えた後、夜になると現れた。仕事ができたので、あっと言う間になくてはならぬ戦力になり、採用することにした。入社が決まると、「この会社はシステム開発力が弱い、圧倒的に人数が足りない」と、かつての同僚エンジニアに声をかけ、何人もが同社に"遊びに来て"仕事をしていくようになった。結果的に5人の優秀なエンジニアが同社に入社し、11人体制となる。守安氏もそのときに若者が連れてきた1人だ。彼らは現在も中核人材である。

■春田真氏

春田氏は92年に京都大学法学部を卒業後、住友銀行に入行し、8年間証券部門などで活躍。大和証券の買収や、証券窓販などの住友銀行にとっての重要案件にたずさわっていたが、2000年2月に同社に入社。現在、常務取締役兼CFO（最高財務責任者）を務めている。

住友銀行は言うまでもなく、超人気就職先である。そこでエリートとして活躍していた人材が、なぜ創業間もない、赤字の同社に入社したのだろうか。

重要案件を担当するといっても、大企業では、重要案件であればあるほど、意思決定ははるか年上の上層部が実質的に行うことになる。30歳そこそこ

の若手の出番はきわめて限定的だ。また、たとえ企画立案は自分でできても、それを実施に移行するまでには組織の現実に合わせる形で何度も変更が加えられ、原案とは全く違うものになることが多い。つまり、自分が意思決定をするおもしろさ、スピード感、物事を直に動かしているという達成感ややりがいが乏しい。DeNAを知ることになり、春田氏は今の自分のフラストレーションを解消できる機会がまさにここにあると感じたという。

春田氏の加入は、同社にとって非常にプラスとなった。まず、赤字の経営に関して、「お金の重要性」、ファイナンス・マネジメントの観点を持ち込んだ点である。例えば、エンジニアはえてして100％の機能を追い求めたくなるものだが、費用対効果の観点から99％に抑えれば、何千万円も節約できる、というように、コスト管理と利益に対する意識が大きく変わったことが1点。

もう1点は、住友銀行にいた経験から、「決めたルールを守らないといけない」「約束したことはちゃんとする」「怪しい仕事はしない」などの社会人としての「常識」を持ち込んだ点である。特にネット系ベンチャーはともすれば既成秩序に背を向けた人たち、というイメージを外部に与えがちである。また、自由な発想による「いいじゃん！」というベンチャーならではのカルチャーも社内で新規事業の発想を膨らます場合はプラスだが、対外的なビジネス関係を構築する際には既成のビジネスの文法を守るのは大事なことである。

「しっかりとした仕事をする会社」「既存のエスタブリッシュメントとも付き合える」という評判を得られたことが、NTT、ポータルサイト「Infoseek（インフォシーク）」を運営する楽天、Lycos.comを運営するスペインのインターネット企業のテラ・ライコス（Terra Lycos）といった既存企業と提携するときにプラスになった。

■川崎修平氏

川崎氏は東京大学大学院博士課程在学中の2002年に同社に入社し、現在取締役。技術担当であり、多くのイノベーションをリードしている。

きっかけは南場社長がオークションの比較サイト（出品率、落札率などの統計）を毎日見ていたことから始まる。南場氏はそのサイトのユーザーとし

て何度かサイト管理者に問い合わせをするうちに、このサイトが実は1人で運営されていることを発見し、そのセンスの良さにほれ込み、声をかけてリクルーティングに成功した。それが川崎氏である。

　入社後は技術開発において圧倒的な生産性を誇り、結果的にモバオク、モバゲーなどの開発を守安氏とともに主導することになる。

　モバゲーの開発時には、南場氏は「ゲームとSNSをくっつけたようなものを携帯でやろうと考えています」という程度の報告を受けただけで、細部は知らなかったという。つまり、同社の躍進を支えるサービスラインは、「はじめの10人」の幹部社員の自律的な活動から生まれたものなのである。

⑤教訓

1. **「はじめの10人」が会社の性格を決定づける**。「類は友を呼ぶ」と言うが、創業段階で必要に迫られて妥協すると、大きな間違いをおかすことになる。一流のコア人材を採用すれば、彼らの存在が優秀な人材を継続的に惹き付け、芋づる式に人材プールがどんどん拡大することになる。
2. ベンチャーが創業時に候補人材に提示できる提供価値は、雇用の安定や退職金、企業ブランドではない。「エキサイティングな仕事ができる」ということ自体が提供価値である。これが大企業と同一の軸上で比較される「中小企業」との違いである。このベンチャーならではの提供価値があれば、人材獲得競争において、大企業に勝つことができる。**たとえ赤字の創業段階でも、大企業から人材を呼び寄せることは可能である。**
3. 優秀な人材は自律的に仕事を発想し、他人に指示されることなく新しい事業を発展させることができる。社長個人のキャパシティーはどんなに能力のある人でも限られる。**自律的に発想し、事業を開拓していく社員の存在により、幾何級数的な事業の成長が可能となる。**
4. 同社は、東証一部に上場した現在も、「ベストな人だけを採用する」という強い方針と、完全実力主義の昇進・給与体系を維持している。このような組織は、普通の会社を後から作り変えようとしても、できることはない。企業文化＝カルチャーは実は非常に固定的なものだ。つまり、**創業当時のカルチャーは継続性がある**、ということである。

2.外部リソースの使い方

外部リソースの種類

　ベンチャーのための「外部資源」、「周辺インフラ」として重視されているのは、大学、各種専門家、ベンチャーキャピタル（VC）の３つである。それぞれ知識、人材、資金に対応するものだ。

　外国の例を見てみると、シリコンバレーの起業家にとっての外部リソースとは、①大学、②VC、③プロフェッショナル、④優秀なエンジニア――の４種類である[xi]。

　現在ヨーロッパ最大の起業ホット・スポットとなっている英国ケンブリッジ周辺の「エコシステム」では、①アカデミックな知的基盤（技術やビジネスについての大学での研究教育）、②起業家的なカルチャー（何回も起業したことのある経験者の存在や、学生の起業サークルなど）、③コミュニティーからのサポート（コンサルタント、ベンチャーキャピタリスト、インキュベーターなど）、④過去の起業のグローバルな成功体験――が重要であるという[xii]。

　若干の差はあるが、大学、各種専門家、VCの重要性についてはいずれも共通している。それぞれについて、日本の現状ではどう活用できるのかを見てみよう。

日本の大学をどう活用するか

　まず大学については、「大学発ベンチャー」が政策として奨励されている割には実効が上がっていないことが指摘されている[xiii]。起業家にとっては、日本の大学の限界を踏まえた上で、目的を明確にし、焦点を絞って活用することが重要になるだろう。

　前述の通り、起業の基本パターンは、企業からのスピンアウト、後追い転職、外資系や人材輩出企業経由といったものが主流で、「大学発ベンチャー」というのは少ない。

リクルートなどの学生ベンチャーは、通常は「大学発ベンチャー」とは言わない。なぜなら、大学による制度化されたサポートを得たわけではないからだ。

　大学が起業のネットワークの核として機能している米国とは事情が異なる。米国にはヒューレット・パッカード（スタンフォード大学、1939年）やデジタル・エクイプメント（マサチューセッツ工科大学〔MIT〕、1957年）、ジェネンティック（カリフォルニア大学、1976年）、そして最近のグーグル（スタンフォード大学、1998年）まで、大学発ベンチャーの確固とした長年の伝統がある。

　インターネットバブルの崩壊やリーマン・ショックといった景気変動の影響を受けつつも、長いスパンで見ると一貫して増加しており、新産業創出上の効果はきわめて大きいものだ。

　日米の大きな差はどうして出てきたのだろうか。大学発ベンチャーの国際比較を行った桐畑（2005）は日本の大学に関して、「大学発ベンチャーの最大の強みは、特許などに裏打ちされたシーズと、第一線の研究者、さらにそれらを総合した研究開発力である。その一方、弱みは、強味と裏腹に経営のわかる人材、市場のわかる人材がいないことであろう」[xiv]と指摘している。日本の大学が制度的にベンチャーを支援するには、ベンチャーの成功要件としてのマネジメント能力に対する理解不足がネックとなっているのが現状だ。

　大学発ベンチャーというのは、**大学発の技術に刺激された大学内外の起業家が、大学のリソースを活用して起業することだ**。しかし、日本では、大学の先生や学生が起業するものが大学発ベンチャーであると「勘違い」されている。

　日本の大学教員は純粋培養された人が多く、マネジメントとは無縁の人種である。そうした人が自分で起業できると信じる背景には、市場やマネジメントの重要性に対する認識不足がある。

　同じく桐畑・参鍋・山倉（2009）による最近の日英の大学発ベンチャーの比較によれば、日本では事業計画（ビジネスプラン）作成において「外部の助言は得ていない」大学発ベンチャーが多いこと（英国の2倍）や、大学発ベンチャーにおけるCEO（最高経営責任者）など経営幹部の外部登用が少

図表2-5 大学発ベンチャーにおける外部からの人材登用意向

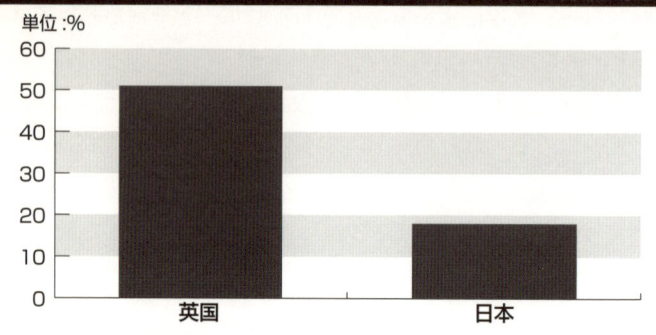

単位：%

（英国：約50%、日本：約18%の棒グラフ）

出所：桐畑哲也、参鍋篤司、山倉健「大学発ベンチャーの外部資源活用―日英比較」
京都大学大学院経済学研究科Working Paper No.J-74 2009年9月

ないこと（CEOの外部からの登用意向は英国の3分の1）が、英国との主要な相違点である（図表2-5）[xv]。

実際、日本では大学の教員がCEOに就任するケースが多く、CEOのビジネス経験の少なさが日本の大学発ベンチャーの経営課題の1つである。

極端なケースだと、大学関係者の中には、「いい研究成果があれば、いいベンチャーができる」と信じている人もいる。第1章で指摘したように、、技術シーズは、ベンチャー成功の諸条件の1つにすぎない。技術シーズがあっても、市場ニーズがなければ事業化はできない。それより創業チーム、経営者のリーダーシップ、マネジメント力、市場機会、といった要素の方がはるかに起業にとって重要なのである。

単独でビジネス化できる技術はほとんどない。しかも、先端技術であればあるほど、市場化に長い時間を要するものが多い。ビジネス化するには、市場の観点で最適な技術を自前の技術だけでなく、他人が開発した技術も含めてダイナミックに組み合わせる必要がある。自分の研究成果を活用する、という自前主義にこだわっていてはビジネスにならないのだ[xvi]。

そもそも大学発ベンチャーが不振な理由として、自前のシーズのみにとらわれ、市場機会やマーケティングについての発想が貧困なために「大学の研究者向けに材料を売る」などの小さくまとまった発想になっているケースが多いことが挙げられる。

それでは人材や資本などの外部資源を引き付けることはできない。優秀な経営人材やベンチャーキャピタリストは、充分な成長性がある事業機会がなければ関心を示さない。つまり、本格的なベンチャー成立のためには、「大きな」事業を構想することが必要なのだ。その方法については、第３章で詳しく述べる。

フレキシビリティーのなさ

　「ベンチャー・ビジネス・ラボラトリー」などのインキュベーション施設も一時期日本の大学によってこぞって建設された。しかし、ベンチャーの側から見ると、入居企業が固定化していたり、会社の成長段階に合わせたスペース拡張に対するフレキシビリティーに欠けるなど、いわゆる「ハコモノ行政」の産物となっており、使い勝手がよくないと言われる。地方公共団体などが建設したインキュベーション施設なども、ビジネスの実情に疎い地方公務員が経営・運営しているケースが多く、ベンチャーのニーズに十分に応えられないものが多い。

　筆者は最近シリコンバレーのPlug&Playという有名なインキュベーション施設を訪問したが、そこは起業で成功したビジネスパーソンが収益目的で設立したものだ。賃料も周辺のオフィスに比べて安いわけではなく、むしろ高い。しかし、常にフレッシュな入居企業が多く、活力があり、人的ネットワークやサーバーへのアクセス、セキュリティー、拡張と縮小がフレキシブルにできるオフィススペースなど、起業家にとってかゆい所に手が届くサービスが満載されている。

　使い勝手が悪い理由は、お役所的な運営にある。お役所の本質とは、「要件が揃っていれば差別しない」ということである。要件が揃っているかどうかをチェックするだけなので、窓口となる担当者には何の裁量権限もない、というのがお役所仕事の特徴だ。

　逆に民間企業は担当者の主観による裁量余地が大きい。ビジネスの将来の成長性が高いかどうか、創業者に人を惹き付ける魅力があるかどうかなど、ベンチャーを見るのに必要な観点は、本来主観的であり、お役所にはなじまな

い。そのことによる問題は大学自身によっても理解されつつある[xvii]。

「公平を重んじ、重点投資ができない」というのが地方公共団体のベンチャー支援制度の限界であるが、日本の大学も政府の外郭団体的なカルチャーを持っている。

ベンチャーの成功にとって本当に重要なのは、ビジネスの成長性や将来性、ビジョンといった「中身」に共鳴してくれる真のパートナーを探すことだ。形式要件を満たすことではない。

逆に言うと、形式的な要件に神経を使っていると、本来必要なエネルギーがだんだん失われてしまうことがベンチャーにとって最大のリスクである。そうしたベンチャーは当初の「とんがり」が失せ、人を惹き付ける魅力のないものになってしまうからだ。

大学は人材獲得源として活用すべし

ベンチャーとしては、マネジメントのノウハウ、オフィススペースなど、制度的なサポートが必要な場合、それをどこが最もフレキシブルな形で提供してくれるのか、見極める必要が出てくる。また、大学を「研究」ではなく「開発」のパートナーとして見たときにも、やはり企業の方が「開発力」で先端をいっており、大学の開発力には期待できないというベンチャー側からの指摘もある。

今のところ、大学を活用する最大のメリットは、インフォーマルなネットワークづくりによる卒業生などの人材の獲得である。知名度のないベンチャーにとって、インターンシップ、起業サークル、同窓会、講演会、セミナーなど様々なルートを通じて学生と関係を構築し、自分たちの提供価値を知ってもらい、将来の人材獲得に結び付けるのはきわめて重要だ。

専門家を活用し、「契約」にこだわる

弁護士・弁理士・司法書士などの専門家は数は多い。しかし、ベンチャーに役に立つ専門家は限られる。そうした専門家とチームアップすることがで

きれば、非常な強味になる。

　法律サービスを例に取ってみても、会社設立、資金調達、販売提携、知的財産権、ストックオプション（自社株購入権）、人材の雇用と解雇など、ベンチャー経営にはすべてのステージで法的な側面がある。

　雇用契約、株主からの出資契約、顧客との契約、ライセンス契約などについて、簡単な条文で、細部があいまいなままでも済む場合もある。しかし逆に、それにより不透明な圧力をかけられたりするケースがあることは知っておきたい。

　例えば、出資契約がアバウトだと、事業計画通りに進まない場合に、出資者から、株式の買い取りを出資時点での株価で要求される、というような事態が起こり得る。本来は貸付ではなく出資なので、そのような条項があること自体おかしい。しかし、やむを得ずそうした条項を入れる場合には、うまくいかない場合の株式買い取り金額などは、事前に疑問の余地がないように決めておく方がよい。

　ベンチャーは、マンパワーと資源を持つ大企業との交渉で不利となる場合が多い。そうした不透明な事態になるのをできるだけ避けるためには、契約書を作成する段階で、しっかりと細部まで交渉することが望ましい。

　欧米企業と提携するのは骨が折れる。契約書を徹底的に詰めるからだ。日本企業との提携は、以心伝心、アバウトでいいので楽ではあるが、うまくいかないときに、こちらの立場が侵害されないかどうか、相手の善意に頼ることになってしまう。欧米企業の場合は、事前に徹底的に詰めるだけに、不透明な形で結果的に損害を被る、ということはむしろ少ない。ひどい条件を堂々と要求されることは当然あるが、そうした場合は事前に断ればよいのだ。

　事後の無用なトラブルを避けるためには、性悪説に立つことも必要だ。自分で交渉するのではなく、有能な弁護士であれば、どこはこだわり、どこは流す、といった勘どころを押さえ代理人として動いてくれるので、多少報酬は高くても、きわめて効果が高い。

ビジネスマインドのある専門家と長期的な関係を築く

　また、専門分野だけではなく、ビジネスマインドがある専門家だと、多様な提供価値を持っている。
　2000年までは弁護士は広告すること自体が禁止されていたため、ユーザーとしては弁護士の経験や得意分野などについては口コミで知るくらいしか方法はなかった。現在ではウェブサイトに自分の仕事の方針も含めて丁寧に記載していることが多い。
　ビジネス経験の豊富な専門家に自社のビジョンに共鳴してもらい、長期にわたって幅広い協力関係を築くことができれば、きわめて役に立つ。ビジネスの中身を見る目を持つ専門家に有益なアドバイスをもらうなど、戦略面での貢献を得ることのできる場合がある。人材を紹介してくれるなど、チーム作りに役立つこともある。提携相手の紹介やM&Aの仲介、人的ネットワークを使った出資者集めなど、起業家にとってはきわめて有益なリソースだ。

ケース2-2　クエステトラ

①クエステトラの事業概要

　クエステトラは、ビジネス・プロセス・マネジメント（BPM）、つまり業務プロセスの可視化と監視を実現するビジネスソフトを開発するベンチャー企業で、2008年に創業された。創業メンバーはいずれも2000年に株式会社四次元データ（現シナジーマーケティング）を創業し、成功裏に大証ヘラクレスに上場させたメンバーであり、日本では数少ない「シリアル・アントレプレナー（何社も起業する人）」である。
　シナジーマーケティングの上場時の時価総額は40億円（次の日は70億円）であるので、各人10％程度の持ち株として単純計算で5億円前後の創業者利得を得たことになる。

②創業者のプロフィール（今村元一社長）

　今村元一社長は1997年に京都大学の工学部建築学科を卒業したのち、同

大学院の情報学研究科で修士号を取得、2001年に博士課程を中退した。大学院在学中の2000年に四次元データを創業している。98年から個人ベースでシステムインテグレーション（SI）の受託開発を行っており、その延長線上で学生仲間2人と税金の面もあり法人登録したという。

つまり、元々上場した時点での創業者利得が目的として頭にあったわけではなく、「何となく」仲間とおもしろいことをしたかった、という動機の延長線上で起業している。もっとも、三木谷浩史氏の楽天の上場や、ヤフーの上場の話は学生のときからよく知っており、大いに触発されたという。

そうした経緯もあり、初めてビジネスプランを書いたのは創業後かなり経ってからの2004年である。ビジネスの将来性がある程度計算できるようになった時点で、出資者を集めるためにビジネスプランを書いたのだが、「創業7年目の売上高が10億円」という控えめなものであった。

③外部の専門家の活用

四次元データの成功には、公認会計士でありベンチャーキャピタリストである細川信義氏のエンゼル証券によるところが大きかった。同社の事業領域はCRM（カスタマー・リレーションシップ・マネジメント）分野であり、競合企業がひしめく事業領域である。細川氏は同社と同じ事業領域で競合している会社との事業統合をアドバイスし、それが上場につながっている。

エンゼル証券は、公認会計士事務所、ビジネスコンサルティング、ファイナンス支援のサービスをワンストップで提供しており、後述するように、アーリーステージに投資する新しいタイプのハンズオン型ベンチャーキャピタルの1社である。大阪の財界人によるポケットマネーの「志ファンド」を運用し、アーリーステージでの積極関与による「創成ビジネス」を志向している。

今村社長ら創業メンバーは情報系エンジニアであり、マネジメントの知識は少ない。公認会計士でもありベンチャーキャピタリストでもある細川氏は、外部リソースとして必要なマネジメントスキルを提供してくれたことになる。

なお、クエステトラの創業に際しても外部専門家を経営に関与させている。税理士の森田茂伸氏が社外取締役として、公認会計士の出口晃弘氏が会計監査人として参画している。

④クエステトラのチームビルディング

　クエステトラの主要メンバーはすべて四次元データから今村氏と一緒に来ているが、学生時代のネットワークを使って集めている。以下が常勤役員の一覧である。

■今村 元一氏

　取締役・代表執行役CEO。1973年生まれ。1997年京都大学工学部建築学科卒業、2000年同大学院情報学研究科修士課程修了。2000年四次元データを設立し、代表取締役に就任。2001年京都大学大学院工学研究科後期博士課程中退。2008年クエステトラを設立。

■畠中 晃弘氏

　取締役・執行役CTO。1975年生まれ。1998年京都大学工学部情報学科卒業。2000年同大学院情報学研究科 修士課程修了。2000年四次元データを設立し、取締役CTOに就任。2008年クエステトラ設立。

■矢作 基氏

　執行役CMO。1973年生まれ。1997年京都大学農学部卒業。1997年クボタ入社。2002年四次元データ取締役CFO。2008年クエステトラ設立。

■東口 司氏

　執行役CFO。1973年生まれ。1997年京都大学経済学部卒業。1997年日本総合研究所入社。2007年四次元データCFO。2008年クエステトラ設立。

■江原 良典氏

　執行役フェロー。1974年生まれ。1998年京都大学工学部情報学科卒業。2000年同大学院情報学研究科修士課程修了。2000年日本テレコム入社。2004年四次元データ取締役。2008年クエステトラ設立。

■伊藤 純一氏
　執行役フェロー。1976年生まれ。1999年京都大学工学部建築学科卒業。2001年同大学院工学研究科修士課程修了。2001年四次元データ入社。2008年クエステトラ設立。

　以上のリストを見ると、まず、常勤執行役6人全員の年齢が1973年～76年生まれと同世代に属し、全員京大出身であることに気づく。学生時代の交友関係を生かし、創業チームを作り上げているのだ。
　さらに、情報学専攻は3人で、のこりは農学部、経済学部、工学部建築学科出身と畑違いとなっており、あくまでも個人的でインフォーマルなネットワークを介した知り合いであることがわかる。これにより、経済学部出身者はCFOになるなど、経営に必要なすべての機能をカバーしている。
　このうちの3人がいったん他社に就職してから合流している。持続的な交友関係がベースになっていることがうかがえる。
　大学との関係は、今村氏とCTOの畠中氏が「プロジェクトマネジメント演習」で講師を務めていることや、同窓会の幹事を務めていることなどで、卒業後も継続している。
　そうしたつながりを生かし、知り合った学生がアルバイトとして同社で働いている。四次元データ時代を含めると、そのまま就職するケースもあったという。あるいは、アルバイト経験者が、いったん他社に就職し、数年経って転職してくるケースも少なくなかった。
　今村社長は後者の人材獲得パターンを「シャケ戦略」と称している。シャケ（鮭）は生まれた川から大海に出、そこで成長し、また生まれた川に帰ってくるからだ。数年間の社会人経験で社会人としての基礎的な訓練がなされ、同社にとってメリットの多い採用戦略であるという。
　同社は起業に際して、大学の制度的なベンチャー支援の恩恵は受けていない。すでに会社が大きくなった後にインキュベーション施設への入居を誘われたが、辞退したこともある。大学との共同開発についても、「大学の研究者が激変するソフトウェア開発技術に追随する事は難しい。製品コンセプト段階での議論は有益な場合もあるが、製品化段階で共に汗を流す共同開発は考

えにくい」と言う。

⑤教訓
1. クエステトラは起業に際して、大学による制度的な支援は受けていない。
2. エンジニア集団に創業当初欠けていたマネジメント機能は、公認会計士でありベンチャーキャピタリストでもある細川氏によって大いに支援されている。税理士の出口氏も同社非常勤役員として経営に参画しており、**ビジネスマインドのある専門家を有効に活用することが重要だ。**
3. **大学はインフォーマルなつながりを通じた人材獲得の場として機能している。**大学でのインフォーマルネットワークを通じた人材獲得は、創業チームの形成、先輩―後輩ネットワークによる持続的な人材獲得を可能にするため、きわめて有効である。
4. **専攻を超えたネットワークづくりが、会社に必要なマネジメント機能を備えるために役に立つ。**同社の場合はエンジニア集団であるが、マーケティング担当やCFOなどは経済学部など専攻の異なる人材を創業メンバーに加えている。

VCの選び方で差がつく

　ベンチャーキャピタル（VC）については、欧米の教科書に記された世界と日本の現状とでは大きなギャップが存在する。起業家としては、VCに何を期待するのか、そしてVCをどう選ぶかが、最重要課題になる。
　優れたベンチャーキャピタリストはビジネスのフィージビリティー（実現可能性）、成長性を見る目を持ち、有益な判断を提供してくれるし、独自のネットワークを使ってチームビルディングや出資者集めにも協力してくれる。起業家にとって得難い、貴重な存在だ。
　逆に、VCによっては、経営判断やチームビルディングをサポートしてくれないだけでなく、対応に時間と手間を取られることになりかねないような場合もある。VCの選び方はベンチャーにとってきわめて重要だ。
　役に立つVCを見分けるための最大のポイントは、**キャピタリスト自身が**

自分のお金を投資しているかどうか、ということだ。

　VCは同じファンドでも短期に収益を上げるヘッジファンドなどと異なり、投資してからイグジット（出口戦略：IPOやM&Aによる株式持ち分の売却、詳細は第6章を参照）によるリターンを得るまでに5年から7年、投資先によっては10年という長い期間がかかる。その間はマネジメントフィー（投資家から預かって運用している金額に一定のパーセンテージをかけたもの）しか収入がなく、たいして儲からない。

　このため、当面は収入がなくともなんとかなる、すでにビジネスで成功を収めた「功成り名を遂げた人」がベンチャーキャピタリストになるのが欧米のキャピタリストの通常コースだ。そうしたキャピタリストのほとんどは自分の資金の一部をファンドに投入して長期のリターンを狙っている。例えば、5億ドルのファンドを10人のパートナーで運用するVCであれば、パートナー1人当たり数百万ドル程度の自己資金を投資しているのが普通だ。

　1社1社に対する投資の判断は真剣勝負であり、自分自身の頭と感情・感性で事業機会の本質を理解しようとする。投資判断にはシビアであるが、可能性の高いビジネスには本気でほれ込む。

　これに対して、日本のVCの多くは、サラリーマンが会社に命じられてやっているだけのキャピタリストを抱えているのが主流である。自己資金の投入が少ないので投資の成否よりも、投資判断をミスした場合の責任をミニマイズすることの方が組織人として重要になる。

　投資判断は横並びで行いがちで、自分の頭ではなく他人の判断に頼る傾向がある。横並びというのは例えば、大手の競合VCが投資している場合、大手がいいと判断したのだからいいはずだ、といった具合である。

　日本の大手VCでも、横並びで投資せず、「逆張り」し、キャピタリストの成功報酬を大きくしてハンズオン型投資を行う先進的なVCも出現しつつある[xviii]が、今のところ少数派である。

　投資が成功しても失敗しても、終身雇用であり、安定的な給与収入がある。それであれば、無理をして他人が目をつけないビジネスで「奇抜な」投資判断をして失敗のリスクを冒す必要はない。人と横並びの「常識的な」判断だと失敗しても責任がかなりの程度回避される。そうした横並びの判断は、サ

ラリーマンとしては当然の行動パターンなのだ。

出資を受けるVCはいたずらに増やさない

　ハンズオンで投資するキャピタリストであれば、手間がかかるため何十社も投資できず、せいぜい数社に全力投球することになる。投資金額が大きくても小さくても手間は変わらないので、できるだけ投資金額が大きい方が望ましい。小額だと労力に見合わず、ペイしないからだ。多くのVCで分担して出資すると、ダメなときの損失額は低くなるが、うまくいったときの実入りも小さいため、1社当たりあまり手間がかけられなくなる。

　多くの株主がいる場合は意見調整が大変であり、思い切った方針の変更を行いにくい。したがって、できるだけ自分の出資割合を増やそうとするのが普通だ。

　しかし、横並びの判断で投資するVCから出資を受けると、1社当たりの投資額は小さくなり、数多くのVCを相手にすることが経営者にとって大きな負荷となる場合がある。

　多くのVCがあたかも銀行の「協調融資」のような形で出資している場合がある。筆者には企業再建の経験があるが、不振企業ほど数多くの銀行が貸しているケースがよく見られる。詳しく見ると、それぞれの銀行は「他の銀行が貸しているから」という理由で貸しているし、小額だからリスク分散をしていると考えている。中小規模の銀行の多くは審査能力が不足しているため、「メインバンクが貸しているから」という理由で、その企業をちゃんと審査せずにメインバンクの信用力で貸している。

　しかし、メインバンクは法的には債務保証しているわけではない。暗黙の了解によって、メインバンクというものの責任があることになっているにすぎない。「ウチがカネを貸したのはメインバンクのせいだ」と主張しても裁判では勝てないから、不透明な形で圧力をかけ、自己責任を回避しようとする。こうなると債権者の足並みが揃わず、再建に非常に時間がかかってしまうのだ。

　VCと付き合う場合にも、頼りになる、本当に自分のビジネスの本質を理

コラム　日本のVCについて知っておくべきこと

　VCには起業初期に投資してハンズオン型投資で経営にかかわる「クラシック・ベンチャーキャピタル」と、起業してある程度時間がたってからIPOなどの転売目的で投資する「マーチャント・キャピタル」の2種類あるが、日本には前者はほとんどいないというのが通説だ。

　日本のVCのほとんどが銀行や証券会社の系列子会社で、親会社からの出向者が多く、金融の知識はあるが技術を見る目やマネジメント能力というハンズオン型投資をするために必要なスキルが不足している場合がある、というスキルの問題や、そもそも親会社のビジネスチャンスを増やすための位置付け（銀行の貸出の拡大、IPOの主幹事証券ポジションの獲得など）であることが影響していると言われる。

　ただし、最近では、アーリーステージを専門とし技術を見る目を有し、ハンズオン型を実践するVCが出現してきており、事情は徐々に変わってきている。

図表2-6　2種類のベンチャーキャピタルの比較

	本格VC	通常のVC
出資先	初期段階（アーリーステージ）中心	上場まで数年の比較的後期
出資判断基準	独自の事業を見る目（技術を見る目、自らの将来ビジョンとの合致などそれぞれ特色あり）	横並び判断（「他社もお金を出している」）
出資スタイル	ハンズオン（コアメンバーの紹介、CEOの提供、M&A相手先紹介など）	ハンズオフ（下手にかかわるとリスクが増える）
出資金額	1社当たり金額大（手間をかける分、小額だとペイしない）	1社当たり金額小（ポートフォリオでリスク分散）
キャピタリスト個人のインセンティブ	個人マネーの投資リターンの方が固定的報酬より大きい	固定部分の大きい、終身雇用的給与体系

出所：筆者作成

解してくれる先を厳選して付き合うことが望ましい。

　他方、VCから出資を断られても、必ずしも落ち込むことはない。横並びでないと資金を出さないところもある。VC側に見る目がないケースもあるからだ。しかし、真に見る目のあるVCに却下された場合、どこがダメなのか、真剣にフィードバックをもらい、参考にした方がいいだろう。フィードバックが欲しい、と言えば、なぜダメなのか正直に教えてくれるはずだ。

目利き力と技術開発のマネジメント力を兼ね備えたVC

　大学発ベンチャーのところで述べたが、技術だけではビジネスにはなり得ない。シーズ段階の技術をビジネス化するまでに持っていくためには、その技術を発明した本人だけの力ではどうしようもない、いくつかのハードルがある。外の力をどのように活用するかが重要になる。

　萌芽段階の技術をビジネス化するには、まず、玉石混交の技術シーズの中から、ビジネスとしての可能性の高いものを抽出する必要がある。そして、発明段階から、品質を安定させ、量産可能なレベルにまで技術開発を進めないといけない。

　そのためには、優秀なエンジニアを調達し、資源を投入してきちんと技術開発を行う必要がある。つまり、技術のビジネス化の可能性に対する目利き力と、技術開発のマネジメント力の両方が必要だ。

　そうした能力を持つVCは、萌芽段階の発明とリソースを結び付け、ビジネス化するためには必須の存在だ。

ケース2-3　ルネッサンス・エナジー・インベストメント

①業務の内容

　日本でもアーリーステージに投資をし、ハンズオンでかかわる本格的なVCが出現しつつある。ルネッサンス・エナジー・インベストメント（REI：本社京都市）は萌芽段階の技術シーズを発掘して投資する、独自の投資哲学で成功しているニューウェーブのVCである。

同社を率いる一本松正道氏は、1977年に東京大学理学部化学科卒、79年に同大から修士号を取得して大阪ガスに入社した。大阪ガスでは総合研究所、基盤研究所（共に現エネルギー技術研究所）センサー、燃料電池研究グループリーダー、エネルギー事業部エネルギー開発部コージェネ技術チームマネジャー／部長を歴任。その間、88年には東大工学部から博士号を取得している。

一本松氏は50歳になる直前、研究所長への昇進を前に大阪ガスを退社し独立する決心をした。背景には、エネルギーの自由化政策が進む中で大阪ガスも「地域企業」となったため、研究開発を自前で行う必要がなくなったことがある。多くの大企業の中央研究所が同様の道をたどっているが、外から技術を買う際に必要な最低限の技術力を有すればよいとの考え方で、広く薄く研究開発力を持つ体制に転換した。このため、おもしろい研究ができなくなったことが退職の1つの理由である。

また、研究所長に就任すると、管理業務と会議出席が仕事の中心となり、「こんなことをやって一生を終わるのか」と考えたという。

REIは有望と判断した萌芽段階の独創技術に対して、自己資金を投資し研究開発を自らの手で行う。萌芽段階の研究開発が成功した場合は、研究開発案件ごとに特別目的会社を設立し、投資家の資金を受け入れてIPOあるいは事業売却可能な段階までの開発を自ら行う。

萌芽段階から着目して独創技術を実用化するために必要な業務、すなわち独創技術の評価、実用化のためのコンサルティング、実用化最初期段階での投資（1億円以上）、実用化のための資金調達（5億〜30億円程度）、実用化プロジェクトのマネジメントなどを行っている。

これまでいくつかの投資を行ってきているが、例えば、出資先である創光科学（本社名古屋市）では、紫外線発光ダイオードの発明者と、大阪ガスからの開発エンジニアを中心に自らもCEOを務める体制で、30億円を調達。現在は事業売却による成功裏の出口戦略も視野に入ってきている段階にある。

②投資の特色

シーズ段階の技術に投資をする場合、技術の市場性や将来性を「見る目」

が最重要である。REIは、技術の将来性を、横並びでなく判断できる数少ないVCの1つである。どうしてそれが可能なのだろうか。

通常、萌芽段階の技術の開発資金には公的資金が充てられることが多い。その場合、学者を中心とする審議会などに審査が委託されることが多いが、多数の委員の合議による決定になってしまうのが普通だ。

往々にして新規性革新性を意識しすぎるあまり高すぎる目標を設けたり、逆に実現性を重視するあまり新鮮味・面白みのないものになる場合が多く見受けられる。また当然ニッチ市場に関するものやニーズの設定そのものが新しいような提案は採択されにくい。

公的な開発資金のもう1つの特色は、失敗しても損切りが遅れ、ずるずると開発投資を継続する傾向があることだ。公金を投入した以上、失敗は許されないし、経済的リターンがなくとも、何となく「成果があった」と役所的には整理することは可能だからだ（論文数など）。

つまり、「ある技術に投資する理由を、多くの関係者に説明しないといけない」状況では、萌芽段階の技術への投資はうまくいかない、ということだ。説明しないといけない関係者が多ければ多いほど、尖った技術には投資しにくくなる。稟議を通せるとか、寄り合い所帯の審査員を納得させられるとかいうことは、独創的な技術の将来性と何の関係もない。

正しい萌芽段階への投資とは、「誰に説明する必要もない」投資マネーの存在が前提になる。技術を見る目を有する人が、「主観的にいいと判断して」「自分のセンスで」投資できることが萌芽段階の技術への投資に関しては最重要だ。

REIの1つ目の特色は、この独自の「目利き」による自己資金・自己責任の投資を実践していることだ。

2つ目の特色は、発明者はあくまで「独創技術のコンセプトを発明した人」と位置づけ、技術開発やマネジメントを期待していない点だ。大学の先生は一般に、開発は向いていない。開発するには別の人材が必要である。外から開発エンジニアを連れてくることが必要になる。

先に見た通り、発明者がそのまま社長をしていることが日本の大学発ベンチャーの不振理由の1つであるが、REIは、初めから発明者にはマネジメン

ト力を期待せず、開発力を外部から調達し、マネジメントをハンズオンでVCが提供するスタイルである。

3つ目の特徴としては、萌芽段階の技術への投資では、株式公開（IPO）だと時間がかかりすぎることを理解していることだ。製品化まで開発が進んだ段階、市場投入寸前の段階でM&Aにより会社を売却する方が確実である。このため、IPOしか念頭にない通常のVCとは異なり、事業会社へのM&Aによる出口戦略を中心に考えている。売却先の事業会社は国内に限定せず、海外も対象にする。これには、専門化された業界内部でのグローバルなネットワークが必要になる。

③教訓
1. **アーリーステージの技術に投資する場合に重要なのは、技術を見る目のある個人が、自己資金を投入して投資できること**である。こうしてはじめて横並びでない、独創技術に投資することが可能になるのだ。
2. 技術開発には**発明者と、開発者、マネジメント（社長）の役割分担**が必要だ。一本松氏は「いかに発明家としては優れていても、優秀な開発者が揃わなければ投資しない」と言う。そうした人材リソースを組み合わせることも、本格VCの大事な役割だ。
3. 事業化まで時間がかかる萌芽段階の独創技術であれば、事業化まで超長期を要してしまうことは珍しくない。売り上げを立てて、利益を上げることが前提となるIPOでは長すぎる。そうではなく、製品化に成功した段階での売却が現実的だ。**独創技術への投資では事業会社へのM&Aによる出口戦略が重要**になる。
4. アーリーステージの技術に投資できる本格VCとは、**「技術を見る目」「開発マネジメント力」「M&Aをグローバルに行うための専門分野での人脈と信用力」**を有している。通常の日本の金融系VCにはそのようなスキルはない。自分が発明した技術を基に会社を興したい場合、このような投資家をどう探すかが起業の成功にとってきわめて大事になるだろう。

本格VCは創業チームの組成にまで踏み込んで支援する

　ハンズオンでアーリーステージの事業機会に投資するというのがニューウェーブのベンチャーキャピタリストの特徴であり、前に述べたエンゼル証券の細川氏や、後述するあすかアセットマネジメントの谷家衛氏なども同様だ。

　そうした優れたベンチャーキャピタリストは、自分なりに、今後の可能性の高い成長分野について、ビジョンを持っている。その将来の事業領域について情報収集し、人的ネットワークを構築していることが多い。

　クエステトラのケースでは、エンゼル証券は事業領域の重なる同業他社との統合を提言しているが、VCはM&Aの仲介役ともなる。

　そうした人的ネットワークを使い、勝つためのチームに必要な要素を特定し、創業チーム自体の組成を支援することもできる。例えば、業界インサイダーの人材と、新しいMBAタイプの人材の組み合わせ、あるいは、ベテランと若者の組み合わせなどは、お互いに住む世界が相当異なるため、自然発生的なチームはできにくい。ハンズオンのVCはそうした組み合わせをサポートすることになる（図表2-7）。

図表2-7　チームビルディングにおけるVCの役割

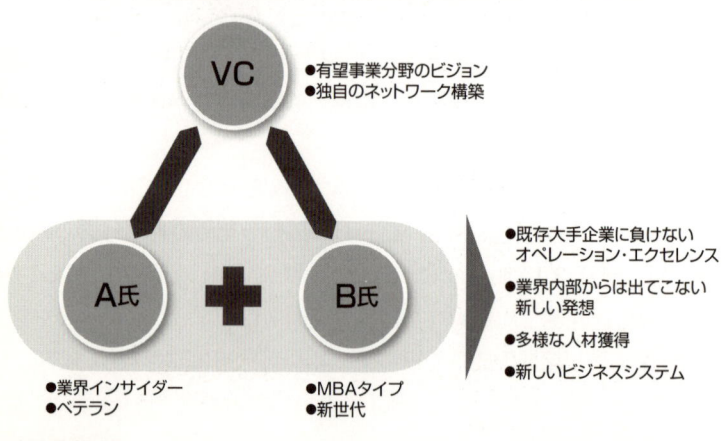

VC
- 有望事業分野のビジョン
- 独自のネットワーク構築

A氏
- 業界インサイダー
- ベテラン

＋

B氏
- MBAタイプ
- 新世代

- 既存大手企業に負けないオペレーション・エクセレンス
- 業界内部からは出てこない新しい発想
- 多様な人材獲得
- 新しいビジネスシステム

出所：筆者作成

ケース2-4 ライフネット生命保険（その1：チームビルディング）

①事業の特色

　ライフネット生命保険株式会社（本社：東京都千代田区）は2008年5月に営業開始した、シンプルな掛け捨ての「定期死亡保険」と「終身医療保険」などに商品を絞り込み、ネットで販売する会社である。従来保険商品につきものであった、顧客にとっての「わかりにくさ」の源であった特約、貯蓄型の商品は取り扱わない。営業職員をゼロにすることで販売コストを抑え、商品自体をシンプルにすることにより管理コストも抑えている。

　保険業界ではじめて、生命保険料の手数料部分「付加保険料」と原価部分「純保険料」の比率を全面開示したため、既存の生命保険会社からは怨嗟の声が広がったという[xix]。

　手数料はネット直販と商品のシンプル化により低コストであり、例えば、40歳男性の死亡保険金1000万円の定期保険（10年）に支払う年間保険料で比較すると、大手生保の付加保険料はライフネット生命の5倍に達している。その意味で、同社は非効率のはびこる生保業界に風穴をあける存在として期待されている（図表2-8）。

図表2-8　生命保険の付加保険料（手数料相当部分）

ネット生保では約5分の1。顧客の負担額は約半分。
40歳男性、保険金1000万円、保険期間10年の場合の毎月の保険料
単位：円

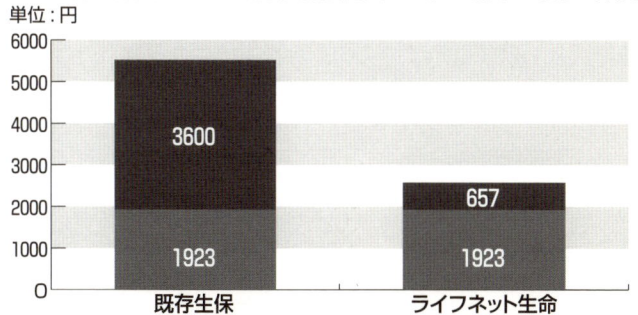

	既存生保	ライフネット生命
付加保険料	3600	657
純保険料	1923	1923

出所：ライフネット生命保険ホームページのデータを基に筆者作成。
　　　純保険料は年齢・性別や金利水準などから計算され、生保各社でほぼ同額になる。

②創業チーム

　ライフネット生命は、社長の出口治明氏と、副社長の岩瀬大輔氏の２人が創業のコアチームである。創業チームの形成には、ベンチャーキャピタリストの谷家衛氏が深くかかわっている。

■出口治明社長

　出口氏は1948年三重県出身。京大法学部卒業後、1972年に日本生命保険に入社し、当時の日本興業銀行への出向、ロンドン事務所長、国際業務部長などを歴任し、2005年に57歳で退職している。ライフネット生命の営業開始が2008年だから、「還暦ベンチャー」と自称している。

　運用企画部門に属していた出口氏は、中央官庁や日本銀行などに頻繁に出入りし、85年から始まる金融制度調査会を中心にした金融制度改革の議論に深くかかわり、銀行や信託、損保、証券業界、マスメディアなどでの人脈を形成している。

　出口氏は、日本生命時代、不思議に思うことがあったという。社員の多くは、実は、日本生命が販売している個人保険にあまり加入せず、保険料の安い団体定期保険である「Ｂグループ保険（拠出型）」のみに加入しているという事実である。

　Ｂグループ保険は原則として大企業か官庁の職員しか加入できない生命保険であるが、この安くて便利なＢグループ保険を、あまねくすべての市民にバラ売りできるような仕組みが考えられないか、というアイデアが生まれた[xx]。

　2001年にはe-lifeという会社を立ち上げようとして出資者探しを始めたが、どの事業会社も興味は示すものの、大株主に生命保険会社が入っているため出資を受けることはできなかったと言う[xxi]。

■岩瀬大輔副社長

　岩瀬氏は、埼玉県生まれ。商社マンの父親の仕事の関係で幼少期を英国で過ごした。1998年に東大法学部を卒業。在学中に司法試験に合格。卒業後はボストン・コンサルティング・グループ（BCG）に就職。その後、米国系の投資会社であるインターネット・キャピタル・グループ（ICG）、リップル

ウッド（現RHJインターナショナル）の日本法人に勤務、投資先である旭テックの社外監査役も務めた。

2004～06年にハーバード・ビジネス・スクールに留学し、日本人4人目の最優等のBaker Scholarで卒業。卒業後は、後述する谷家氏のあすかアセットマネジメントに入り、出口氏とともにライフネット生命の設立に参画。現在、同社代表取締役副社長。

岩瀬氏はビジネススクール在学中にブログを書いていた。それがあすかアセットマネジメントの谷家氏の目にとまり、谷家氏がボストンに出張し岩瀬氏を口説いたという。

岩瀬氏は起業の意欲はあったが、その時点では、特定の起業アイデアがあったわけではない。いわば、起業アイデア待ちの起業志望者を抱える「アントレプレナー・イン・レジデンス」というような形が想定されていた。

その後、谷家氏により出口氏と引き合わされ、ライフネット生命を出口氏と創業することになる。ロジカルな問題解決スキルをこれまでのキャリアで習得していた岩瀬氏は、出口氏のアイデアを実現するためのビジネスプランを作成した。

■谷家衛氏

谷家氏は86年に東大法学部を卒業後ソロモン・ブラザーズに入社。投資銀行の世界で成功し、現在はあすかアセットマネジメント（本社東京都千代田区）を率いている。ハンズオン型のアーリーステージでのベンチャー投資を実践する投資家である。

谷家氏はかつてソロモン・スミス・バーニーがトラベラーズに買収された経験から、トラベラーズの本業である保険業界がきわめて収益性の高いビジネスであることに目をつけていたという。

事実、米国の著名投資家、ウォーレン・バフェット氏が率いる投資会社バークシャー・ハサウェイも本業は保険ビジネスであり、保険ビジネスで獲得した資金を株式投資することによってバフェット氏は成功してきた。

証券のトレーディングなどでは1ベイシスポイント（100分の1％）単位の利幅を巡って大きな裁定取引が行われるのだが、保険業界では3ケタのベ

イシスポイントの利幅は珍しくなかった。保険はそれほど収益性の高いビジネスであるということだ。谷家氏はそれに深い印象を受けていたという。

谷家氏はマクロ的視点での事業の「正しい」方向性と、優秀な経営チームがいればベンチャーは成功するという投資哲学を持っている。「オンライン証券、オンライン銀行の後はオンライン生保」というマクロなビジョンを氏は持っていた。次は、優秀な経営チームを見出すことである。

生命保険業界の問題を誰よりも深く理解し、新しい生命保険についてのアイデアを持つ出口氏を探し出し、新しいタイプのマネジメントのプロフェッショナルである岩瀬氏と引き合わせ、ライフネット生命の創業チームを作り上げたのは谷家氏である。

岩瀬氏は斬新な発想ができても、生命保険業界には素人であり、業界での人脈や、監督官庁との交渉の経験もない。一方、出口氏は業界のインサイダーであり、「業界経験のない人と組みたい」と、谷家氏に新しい発想ができる人材との組み合わせを望んでいたという。

③チームビルディング

出口氏と岩瀬氏の2人でスタートしたライフネット生命保険は、その2人の違ったタイプのリーダーがそれぞれ別タイプの人材を惹き付けることによって、中核となる人材を獲得してきた。

保険に欠かせない数理計算を行うアクチュアリーのプロとして、出口氏は元日本生命でチューリッヒ保険会社という通販の生命保険会社の社長を8年間務めた野上憲一氏を採用している。また、運用部長は元ニッセイアセットマネジメントの人材を採用し、保険計理の担当はAfLac（アフラック）から大ベテランの人材を採用した。

一方、岩瀬氏は、ライフネット生命が提供する新しい価値を積極的に発信することにより、別のタイプの人材を惹き付けてきた。例えば、マネックス証券の立ち上げをしていた人、コンサルティングファームにいた若者、Yahoo（ヤフー）から来たウェブのエンジニア、スターバックスコーヒージャパンの広報担当役員、といった具合である。

それらの人材は、既存の生命保険業界の中からは探すことのできない人材

だ。例えば、生命保険業界ではこれまで、価格と商品が規制される中での営業レディーによる販売だったため、本当の意味でのマーケティングの発想ができる人はほとんどいない。コンシューマー・マーケティングの経験がある人は、業界の外部から調達する必要があった。また、ネット生保であるので、システム構築や、ネット広告代理業などに詳しいウェブエンジニアも、生命保険業界の外部から調達する必要があった。

つまり、機能別に見ると、アクチュアリー、経理、運用といった従来生保の強みを生かす部分は業界のプロを採用し、マーケティングやITなどの新しいスキルの必要な部分は業界外部から採用する。その組み合わせにより新しく統合されたビジネスシステムを作り上げるという方式が取られたわけだ。

④資本構成と業績推移

同社は資本として132億円を調達している。谷家氏のあすかDBJ投資事業組合と、松本大氏のマネックス証券が大株主であり、2社で約37％を保有している。

一般のVCも出資しているが、出資シェアはそれぞれ1％前後と非常に低くなっている。

その他の株主は、新しく立ち上げる同社のビジネスと将来相乗効果のありそうな企業、役に立ちそうなノウハウを持っている企業といった独自の観点で候補社をリストアップし、それぞれに出資を要請するという方式をとった。

そうした同社からの働きかけに応じたところが、現在株主となっている。例えば、ネットバンキングに強い新生銀行、リアルのチャネルを持つセブン＆アイ・フィナンシャル・グループ、リクルート、総合商社の三井物産、といった企業である。単なる資金調達だけではなく、将来のビジネスの相乗効果も狙った戦略的な株主集めであると言える。

2008年5月の開業以来、新規契約件数を順調に増やしてきており、2010年6月末の時点で3万1209件の契約件数、保有契約の年換算保険料は13億6500万円となり、「5年以内に15万件以上」という目標に向けて順調に推移している。

⑤**教訓**

1. 既存の業界でも、新事業は存在する。多くの場合、**業界知識に通じた変革の意欲があるベテランと、新しいタイプのマネジメントのプロフェッショナルの組み合わせは最強の組み合わせである。**前者は業界のプロとしての信頼感から、監督官庁や取引先、顧客に対する信頼感の醸成などに力を発揮できるし、後者は業界以外の人にもわかりやすいビジネスプランを書き、魅惑的なプレゼンテーションを行うなど「新しいゲームのやり方」を熟知している。
2. アタッカーにとっては、**異なるタイプの人材を引き寄せ、新しいビジネスシステムを作り上げることが重要**だ。ベテランは、業界で深い知識を蓄積した人を、自身のネットワークを通じて連れてくることができる。一方、新しいタイプのマネジャーは、業界のインサイダーが発想できない分野で、必要な人材を発掘することができる（例えば、マーケティング担当をスターバックスから連れてくるなど）。ビジネスシステムの機能ごとに、業界内部の最良の経験を活用したり、業界外部のベストプラクティスを活用したりすることにより、新しいビジネスシステムを作ることが可能になる。
3. 優れたベンチャーキャピタリストは、**「勝てる」チームを作るために異なるタイプのマネジメント人材を結び付けることができる。**業界で数十年の経験があるベテランと、MBAタイプの若いマネジャーは年齢も異なり、そもそも異なる「言語」を話すため、普通、接点はほとんどない。このケースでは、谷家氏は、将来保険が有望な事業領域になり得るとのビジョンを持って、時間をかけて人的なネットワークを構築していた。

i 厳密には企業価値の計算には時価総額に負債を加える必要がある。

ii 野口悠紀雄ブログ「『超』整理日記」(2007年12月8日)

iii ジェームズ・C.コリンズ著／山岡洋一訳『ビジョナリーカンパニー2 飛躍の法則』(日経BP社、2001年)

iv 投資適格の円建社債の40年平均の利回りは5%程度。それで計算すると、40年後2200万円の退職金の現在価値は300万円にすぎない。

v 赤羽雄二「CO_2の25%削減目標を千載一遇のチャンスととらえ、クリーンテック分野での産業創出を加速するには？」、Global Entrepreneurship Week Japanにおける講演資料(2009年)を参考にした。

vi 野口悠紀雄『新版1940年体制─さらば戦時経済』(東洋経済新報社、2002年)

vii 田渕直也『ランダムウォーク&行動ファイナンス理論のすべて』(日本実業出版社、2005年)、真壁昭夫『最強のファイナンス理論』(講談社現代新書、2003年) など

viii 藤田晋『渋谷ではたらく社長の告白』(幻冬舎文庫、2007年)

ix HitachiSystems ウェブサイトインタビュー「平成の世にサムライを探して」(2005年12月10日)

x DeNA社ホームページ

xi Andrew M. Isaccs *Presentation at the science and technology entrepreneurship program* 2009

xii Simon Learmount, *Cambridge:Innovation and Governance*（地域発・グローバルベンチャーの可能性シンポジウム資料、2009年)

xiii 北海道大学は32億円を投じながらも十分な成果を上げられなかった産学連携事業の失敗原因として、公平を重んじる大学の慣行により重点投資が不十分になった点や、リーダーシップを発揮しようとした企業出身者が既存のルールを重視する大学研究者に受け入れられず孤立した点などを指摘する報告書をまとめた。文部科学省は24日、報告書を公表し、産学連携事業に取り組む大学と教訓の共有を図る (読売オンライン2009年12月24日より抜粋)

xiv 桐畑哲也 「大学発ベンチャーとベンチャーキャピタル」、三菱総合研究所 所報42号 2003年11月25日p62

xv 桐畑哲也、参鍋篤司、山倉健「大学発ベンチャーの外部資源活用─日英比較」京都大学大学院経済学研究科Working Paper No.J-74 (2009年9月)

xvi 前掲、赤羽雄二「CO_2の25%削減目標を千載一遇のチャンスととらえ、クリーンテック分野での産業創出を加速するには？」、Global Entrepreneurship Week Japanにおける講演資料(2009年)を参考にした。

xvii 前掲、読売オンライン2009年12月24日付

xviii 『日経ビジネス』2010年3月8日号 日本ベンチャーキャピタル (NVCC) が、低迷するVC業界の中で「逆戻り」「キャピタリストの成功報酬」「ハンズオン支援」などのユニークな手法で唯一投資実績を伸ばしていることについてレポートされている。

xix ダイヤモンドオンライン「業界初！"保険の原価"を開示したライフネット生命に怨嗟の声」(週刊ダイヤモンド編集部【第239回】2008年12月8日)を参考にした。

xx 出口治明『直球勝負の会社』(ダイヤモンド社、2009年) p138

xxi 前掲書p24

第3章
合理的なリスクを取れるまで計画する
ビジネスプラン

木谷哲夫

1.ビジネスプランを書く前に

ビジネスプランの目的

　日本では、ビジネスプラン（事業計画書）をしっかり作って起業する、という起業スタイルがまだ根付いていない。したがって、良いビジネスプランは希少価値がある。米国では、ベンチャーキャピタル（VC）に持ち込まれるビジネスプランのうち、9割以上が表紙を見ただけで「屑かご行き」になる。日本では、ちゃんとしたビジネスプランであれば、最低限読んでもらうことはできる。

　ビジネスプランはコミュニケーションのためのツールであると考えられている。ビジネス立ち上げの仲間になってほしい人、出資してほしいVC、提携先企業、協力してほしい専門家を対象として、「自分たちはどんな事業をしているのか」を伝えるための"設計図"だ。近年では、ベンチャー育成策の一環としてビジネスプラン・コンテストが各地で行われ、プレゼンテーション能力と合わせてその完成度を競っている。

　しかし、ビジネスプラン・コンテストで優勝しても実際の起業に成功できるわけではない。ビジネスプランの最も大事な目的は、起業家が、これから自分がやろうとしている事業に深い認識を持つことだ。ビジネスプランを作る過程で、事業に内在するリスクや潜在的な可能性が明確になる。漠然と「何となく魅力がある」と考えていた事業機会が、プラス面もマイナス面も含めて、本当の姿を現す。

　ビジネスを実際に立ち上げるのは大変な労力がいる。立ち上げた後に、事業がモノにならないと判明すると、大きなロスになる。最低1〜2年はそれにかかりきりになるので、自分の時間も大きくロスすることになる。関係者を巻き込み、会社を設立し、事務所を借り、資材を調達し、人を雇い、といった努力の後に、「やっぱりダメ」なことがわかると、損失は何億円にもなってしまう可能性もある。

　これまでの努力と使った金額が大きいと、早めに損切りをしてゼロから再

出発し、別のより良い事業に挑戦しようという方向転換がしにくくなる。ベンチャーの中にはダメだとわかりながらも、これまでの努力を無にしたくない、という理由で事業を継続する人もいる。これは「サンク・コスト（埋没費用）」の問題だ。事業の価値は、後で見るように、将来のキャッシュフローを現在価値に置き直したものである。つまり、過去にいくら投資したか、というのは事業の価値に一切関係がない。しかし人間は、これまでの努力に引きずられる傾向があり、損切りがなかなかできない。自分が失敗したことは誰しも認めたくないからだ[i]。

　後知恵でなく、事前にちゃんと時間をかけて検討していればわかったはずの理由で、ビジネスがつまずくことは多い。ビジネスプランを例えば１カ月間十分に時間をかけて作っても、ダメな場合の損失は、せいぜい自分の給料の１カ月分だ。それくらいならば、すぐに取り返せる。事前に詳細に検討することにより、結果的に時間を節約し、余計なリスクを避けることができる。

　さらに、ビジネスプランを作ることにより、事業機会自体をより良いものに進化させることができる。実際に創業してから、製品やマーケティング戦略を変えるというのはベンチャーなら当然だ。しかし、事前に顧客インタビューなどの調査をしっかりやることで、創業後の仕様変更をミニマイズ（最小化）することはできる。財務プランを深く検討することで、より資金負担の少ないオペレーションを志向でき、初期の段階から必要なアライアンス（提携）などを考えつくことが可能になる。

　つまり、起業初期の段階で、立派なオフィスや資本、顧客がなくても、自分のビジネスを可能な限り具体化し、シミュレーションすることは可能なのだ。これにより、**「成功の確率を上げる」**ことがビジネスプランの目的である。

エレベーター・ピッチからビジネスプランまで

　いろいろな場面で、起業家は自分たちのビジネスを説明しないといけない。「エレベーター・ピッチ」という言葉がある。これは、自分のビジネスに協力してほしい人とエレベーターに乗り合わせたとき、わずかな時間で興味を持ってもらうためのコミュニケーションを指す。わずか１分間で、最大限の中身

を伝える必要がある。伝説によると、世界最初のIBM互換パソコンメーカーとして知られる「コンパック」（現在はヒューレット・パッカードに吸収合併されている）の創業者はカフェテリアのレストランのテーブルで紙ナプキンにメモして説明し、最初の出資をとりつけたという。

　それに対して、通常の「ビジネスプラン」と呼ばれるものは、きわめて詳細なものだ。米国の標準的なビジネスプランは、通常は「パワーポイント」ではなく「ワード」によって文章がびっしり書かれており、作成するのも大変だが、読むのもかなり時間を取る。真剣に出資や参加を検討し、時間をかけて検討しようという意思のある人だけが対象になる。

　スタートアップ・ベンチャーには、大企業のように信用を醸し出す名刺はない。良いビジネスプランが、起業家の信用力を上げる唯一の名刺である。起業家と、彼が作った資料を信じて、何億というお金を出す投資家もいるし、コンセプトに賛同して仲間になる人もいる。ビジネスプランとはそれほどパワフルなものだ。十分に考え抜かれたビジネスプランはそれ自身で、大きな武器となる。

ビジネスプランを書くかどうかの判断

　「ビジネスプランを書き、関係者を巻き込む」というスタイル以外の起業の可能性もある。ただ独立したいだけなら、フリーランスの個人事業主になったり、コンビニエンスストアや飲食店のフランチャイズチェーンに加盟したりするのも選択肢だろう。自分のライフスタイルを重視して、身の丈に合った事業機会を探す方が自分には向いているかもしれないという人もいる。そうした場合、ビジネスプランを書く必要はない。

　ビジネスプランが必要になるのは、大きな事業機会にチャレンジする場合である。

　大きな可能性を持つ事業機会であれば、競合はどうか、顧客ニーズはどうか、技術の開発はできるか、などの変数が「ライフスタイル」型の事業より格段に多くなる。いろいろな人の協力が必要になるのでコミュニケーションの必要性も増加する。中華料理店を開業するのであれば、特に資料はなくと

も事業内容は説明できる。しかし、新技術を使ったビジネスであれば、なぜそれが可能で、市場性があるのか、論理的な説明が不可欠だ。

事業機会が本物で、大きな可能性があれば、それに見合った能力の有無が問われる。「自分たちに本当にそんなことができるのか？」ということが大事になる。自分の力で成功に導くことができるだろうか？　意欲やエネルギーが自分にあるか？　自分の将来のあるべき姿とどれほどマッチしているか？　それらは、本格的な起業に乗り出す前に誰もが自問自答すべきキー・クエスチョンである。ビジネスプランを書くと、それらの問いを明確に突きつけられることになる。**事業機会が「本物」であればあるほど、本格的なビジネスプランが必要になる。**

ビジネスプランを書く前に事業性をクイック・チェックする

世の中には、実はビジネスアイデアはあふれている。興味のあるもの、思いついたものをすべて本格的なビジネスプランにしようとしても、時間がいくらあっても足りない。ビジネスプランを書くにも、一定の時間と労力を使う覚悟が必要だ。実際に「書く」作業に入る前に、その「アイデア」がものになるのかどうか、筋が良いかどうか、自分で評価できることが望ましい。

「ティモンズ・モデル」[ii]を使い、アイデアをチェックすることをお勧めしたい。これは、起業教育では全米ランキングNO.1の座を保っているバブソン・カレッジ教授で、最も定番の教科書を書いているJ・A・ティモンズが示した分析モデルである。

・事業機会
・起業家、及び創業チーム
・リソース（必要なおカネ）

以上の3つの要素が、絡み合っているのが起業の初期段階であり、ティモンズ・モデルでは、それら3つがうまくバランスが取れているかどうかを見る。3つを全体として見て、モノになりそうかどうか、判断することになる。

それらの3つは、いずれも変更可能である。同じ事業機会でも、別の起業家ならうまくいくかもしれないし、うまく必要な資金を節約できれば、モノ

になるかもしれない。

　ビジネスプランを書くかどうかで一番大事なのは事業機会である。おカネでもないし、人でもない。本物の事業機会は、どんなチームがやっているか、おカネがどれほどあるかどうかにかかわらず、最重要である。事業機会が良いものであれば、それが必要なリソースと人とを決定する。

　その３つの関係を図示したものが図表3-1である。３つか微妙なバランスの上に成り立っており、すべての活動の中心にいるのが起業家だ。

　３つに内在するリスクを十分に把握している起業家が、より良いプランニングをし、成功の可能性を高めることができる。起業家は、リスクに敏感な人でないと生き残れない。３つのバランスはきわめてもろい。この事業機会に、どんな市場の変化や、競争相手の出現などのリスクがあるか？　それはどう回避できるか？　今のチームにそれができるか？　自分の能力はこの事業機会に向いているのか？　自分はこの事業を長期間やり続けるだけ「好き」なのか？　本格的に取り組むためのおカネはあるか？　これらの諸課題は、同時並行で投げかけられるものだ。

　問題点もはっきり把握できる。この３つのバランスに欠けていることを発見し、強化したり、変更したりすることができる。例えば、自分たちに欠けている能力を補うために必要な人に協力を要請し、必要なときに必要な資金を調達するという意思決定ができる。そうして事業に内在するリスクを下げ、

図表3-1　起業の３条件

事業機会　　リソース
起業家
創業チーム

出所：筆者作成

成功確率を格段に上げることができるのだ。つまり、**起業家の役割は、事業機会、創業チーム、リソースの３つを同時にマネージすることである**。

事業機会、創業チーム、リソースを計画する

　日本には、おカネはあふれている。しかし、いい事業機会と創業チームの組み合わせは希少である。その意味では"売り手市場"であり、事業機会と創業チームが優れていれば、資金は必ず後からついてくる。最初に資金の手当てから考えるのは間違いである。

　必要な資金は、可能な限り減らす工夫をすることができる。少ないおカネで多くのことができる、というのは、それ自体が競争力の源になる。一般的には、資金をかけるより、資金が要らないビジネスモデルの方が、持続性がある。最終的に成功するのは、必要なおカネを減らす工夫のある方である。成功のあかつきの出口戦略を考えても、不必要に外部資金を導入し、自分の持ち分を減らす必要はない。

　事業機会、創業チーム、リソースが高次元でバランスできたとき、ビジネスの成功の可能性が高くなる。ビジネスプランを作成する過程で、事業をいろいろな角度から検証し、可能性とリスクを把握し、追加的に必要なメンバー、必要な資金を、より明確に定義することができる。つまり、**事業機会、創業チーム、リソースの３つを高次元で「つなげる」のがビジネスプランだ**。

事業機会が本物かどうかを見分ける

　事業機会が本格的に検討に値するものかどうか、簡単にチェックするにはどのようにすればよいのだろうか。
　アイデアを事業機会と呼べるものかどうか、短時間で判断するためのチェックリストについて、説明しよう。
　①**顧客ニーズ（Customer）**：例えば、対象とする顧客は増えているか？　顧客にアクセスできるか？
　②**競合条件（Competitor）**：例えば、変化の大きい市場か？　寡占で固定

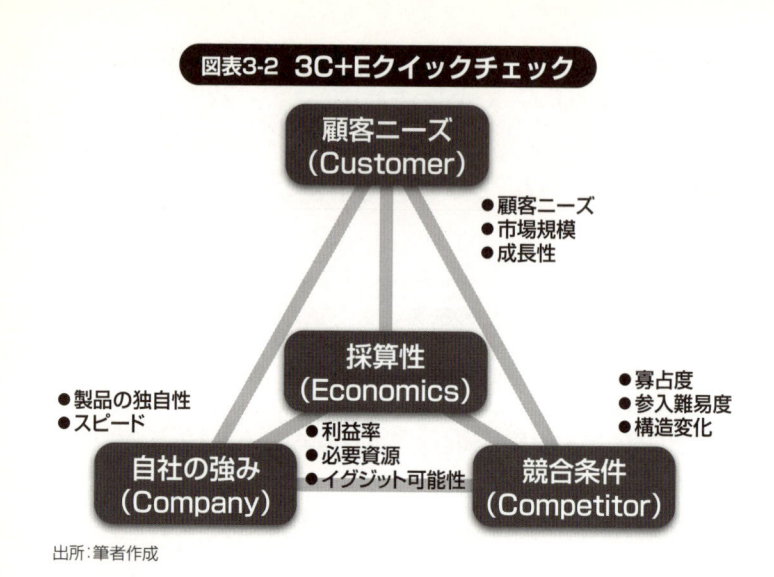

図表3-2　3C+Eクイックチェック

顧客ニーズ（Customer）
- 顧客ニーズ
- 市場規模
- 成長性

採算性（Economics）
- 利益率
- 必要資源
- イグジット可能性

自社の強み（Company）
- 製品の独自性
- スピード

競合条件（Competitor）
- 寡占度
- 参入難易度
- 構造変化

出所：筆者作成

化したりしていないか？

③ **自社の強み（Company）**：競合他社に比べて独自の強みを持っているか？

④ **採算性（Economics）**：例えば、粗利は４割以上あるか？　1～2年で黒字になれるか？　成功した後イグジットできるか？

　顧客が増えていて、業界に不連続な変化があり、自分が特定の強みを持っていること、そして、起業家に努力に見合う高い経済的な見返りが期待できる事業機会があることが本格検討に値するものだ。

　短期間で評価するためには、使える時間を、3CとEに均等に割り振って情報を集める。均等に、というのがポイントだ。「ウチの技術は最強」と、自社の強みしか見ていない人が案外多いからだ。顧客ニーズと競合についても同じくらいの知識を得るべく、「調べる」必要がある。

　自分の情報は簡単に手に入るが、外部の情報は得にくい。断片的なものしかなくとも、それを努力して調べることが必要だ。新聞やテレビなどのとりあえず身近にある情報は、「最近話題になったこと」に偏っており、事業機会の本当のポテンシャルがつかめないことが多い。有用な情報が身近になくても、努力して収集すべきだ。交通費、宿泊費を使っても、手元にない情報に

図表3-3 事業機会のクイックチェック・リスト

顧客ニーズ（Customer）
- 強い顧客ニーズはあるか
- 顧客に容易にアクセスできるか
- 顧客にとっての費用対効果はあるか
- 市場規模は大きいか
- 市場の成長率は高いか
- 顧客は、十分な対価を払ってくれるか

競合条件（Competitor）
- 寡占などによる参入障壁はあるか
- 価格決定の自由度はあるか
- 既存の販売チャネルにアクセスできるか

自社の強み（Company）
- 自社の製品・サービスに独自の強みはあるか
- 競合より速さ、時間的優位性はあるか

採算性（Economics）
- 短期間に黒字転換できるか
- キャッシュフローがプラスになるまで、何年くらいか
- 高い投資収益率を見込めるか
- 企業価値は高くなりそうか、どうやってイグジットできるか
- どれくらいの資金が必要か

出所：筆者作成

はそれだけの価値はある。つまり、**アイデアが本物かどうか検討するときには、自分の強みだけでなく、顧客ニーズと競合についてもかなりの深さで調べることが必須**だ。

事業機会のクイックチェック・リスト

　クイックチェックの詳細なリストは図表3-3のようなものだ。事業機会によって中身は当然変わってくるが、どんな事業にも共通する項目は多い。例えば顧客ニーズは絶対にはずせない。本格的な顧客インタビューはできなくても、この時点で必ず1人でも2人でも直接、対象顧客にインタビューする必要がある。頭でいくら考えても、顧客ニーズはわからない。直接に話を聞くと、最も重要な情報が簡単に手に入る可能性がある。

　チェックの結果、×が多ければ、やめた方がよい。しかし、すべてに〇というようなアイデアは、あり得ない。そのようなビジネスにはすでに競合がひしめいているはずだ。どこかに問題点があるから競合が少ないのであって、

その問題点をじっくり検討して解決することが、差別化のポイントになる。つまり、銀行員が既存の会社を「査定」するようなものではなく、改善ポイントを探すために、ポジティブな気持ちで×をつけることがポイントだ。

ケース3-1　EARTHWORM社

①事業の概要

　ここで、実際に起業を検討しているビジネスアイデアを題材にして、事業機会の簡易チェックをやってみよう。京都大学農学部博士課程のAさんと3人の仲間は、ミミズのフンを肥料にするビジネスを検討している。仮に、ミミズを意味する「EARTHWORM（アースワーム）社」と名付けよう。ミミズのフンは、化学肥料と異なり、天然のものであり、イメージも良い。さらに、虫がつきにくくなる、花の発色が良くなるなどの効果も期待できるので、仲間と一緒に以下のようなビジネスアイデアを構想した。

- 顧客はおカネがあり、園芸・ガーデニングが趣味で、エコロジー・自然志向の強い層
- 価格は、既存の有機肥料よりも高く設定する
- 原料であるミミズのフンは海外から輸入（固体、液体）するか、国内で生産委託する

②クイックチェックによる事業機会の評価

　さて、これを前述の項目でクイックチェックしてみよう（図表3-4）。
　不景気であっても、趣味に使うおカネはあまり減らない傾向がある。出版不況で週刊誌、月刊誌の多くが廃刊・休刊に追い込まれているが、趣味の雑誌（釣り、園芸など）は比較的堅調である。「園芸を趣味とする人向けのエコな肥料」ということで、世の中の「変化」には合っている。
　ミミズのフンを肥料に使うビジネス自体はすでに米国のベンチャー企業によって実現されている。非上場なのでどれほどの成功を収めているのかは不明だが、容器に廃棄ペットボトルを活用するなど、エコロジーを前面に押し出し、パッケージングもお洒落なものになっている。

図表3-4 3C+E クイックチェック（EARTHWORM社）

顧客
- → ◎ 天然系、くさくない、手が汚れない、といったニーズは強い
- → △ ホームセンターでは安いものが多く、肥料ではあまり価格が取れない
- → △ 費用対効果よりも、主観的な満足感を狙う
- → △→× 園芸家の中には肥料自体を使わない人も多い。ベランダ園芸などを行う人が対象。それほど多くない？
- → ◎ ベランダ園芸自体の伸びは高い
- → ○ もともと高いものではない。1000円くらいであれば趣味の人は払うだろう

競合
- → ◎ 有機肥料分野には3社あり、いずれも大手企業ではなく、参入障壁は低い。
- → ◎ ミミズのフンは類似品がなく、自由度はある（活性剤としての位置づけ）
- → ◎ ホームセンター用営業マン雇用、チャネルマージンなどを考えると、代替チャネルを検討要す

自社
- → △ +αの効能を客観的に証明したい
- → △ 米国ではベンチャー企業がすでに市販化。直輸入されたり、真似されたりする可能性がある

経済性
- → ◎ 原材料費は安く、粗利率は高い
- → ◎ 宣伝費用によるが、低く抑えられればスタート時点から黒字化は可能
- → ◎ 製造（原液を薄める）は、外注で可能なので、投資は抑えられる
- → △ 肥料単品では市場規模は小さい？ 活性剤など位置づけの必要性
- → ◎ 主に創業チームの人件費

出所：筆者作成

　有機肥料の種類は多いが、ミミズのフンをベースにした類似品は一般市場にはない。行政の認可も植物活性剤としてなら不要で、技術面でも濃縮液を輸入し、それを薄めるだけなのでハードルは低い。

　競合を見てみると、家庭用肥料・植物活性剤市場にはすでに4社が存在しており、企業規模は売上高20億～90億円の間である。しかし、このうちの3社は栽培業者向けにも販売しており、家庭用の割合はそれほど高くないと思われる。したがって、家庭用植物活性剤全体の市場規模は50億～100億円程度と推定できる。

　販売面では、ホームセンターなどの既存のチャネルでは、低価格品との競合となり、かつ、流通マージンも大きいと考えられるので、困難が予測される。一方、都市部の高級生花店などへの営業も、営業マンの雇用という固定費が嵩む可能性もある。残された可能性はネット通販であるが、完成品直輸入で小規模に試行してみて、業界のオピニオンリーダー（カリスマ園芸家など）のブログでの紹介などによる口コミ宣伝を行えば、ローコストのマーケティングは可能である。

しかし、規模と成長性の面で、やはり本格的な事業機会としては、数人の創業者グループがこれに専念するのには、少し不足があるかもしれない。ニッチ市場であり、事業の成長規模を拡大する工夫が必要だろう。もしくは、副業として始めるかだ。テストマーケティングも兼ねて、直輸入品をネットで販売してみるのも手かもしれない。

このように、事業機会チェックでは、厳密な数字を集める必要はない。全体を見て、顧客ニーズ、自社の強み弱み、事業機会の成長性、推定される市場規模、収益性を判断することが大事である。この段階で基本的な顧客ニーズで却下となるビジネスアイデアが実は多い。ただ、単純に却下とせずに、事業機会になり得るためには何をすべきか明らかにし、クリエイティブな事業を構想することによってモノになる場合もある。

どんなアイデアでも、欠点を見つけるのは簡単だ。パーフェクトな事業機会など存在しない。問題は「その先」つまり、「欠点をポジティブに変換するにはどうすればいいか」ということである。どうすれば成功するかのブレーンストーミングをいろいろな人とするのがいいだろう。

マクロ統計ではなく、個別のユーザーを深く理解する

顧客ニーズはいくら起業家が勝手に「想像」しても、的外れになることがある。

普通よくあるのが、まずビジネスを思いついて、これを買う顧客は誰かなと考えるというアプローチだ。しかし、その逆で、ある特定の顧客セグメントを想定して、そこが欲しいものは何か、という形で考えることも大事になる[iii]。

その意味で、一番確かなのは、『自分向け』のビジネス[iv]だ。誰でも、自分のニーズはかなりわかっている。自分がオタクなら秋葉原で自分が何が欲しいのか、よくわかる。自分がゴルフ好きなら、クラブを購入する際にどのようなアドバイスが欲しいのか、よくわかるはずだ。実際、学生ベンチャーで成功した起業は、例えばリクルートのように、元は学生向け、つまり「自分

向け」のビジネスから出発している場合が多い[v]。

　創業メンバーの中に対象とする顧客セグメントに属する人がいない場合は、そのような人と一緒に組んでビジネスを始めるか、もしくは徹底的にヒアリングする必要がある。サラリーマン向けならサラリーマンに、主婦向けの商品は親類や近所のつてでもよい、身近な主婦に直接聞くことが最初の一歩である。

　定量データではなく、生の声を聞くことが重要だ。狭く深くのヒアリングでニーズを特定しないと、いくらマクロな定量データ（例えば、年代別、所得別の人口など）を使っても、全く役に立たない。

　EARTHWORM社のケースでは、当初、花の園芸家をターゲットにしていたが、ホームセンターに出向いて数人のユーザーにインタビューしたところ、「花は口に入れるわけではないので、別に有機である必要はない」「野菜などを育てる場合、健康のために有機にこだわる」ということがわかり、早期に方向転換することができた。

　といっても、顧客に聞くのには、限界もある。それを理解した上で、顧客ヒアリングをすることをお勧めしたい。

　第一の限界は、顧客は「まだない商品を想像することができない」ことである。楽天が出てくる以前に、ネットショッピングに関する意向調査をしても、聞かれた方は何のことかわからなかったであろう。

　世界で最も進んだ顧客（患者）志向の治療を行う病院と評価されている米国ミネソタ州のメイヨー・クリニックの壁には、自動車王ヘンリー・フォードの格言が掲げられているという。フォードはこう言っている。「もし私が顧客に、彼らの望むものを聞いていたら……彼らはもっと速い馬が欲しいと答えていただろう」[vi]。

　逆に、すでに存在し、これからも進化し続ける電子レンジのような製品であれば、「油を混ぜたパン粉を使ってトンカツなどのフライ物を作りたい」とか、「フライや焼き魚のあたためもぱりっと仕上げたい」といった、きわめて具体的な顧客ニーズを聞くことができる。

　まだ世の中にない製品・サービスについて、ストレートに顧客に「欲しいか、欲しくないか」「どんな機能が欲しいか」と聞いても、まともな答えは

返ってこない。しかし、顧客の「潜在的なニーズ」と「満たされていないニーズ」に関しては、聞き方を工夫することによって引き出すことができる。

例えば、「これまで、こうした場合は、どうやってしのいだのか」「困ったことは何か」などの具体的な過去の経験について詳しく聞くことだ。顧客はないものは想像できないが、過去の経験は非常にはっきりと答えることができる。

第二の限界は、新しい製品・サービスに最初にとびつく先進ユーザーの数が実はあまり多くないことだ。先進ユーザーとは、EARTHWORM社のケースであれば、カリスマ園芸家などだ。カリスマ園芸家は最初に購入してくれるが、数は少ない。この段階から次のステップに進み、市場の大多数である一般のベランダ園芸家から支持されるまでには、かなりの時間ともう一段のブレークスルーが必要だ。

第1章でも触れられているが、先進ユーザーのニーズから製品を開発したとしても、それが一般的な大多数の顧客にそのまま適用できるわけではない。このことは、売上増加にどれくらいの期間がかかるか、どれほどの事業規模が狙えるか、を評価するときの1つの重要な要素となる。

競合について最低限知りたいこと

競合相手についての、次のような基本的なチェックも必要だ。
①類似の商品・サービスを提供している会社・事業者にはどのようなところがあるのか
②その事業の特徴は何か、自身が進めている事業とはどこが違うのか

2番目のポイントについては、全部の競合について知る必要はない。最初の段階では代表的な企業を深く掘り下げることが大事だ。

まだ顕在化していない市場における事業の場合、競合分析は特に難易度が高い。競合がいても水面下で動いている段階で、商品・サービスが公には公開されていないということもある。ユニークな事業だなと思えても、「誰も一度も提供したことのない、全く新しいビジネス」は、実はほとんどない。ネットで検索して出てこなくても、別のベンチャー企業が取り組み始めていたり、

あるいは過去に手掛けて撤退した企業がいたりする場合がある。したがって、起業家が十分に業界知識や専門知識を持っていない場合は、重要な情報が競合調査の段階で抜け落ちてしまうリスクが高い。

　顧客ニーズの確認と同じく、新聞などの間接情報に頼らず、その業界の専門家に直接話を聞きに行くことが重要だ。

　十分に調べても、競合の情報が集まらなくても、悲観することはない。非連続的な変化のある業界では、誰に聞いてもわからないケースもある。当該業界がそのような業界である可能性は実は高い。

　大企業は非連続的な変化に追いつくのが遅い。しばらくすればマネされるかもしれないが、ベンチャーはそれまでに圧倒的なマーケットシェアを押さえ、事実上の業界標準となるプラットフォームを手に入れることができる。ネット通販における楽天がいい例である。それまで小売業の主役だった大手百貨店、量販店は従来のビジネスモデルからの転換ができず、この新しい事業機会の開拓に出遅れてしまったのだ。

事業機会の「大きさ」の確認

　このクイックチェックは、すべて仮定の話であり、実際に創業に向けて各方面で行動を起こすと評価は変わってくる。実際に行動を起こしてみると、いくつかの項目については明確な答えが得られ、新たに別の疑問点が出てくる。

　これが、初期段階の事業機会をぼんやりとではあるが形作っていくプロセスである。このプロセスをしっかりとやっておけば、ビジネスプランを書くこと自体は力技であり、１カ月程度の集中作業で十分水準の高いものは書ける。初期段階で生煮えのまま、立派な資料を作っても、ビジネスプラン・コンテストには勝てるかもしれないが、実際には使い物にならない。

　この初期段階で最も大事な「問い」は、「これは事業機会として十分に大きいか？」ということだ。逆に言うと、本物の事業機会が自分の前にある、ということが認識できれば、本格的なビジネスプランを書く準備ができた、ということである。

それでは、「大きな」事業機会は、どこにあるのか。
　現時点で全く市場がなく、誰も目を付けていないような事業機会は少ない。そうした場合でも、「なぜこのビジネスが大きくなるのか」「なぜ高い成長性が見込めるか」「なぜ既存の会社にはできないのか」ということを創業者と創業メンバーが完璧に理解しておく必要がある。
　起業した後、すべてがスムーズに運ぶとは限らない。そうしたときに、世の中のどんな変化が背景になっているのか、自分たちの事業機会の本質を理解していると、ブレにくい。
　つまり、「ビジネスチャンスの源泉」を見極めずに事業をスタートするわけにはいかない、ということだ。

ビジネスチャンスの源泉を理解する

　ビジネスチャンスの源泉は、「変化」の中にある。インターネットや燃料電池などの技術革新や、BRICsの台頭、少子高齢化といったマクロな社会構造・人口動態の変化などがある。
　起業する人は、どの「変化」が、自分のビジネスチャンスの源泉なのか、十分に把握しておくことが重要だ。それにより、なぜ今までできなかったことが自分たちにはできるのか、明らかになるからだ。
　最近の日本に特徴的な、新しいビジネスチャンスを生み出す大きな「変化」、キーとなるトレンドは以下の3つだ。
　①規制産業における規制緩和
　②供給者重視のビジネスモデルに対する顧客の潜在的不満
　③零細企業が密集する市場での淘汰や統合
　これら3つの変化は、単独で起こる場合もあるし、同じ産業で同時に起こることもある。例えば、国による規制で守られた、いわゆる規制産業では、供給者重視のビジネスモデルが温存されているし、零細で競争力のない企業でも淘汰されずに残っている場合がある。
　ほとんどの「変化」は、既存ビジネスの中で起こる。日本のような成熟市場では、全く新しい事業が生まれる可能性より、既存事業の変化の中に「大

きな」ビジネスチャンスがある可能性の方が高い。

そして、アタッカーとして勝つためには、これらの変化に対応する戦略がそれぞれ存在する。以下、詳しく見ていこう。

トレンド1　非効率な規制産業には大きなビジネスチャンスがある

日本の製造業は、厳しい国際競争にさらされてきた。ソニーやパナソニック、トヨタ自動車、日産自動車、ホンダといった代表的な企業は、関係の深い部品メーカーも含め、今や海外でのビジネスの方が国内でのビジネスより大きい「グローバル企業」となっている。どのメーカーも、中国など新興国企業と価格競争を行いつつ、欧米や韓国の企業と製品機能やブランド力で競争するという両面作戦を繰り広げている。

その一方で、「国内向けサービス産業の生産性は低い」というのが通説になっている。

そうした業界の多くは、一番競争力の低い会社でも経営が成り立つように、競争を制限する「護送船団方式」と呼ばれる所管官庁による行政指導で、利益を保証されてきた。商品開発能力などの国際競争力は低く、収益のほとんどは保護された国内市場で上げる「内弁慶産業」さえ存在する。

日本は今でも規制が多い国である。ワシントンのIIE（国際経済研究所）の研究の中に、規制緩和によりどこの国が一番メリットを受けるのかという調査がある。その調査によると、日本は圧倒的にメリットを受ける国である[vii]。

国が業者保護のための規制を行ってきた金融・保険、医療、小売・流通、建築・不動産、農業、教育、そしてITサービスといった業界では、行政の過剰な介入によって競争力を失った企業も多い。そうした産業では、規制緩和が進むことで大きな革新が起きる可能性がある。

内弁慶産業では、長く保護されてきたために、既存企業が自分たちに都合のよいルールを作り上げている。ベンチャーにはつけ入る隙がないかのように見える。競合企業が大企業だと、「大企業と競争しても、勝つことは難しい」と思ってしまうのが普通だ。

しかし、そうした産業の既存企業には「本物の」競争力がない場合が多い。

「価格を半分にする」といった、無名の会社であっても万人にわかりやすい提供価値を作り上げることが可能だ。アタッカーにとっては大きな事業機会が存在するのだ。

大きな事業機会になり得るもう１つの理由は、全体市場がきわめて大きいために、アタッカーがそのごく一部のセグメントだけに集中しても、なおかつ十分な市場の大きさが見込まれる点だ。

全体の市場規模がきわめて大きいと、特定の顧客セグメントに集中し、製品を絞り込み、経営資源をそこに集中しても、なおかつ十分に規模を確保できる。「フォーカス（集中）により、市場の一部分で勝つチャンスがある」というのは、非常に魅力的な事業機会だ。

ケース3-2　ライフネット生命保険（その２：フォーカス戦略）

①日本の生命保険業界の現状

日本は世界有数の生命保険大国である。生命保険料（加入者が毎年支払う金額）は45兆円（2006年度）と、日本の国家税収とほぼ同額と巨大である[viii]。金額で第１位の米国は60兆円であるが、人口は３億人であることを考えると、日本人１人当たりの生命保険への出費は突出している（図表3-5）。

日本の生命保険の保険料が国際的にどのようなレベルなのか、主要国と比較してみるとわかりやすい。図表3-6を見てほしい。同じ健康体だと、同じ金額の生命保険に支払う毎月の保険料が、３～４倍であることがわかる。日本の保険料は先進国の中で最も高いのだ。

この高価格は、日本独自の規制によって生じている。保険業法が1996年に56年ぶりに大改正されるまで、各生命保険会社の商品の値段が所管官庁によって横並びに規制されていたのだ。

最も競争力の弱い会社でも利益が出るように業界横並びで価格水準を設定する護送船団方式の典型である。

一番弱い会社でも利益が出る、ということは、強くて規模の大きな保険会社にとっては利幅が非常に高い状態で固定されていることになる。

土木建設業者などの談合による価格カルテルは法律で禁止されている。護

第3章　合理的なリスクを取れるまで計画する──ビジネスプラン

図表3-5　保険料市場規模の比較

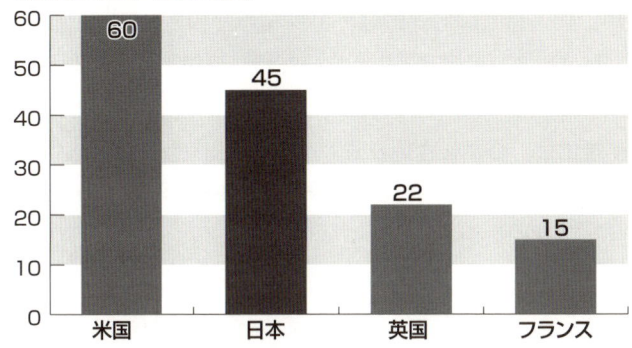

保険料市場規模（単位：兆円）

- 米国：60
- 日本：45
- 英国：22
- フランス：15

出所：スイス・リー（2006）のデータを使用して出口治明氏が作成した図表（「生命保険はだれのものか」所収）を基に筆者作成。

図表3-6　日本の生命保険の保険料は高い

10年定期の月額保険料比較（40歳、単位：円）

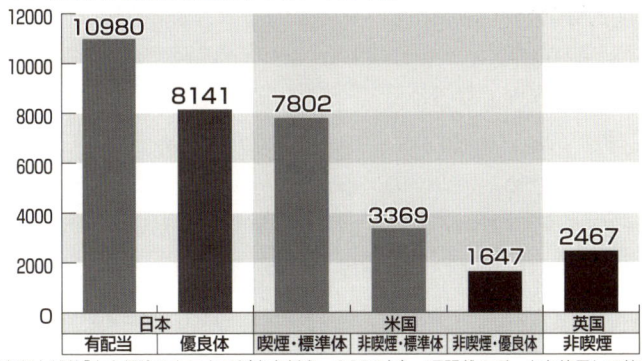

- 日本　有配当：10980
- 日本　優良体：8141
- 米国　喫煙・標準体：7802
- 米国　非喫煙・標準体：3369
- 米国　非喫煙・優良体：1647
- 英国　非喫煙：2467

出所：岩瀬大輔著『生命保険のカラクリ』（文春新書、2009年）p47記載のデータを使用して筆者作成
注：有配当保険とは、生命保険会社の剰余金のうちから支払われる分配金を受け取れる保険。また、英米では通常、喫煙者と非喫煙者では異なる保険料が適用される。保険金は日本3000万円、米国30万ドル、英国20万ポンドの場合を比較。

　送船団方式の場合は、供給側にとって有利な事実上のカルテルを、一定の政策目的のために国が追認していたわけだ[ix]。

　高い価格に固定されていると、販売コストを相当かけても、量を売れば売るだけ儲かる。利幅が大きいので、一般の業界の常識では過剰なコストをかけて販売してもそれに見合うだけの利益を得られるからだ。この結果、できあがったのが「生保のセールスレディー」に代表される強力なセールス部隊

である。

　日本人は国民性から保険好きとも言われるが、そうではない。日本人が多額の生命保険に加入している理由は、生保業界が横並びで同じ商品をプッシュ営業によりひたすら拡販するビジネスを長く続けたからである。

　強力な販売網は当然コストを押し上げる。コスト増をカバーするために商品の構造を複雑化し、価格をさらに高くできる商品を投入するという方向で雪だるま式に保障金額が膨らんできた。他の国に例を見ないプッシュ販売の結果、1人当たりの保障金額は、日本は16万ドルで、米国5万5000ドル、英国2万6000ドル、ドイツ2万ドルに比べて断トツに高い[x]。

　したがって、生命保険大国と言っても資産規模が水膨れしているだけで、アクサ（フランス）やING（オランダ）といったグローバル化している生命保険グループと比較すると、海外市場で勝負できるダイナミックな商品開発力やマーケティング力などはないに等しい。

　規制によって国内市場で競争が進まず、そのコストを支払わされてきたのは消費者だ。過剰な保障と、セールスレディーなどの販売網の維持のために利益が使われていることになる。

　そのような長年の既得権益が固定化した産業では、実際にどこからベンチャー企業は事業を始めたらいいのだろうか？

　アタッカーは、規模において既存企業とは比較にならない。ブランドもなく、長年かけて消費者に浸透している競合相手と異なり、大きなハンディがある。しかし、アタッカーは「フォーカス戦略」により既存プレイヤーの地位を脅かすことができる。

②海外のビジネスモデルを持ち込めない特殊事情

　インターネットを活用したニュービジネスは海外で生まれ、日本に輸入されるケースが多い。しかし、ライフネット生命保険の場合は、日本発のビジネスモデルである。なぜだろうか。

　欧米には現在の日本の生命保険のような、「市場のゆがみ」、つまり、価格が高い水準で固定されているといった状況は存在しないからだ。

　欧米では保険代理店は複数の生命保険会社の商品を取り扱い、顧客に対し

てどの会社の商品がいいか、アドバイスするのが普通だ。それにより、生命保険会社間で費用対効果をめぐり競争が働いている。つまり、保険代理店は「A社の商品より、B社の商品の方が、あなたにとってよいですよ」というように提案型営業を行う。顧客のために、どの会社の生命保険を選んだらよいか、プロとしてのアドバイスをすることでフィーをもらうビジネスモデルになっている。

各社自前のセールス部隊の営業により、顧客が生命保険会社間の横の比較ができないのは日本だけの特殊事情であった。つまり、規制産業では海外のビジネスモデルを単純に輸入することはできない、ということだ。

③機能を絞る「アンバンドル・アンド・フォーカス」戦略

「フォーカス戦略」とは、戦う領域を「絞り込む」ことによって既存大手のできないビジネスを展開することである。

生命保険の場合、既存企業はフルライン戦略を取っている。終身保険、定期保険特約、三大疾病特約、再発三大疾病特約、遺族収入保障、介護保障、特定損傷特約、総合医療特約、通院特約、等々がパッケージ化されていて、例えば「セットで月々2万7000円」といった形で販売されている。

一見、どんな病気や事故の場合でも対応できる、手厚い保障のように感じるかもしれない。しかし、どういう内容の保険で、どのような保険事故のときにいくら支払われるのか、保険加入者にはわかりにくいという欠点がある。

保険商品がこのように複雑になっている大きな要因の1つに、「保障」と「貯蓄」という2つの全く異なる目的を持つ商品がパッケージ化されていることがある。

保障とは死亡などの保険事故に備えた部分であり、貯蓄とは事故の有無にかかわらず、お金を増やすために運用することだ。

セット化されている過剰仕様の商品をいったん機能別にばらばらにしてから、商品の機能を本質的な部分に絞り込む戦略を**「アンバンドル・アンド・フォーカス」**という。

複雑な保険商品をばらばらにアンバンドルし、不要な部分を除いて機能を絞り込む。ライフネット生命は、本来の保険機能に絞り、顧客の貯蓄ニーズ

に対しては「投資信託や銀行預金などを利用してもらう」という考え方で、貯蓄は扱わず、掛け捨ての生命保険と医療保険などに絞ることによって、商品のシンプル化を実現している。

同社の商品のもう1つの特徴は、ネットで加入できるためにセールスレディーの人件費が要らず、価格を安くできることである。同一機能の保険商品を既存商品の半額で提供している[xi]。シンプルな商品を半分のコストで、という訴求力の高い、提供価値の明快な商品を作ることができた。

④顧客セグメントも絞り込む

生保のセールスレディーによるローラー作戦は、親類縁者からしらみつぶしに売っていくような、営業力だのみのプッシュ販売である。

ネット通販で付加保険料を値下げし、保険機能に絞り込んだシンプルな商品は、万人向けではない。特定の顧客層に商品を請求してもらい、そのメリットを理解してもらい、購入してもらうという効率の良い広告宣伝が重要だ。ターゲット・セグメントの明確化が必要になる。

また、投資家を納得させるためにも、「45兆円の市場全部を狙います」と言っても対象が膨大すぎて説得力はない。どういった顧客なら、自社の生命保険を買うはずだ、という顧客の具体像が生き生きと思い浮かばないと、投資家は顧客が存在するとは考えない。

ライフネット生命の商品を買う顧客は、どんな顧客なのだろうか。以下のような顧客像になるはずだ。
- ネットに対するリテラシーがある
- コストに敏感
- 万一のときのための保障に対する必要度が高い

具体的には、「子育て中のサラリーマン層」である。年代は30代～40代前半で、ネットも使いこなせるし、子供が成人するまでに生命保険で万一の場合に備えたいという保障ニーズも強い。しかも、住宅ローンや子供の教育費で家計は苦しく、コストにはシビアなはずである。

岩瀬氏が調べた結果、そのようなセグメントは市場全体の15％程度存在することがわかったという。45兆円の15％であるから、7兆円くらいの規

模の市場はあることになる。保険料が機能のシンプル化と事務手数料の削減により仮に半分になったとしても、3兆～4兆円のきわめて大きな市場である。

⑤教訓

1. 規制により保護された国内産業で起業しようとすると、既存巨大企業が競争相手となる。一見、新参者のスペースはないように見える。しかし、**競争相手は、規模的に水膨れしているだけで、実際にはたいした競争力はない**場合がある。
2. 競合に勝つために、フォーカス戦略が有効だ。**提供する商品・サービスの機能のアンバンドリングを行い、必須の機能に絞り込む**。商品のシンプル化と同時にコスト構造も透明化される。ライフネット生命の場合も、シンプルな掛け捨てにフォーカスし、そこで圧倒的な価格競争力を実現した。
3. 資源が少なく企業規模の小さいアタッカーとしては、市場全部を相手にするのではなく、**自分たちの提供価値を最も訴求できる対象顧客像を明確にして、業務をそれに集中し、一貫したものにする必要がある**。広告宣伝、マーケティング、付帯サービスなどの各機能で一貫したメッセージを発信し、顧客に対する自社イメージの拡散を防ぐことは、ブランド構築の第一歩となるだろう。
4. 大きな業界で変化を起こす場合、対象を絞り込み、そこで過激な変化を作り出すことが有効な場合が多い。つまり、**「フォーカス・アンド・ラディカル」戦略が有効**だ。手数料が5分の1、というようなラディカルな変化であればあるほど、既存事業・商品への波及を恐れ、競合相手はついてくることができないからだ。

トレンド2 「顧客本位」を貫くことでビジネスチャンスが生まれる

もう1つの事業機会の源泉は、供給者重視から顧客重視への変化だ。既存のビジネスモデルが供給者重視で、顧客の側に潜在的な「満たされないニーズ」がある場合である。満たされないニーズが多ければ多いほど、事業機会

は大きくなる。

「お客様第一」という言葉はどの業界でも言われるのだが、多くの場合、何でも顧客の要望を聞くことと同義だと勘違いされている。

本当に「顧客のために」を実行するのは実は難しい。したがって、それを実行すると、それ自体が新しいサービスになる場合がある。

実例を挙げよう。北海道札幌市のサイエンスゴルフアカデミーの北市秀男氏は、ゴルフ道具の購入と上達のためのレッスンとを融合させた独自のビジネスモデルを開発。海外からも受講生が殺到、その販売方法を紹介したビデオのユーチューブでの動画再生回数が80万回に達するという。顧客1人ひとりに合わせた「フィッティング」重視のクラブ選びで、クラブの販売方法の革新をしている[xii]。

「誰のためのサービスか？」がはっきりしていないサービス産業は多い。「双方代理」と言われるビジネスモデルがある。売り手と買い手の両方から手数料をもらうようなビジネスで、不動産仲介業はその1つだ。

売り手と買い手の両方の代理人として仕事をしていることになるが、不動産の売り手はできるだけ高く売りたい、買い手はできるだけ安く買いたい、という正反対の目的を持っている。売り手と買い手の利益は実は相反している。

不動産業界では一時、土壌汚染のある土地をそれと知りながら販売した、というケースがあった。このようなケースで売り手と買い手の両方の利益を代弁しようとすると無理がある。売り手は土壌汚染が少ないことを主張するだろうし、買い手は徹底的に調べ、価格に反映させたいと思うからだ。

双方代理が利益相反の問題を起こす場合、そうならないようにする工夫が必要だ。証券会社では、企業を相手に証券の発行をするオリジネーション・ビジネスと、投資家を相手にするセールス・ビジネスの間で情報は完全に遮断されている（これを「チャイニーズ・ウォール」と呼ぶ）。それがないと、インサイダー取引などが起きやすくなる。証券を発行する企業と証券を購入する投資家の利害は相反しているので、両方の代理人を同時に同じ人が務めることはできないようになっているのだ。

双方代理などが存在する業界では、「顧客のために」にこだわったサービスで、既存企業に対して大きな差別化ができる可能性がある。

「プロフェッショナル」の定義とは、**「顧客のために」自分の専門知識を使い、サービスを提供する人**のことを指す。前述のサイエンスゴルフアカデミーの北市氏のような人である。「プロフェッショナル」の観点によるサービスの革新で、既存企業ができなかったことをやる方法だ。

ケース3-3　アーキネット

①アーキネットの事業概要

　東京都渋谷区にあるアーキネットは「コーポラティブハウス」の日本での草分け企業の1つである。コーポラティブハウスとは、住宅を建てたい人が何世帯か集まって、土地を購入し、建築家に依頼して住宅を設計し、工事業者に発注する、という一連の作業を共同で行うことに特徴がある。

　通常、マンションディベロッパーは自分で土地を仕入れ、建物を建設して販売することになるので、大きな在庫リスクを抱える。住戸が残ると大変なので、広告宣伝費用も嵩む。

　コーポラティブハウスだと、何人かがまとまってお金を出し合い、土地もディベロッパーを介在させず直接購入する。このためアーキネットのようなプロデューサーには普通の不動産会社と異なり、在庫リスクはない。売り先が決まっているので広告宣伝費も節約できる。質の高い住宅を通常よりかなり安い価格で作れる、という大きなメリットがある。

　一般的に分譲マンションの場合、利益が全事業費（物件価格）の10〜20％、広告宣伝費が同様に6〜10％を占めているとされる。例えばモデルルーム1つでも、2000万〜3000万円くらいかかる。売主とは別に販売会社が介在する場合、さらに4〜6％の諸経費が発生する。コーポラティブハウスではこの部分を削減することにより、より原価に近い価格での住宅取得が可能となる。コーポラティブハウスの予算は、一般に販売されているマンション価格の80％前後が目安となっている。

　会社の収入は、「プロデュース料」になる。アーキネットは、住宅を建てたい人が、不動産の購入から建築家や建設会社の選定までを共同で行うのをサポートする。徹頭徹尾、住宅を建てる人の側の代理人として、どうすればよ

り安くいいものができるのか、アドバイスしていく役割だ。

②創業者のプロフィール(織山和久社長)

　織山和久社長は1961年生まれ。東京大学経済学部を卒業後、三井銀行(現三井住友銀行)、マッキンゼー・アンド・カンパニーを経て、1995年にアーキネットを起業した。

　そもそも建売住宅や分譲マンションは、業者が先に土地を仕入れるために、売れ残りリスクを負う宿命がある。売らんがために、万人向けのプランや仕様になり、営業・広告宣伝費もかかって、住宅価格は原価の倍にも膨らむという事業構造だ。これを住み手主導に逆転させよう、というのが起業の動機である。家を建てる人の側に立った「プロフェッショナルなサービスを提供する」というのは、コンサルタントとして、プロフェッショナルサービスの核心を熟知していたからこその発想である。

　「自分だったらどんな住まいがいいだろうか」と考えて、「街中(まちなか)の集合住宅」にたどり着いたという。街中とは都心部の市街地という意味で、ここには生活・文化施設も集まっていて便利だし、通勤時間も少なく自分の時間がより多く取れる。そして街暮らしには、かつての町屋や長屋のような近所づきあいのある集合住宅が似合うという[xiii]。

　材料費や工賃もドンブリ勘定でなくなるので安くなるだろう。そして、顧客を募集から入居までまとめていくのは自分たちの仕事としても価値があるというビジョンがあった。

　織山氏は不動産業界の経験は少なかったので、コーポラティブハウスというものの存在も知らなかった。建築家と一緒に居心地の良い空間を提供したい。それには、何人か集まって土地を仕入れて住宅を建てれば合理的だし、インターネットを使って仕組みを工夫すれば、営業マンや広告宣伝にお金をかけている建売住宅や分譲マンションより、ずっと安く質が高いものができるはずだ、という「アウトサイダーならでは」の発想とそれへの確信から出発している。

　アウトサイダーでなければこうした発想ができないのには理由がある。業界経験が長く実情を知っていればいるほど、アイデアを深掘りする前に「面

倒くさいから無理だよ」となってしまうことが多いのだ。

　長年のやり方が確立している古い業界では、新しい取り組みは多くの困難にぶつかるのが普通だ。アーキネットの場合、大きく分けて3つの困難があった。つまり、既存の業界人が「面倒だから無理」と言うにはそれなりの理由があったわけだ。

　第一に、サポーティングインダストリーという事業化のためのインフラがなかった。例えば、「分譲マンション業をやります」と言えば、銀行もおカネを貸してくれる、広告宣伝会社もある、モデルルームの運営を請け負う専門企業もある。こうした便利な各種アウトソーシング業者を使い、簡単に立ち上げられる。しかし、「コーポラティブハウスをやります」と言っても当時は誰もわからず、仕組みを一から説明し、工夫して解決していく必要があった。これは非常に労力のかかることである。

　第二に、コストの透明化を徹底すると、それまでの業界慣行では当たり前の、不透明なコストを払えなくなることだ。例えば「近隣対策費」というものがある。建設予定地の近隣住民が抗議した場合の対策費だが、その支出は業界慣行として暗黙の常識となっている。望ましくはないが、スピードには変えられない、というジレンマから生じている。マンションを買う人には当然そんな事情まではわからないが、多くの場合、購入価格の一部は近隣対策費に充当されている。コストの透明化を徹底すると、そのような不透明なコストは支払うことができなくなってしまうのだ。

　第三は、どの業界でもよくあることだが、「××協会」などという業界団体からの牽制だ。顧客にとってメリットが不明確（役所の天下りOBがいたりするケースもある）で、既存大手にとって脅威となる事業には、横やりが入りかねない。

　インターネットの普及も創業当時はまだまだで、希望者を募るのも容易ではなかった。やっと集まっても、土地代を融資してくれる銀行がない、工事を請け負う業者もなかなかいない、おまけに利益も上がらない、といった状況だったという。そうした障壁を1つずつ乗り越え、実際に軌道に乗るまでに何年もの時間がかかっている。

③アーキネットの現状と今後の展望

　現在はようやくコーポラティブ方式の認知も進み、約70棟の実績を積み重ねてきているが、まだ可能性の一端を実現させただけである。低コストで質の高い住まいを作れるコーポラティブハウスは欧米では一般的な形態である。日本でも合理的な住宅への嗜好が強まれば、市場が拡大する可能性がある。

　人材については、既存大手との差別化を図り、優秀な人材を惹き付ける工夫をしている。既存大手は土地の仕入れ、建築、販売と担当が分かれ、分業が成立している。人の作ったものを売る、あるいは自分が仕入れた土地を他の人が使い方を考えるというような、歯車的な働きになる。アーキネットでは「先発完投型」をコンセプトとしているので、顧客のために最後まで自分の責任で仕事を貫徹できる。これを提供価値として、仕事に達成感を求める人材を集めているのだ。

④教訓

1. 在庫リスクを避けるため、万人に受け入れられる間取りで多額の広告宣伝費を使うというのが、これまでのマンションディベロッパーのビジネスモデルだった。**供給側の都合によって成り立っている業界では、顧客側に立ったプロフェッショナルなサービスを提供することが、新しい取り組みになり得る。**
2. 新しいサービスでは、土地の仕入れ、建築家への設計フィー、工事代金、建築確認などの手続きコスト、といったすべての費用は顧客が自分で支払う。したがって、**コスト構造が可視化され、以前の「どんぶり勘定」の商品との違いが顧客に明確に認知されることになる。**
3. 透明度の高いサービスを提供することにより、結果的に企業活動における**バリューチェーン上のムダ（ここではモデルルームやパンフレットなど広告宣伝費や営業マンの人件費）がなくなり、業界全体の生産性の革新がもたらされる。**

トレンド3　新しい製品やサービスにこだわらない

　「新しい製品やサービスがあるから、ビジネスチャンスがある」という発想は誰にでもできる。しかし、昔からある既存の製品やサービスでも、「新しい製造プロセスを作る」「新しい素材を使う」「新しい事業の仕組みを構築する」ことで大きなビジネスチャンスを作ることができるのだ。
　例えば、長年零細企業が密集してきた業界で、規模の大きな企業を作れば、これまで応えられなかった別の次元の顧客ニーズに応えられ、競合優位を築くことができる。第5章で取り上げられるタリーズコーヒーも、零細企業が多かった喫茶店業界で成功している。
　製品やサービスが新しい独自のものである必要はない。既存製品を提供する、そのやり方を変えることにより、競争力を持つことが可能になる場合がある。
　事業機会が本当に「独自」なケースは、ほとんどない。そして、独自な製品かどうかはベンチャーにとってほとんど二義的な重要性でしかない。どのような製品でも市場で顧客に売ることが目的なので、その仕組みを秘密にしておくのは非常に難しい。競合相手は製品を分解して模倣できるからだ[xiv]。
　それに対して、新しい事業組織、社内システム、物流システム、新しい製造プロセスなどは、競合がいくら製品を分解してもわからない。つまり、同じ製品でも、その提供の仕組みが違う方が、模倣されにくいのだ[xv]。例えば、デルコンピュータの製品を分解しても、何が競争力の源泉なのかわからない。デルの強みは顧客から注文を受けてから短時間で製造する（顧客の注文した仕様にアセンブルする）というサプライ・チェーンにあるからだ。
　他業界、他社、他の国で成功している組織や仕組みを、既存のビジネスと組み合わせることにより、昔ながらの既存産業が「新しい事業機会」として姿を変える場合もある。
　実は、どの業界も情報はタコつぼ化している。自分の業界内のことについてはよく知っているのに、他の業界について知らないことは多い。他の業界では当たり前の手法を古くからの業界に「輸入」する、ということだけで差別化できる可能性がある。

零細企業が密集している業界では、そうした「革新者」がこれまであまり出てこなかった可能性がある。アタッカーにとっては、マーケットシェアを拡大し、「大きな」事業機会を獲得できる可能性がある。

ケース3-4　翻訳センター

①翻訳センターの事業概要
　株式会社翻訳センター（本社大阪市中央区、大証ヘラクレス上場）は1986年に設立。産業分野での翻訳に特化し、2009年度の売上高は約40億円、産業翻訳界のナンバーワン企業として急成長してきた。

　同社の強みは、①規模が大きいため70カ国の言語に対応でき、特許、医薬、工業、金融と4つの分野をカバーしている、②専門分野で質の高い翻訳者3900人をネットワーク化している、③年間受注件数4万件のうち、リピーター比率7割と、顧客の囲い込みに成功している、そして④業務システム構築により、翻訳者スキルとのマッチングや、作業の効率化を行える――などの点である。

②産業翻訳業界の現状
　翻訳業界は、典型的な中小零細業者が密集している業界だ。翻訳のできる知り合いが2、3人と、営業して翻訳の注文を取るための電話1本とアシスタントがいれば、誰でもすぐに独立ビジネスオーナーになれる。

　売り上げが年間1億円あれば、スタッフ2人とアシスタントを抱えても、粗利5000万円は十分に可能である。1人で生きていくには十分な収益だ。

　年間売上高3億円の規模になると、月次の売上高は2000万～3000万円となり、それに見合う社員が10人、というように増えていく。人件費がコストの7割を占める労働集約的なビジネスであり、規模が大きくなっても、質的にビジネスモデルが変わらないのであれば、単に頭数が増えるだけで収益性は変わらない。

　何社か上得意がいれば、無理に規模の拡大を狙うより、そこそこの規模でフレキシブルに需要に対応した方が安心だ、ということになる。零細企業が

多かったゆえんだ。

一方、産業翻訳自体の需要は伸び続けており、現在の市場規模は約2000億円に達している。

日本企業が内需だけで生きていくことは基本的に不可能となり、クルマや家電なども海外市場の方が大きい。こうなると取扱説明書などのユーザーマニュアルも英語だけではなく、中国語、アラビア語対応などが必要になる。海外の工場や販売会社の就業規則、トレーニングマニュアルもすべて現地語化する必要が出てくる。

また、日本は医薬品の世界第2位の消費国である。創薬（新薬開発）の過程での国内外への導入・導出（臨床試験など）、FDA（米国食品医薬品局）への申請、市販後調査など、創薬関連業務のすべてのステージで翻訳を伴うドキュメンテーション（文書作成）作業が必要になる。

特許においても欧米だけではなく、特許権侵害を防ぐための知的財産権強化のため、中国を含むBRICs諸国での特許出願が増加している。

多言語対応の必要性は上がっているのだが、企業としては、英語力や中国語力、アラビア語力を有した人材を雇い、自社で囲い込む、ということはできない。そうした人材は、中国語なら中国語ができるだけでなく、専門分野（医薬、金融、特許など）の専門用語に通じていなければならないから、人材育成には非常に長い時間がかかり、足元で増加する翻訳ニーズに対応できないのだ。

つまり、グローバル化した大手企業であっても、「自分でやれることはやりたいのだが、自力で翻訳能力を持つ時間的余裕がない」という実情にある。翻訳サービスのアウトソースの市場は成長性が高い。

③翻訳センターのビジネスモデルと強み

2000億円市場で翻訳センターの売り上げ規模が約40億円なので、トップシェアの同社ですら2％のマーケットシェアしかない業界ということになる。

こうした業界では、規模が大きいこと自体が差別化の源泉になる。規模により専門性の確保が可能になるからだ。医薬や特許といったセクターごとに

専門性の高い翻訳者を抱えているため、どのようなニーズにも対応できる総合力、品揃えが整っている。

　顧客数の少ない規模が小さい会社で、例えば「アラビア語・医薬」の専門家を持っていても、常に稼働させることはできない。しかし、何社もの顧客を抱えていると、そうした専門家を常に稼働させることができることになる。

　米国では、ライオンブリッジ・テクノロジーズ（本社マサチューセッツ州、NASDAQ上場）が、翻訳サービスをシステム化し、M&A（合併・買収）戦略で同業者を買収して規模を拡大、現在約500億円の売上規模を持っている。

　システム化により効率化が可能になる。例えば、スキルの高い翻訳者には、「前と同じ人にお願いしたい」というリピート指名が来ることが多い。翻訳者の翻訳履歴をデータベース化すれば同じ人を担当させやすくなるし、翻訳者のスキルレベルを分野別に細分化したデータベースを持つことで、仮に同じ翻訳者が無理でも同等なスキルレベルの翻訳者によるサービス提供が可能になる。

　もう1つは、翻訳結果の再利用だ。取扱説明書の翻訳などの場合、原稿はバージョン1、バージョン2と、何回も改定される。毎回毎回100％新しい翻訳作業が生じるのではなく、かなりの文章が以前の文書と重複しているのが普通だ。システム化すれば、以前の翻訳作業の成果を再利用することで、バージョン1では全部翻訳するが、バージョン2では一部の翻訳で済み、飛躍的な生産性の向上が可能になる。

　これまで翻訳者が属人的に保存していた翻訳結果を集中してデータベース化することにより、別の人の翻訳結果を活用し、翻訳作業のスピードアップができるようになるのだ。

　同社は、引き続きM&Aなどの手段による規模の拡大と業務のシステム化、それをてこにした新規の需要開拓（それまで社内でやっていた翻訳業務を効率的にアウトソースすることを提案）に注力する予定である。

④教訓
1. 翻訳業界は零細企業が密集している業界だが、顧客ニーズは多様化してお

り、市場規模は成長している。このような業界では、**規模の大きさ自体が差別化の要因になり得る**。
2. **規模の拡大にメリットがあるのかどうかをチェックするには、外国の例が参考になる**。翻訳サービス業の場合、米国のライオンブリッジ・テクノロジーズという500億円企業が1つのモデルになり得る。
3. 規模を拡大し、差別化するときのキーワードは、**システム化、専門化、M&A** である。

2.ビジネスプランを書く

ビジネスプランの構成

　事業機会が十分大きなものであることが確信でき、ビジネスチャンスの源泉が腑に落ちれば、ビジネスプランを実際に書く準備ができたことになる。これまでに十分時間を使って検討していれば、1カ月程度の力技で書くことが可能だ。
　ビジネスプランは大体、図表3-7のような項目をカバーしているのが普通

図表3-7 ビジネスプランの標準的な構成

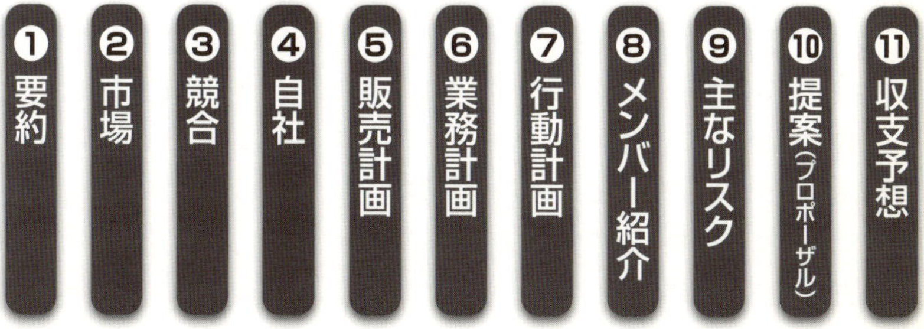

❶要約　❷市場　❸競合　❹自社　❺販売計画　❻業務計画　❼行動計画　❽メンバー紹介　❾主なリスク　❿提案(プロポーザル)　⓫収支予想

出所：筆者作成

だ。目次はきちんと付ける必要がある。はじめから終わりまで順番に読む人はほとんどいない。どこか疑問点のあるところをピンポイントで読むのが普通だからだ。読みたい部分をすぐに読めるように工夫する必要がある。

　まず、要約が必ずあり、その後に市場、競合、自社の「3つのC」で基本的な戦略を説明することになる。メンバー紹介は通常後ろの方に置く。まず、どういう戦略で、具体的に何をするのかを書き、それをやり遂げるだけの十分なパワーが今のメンバーにある、ということを示す。そして、それが数字になったときにどんな魅力があるのか、「3C＋E」のEの収支予想については通常、最後のまとめとして示される。

ロゴスとエートスで書く

　起業家は典型的には、スタートアップ後しばらくすると投資家に出資してもらい、そこから「給料（役員報酬）」をもらいながら起業後の数年間生活することが多い。そのためにも、投資家向けにビジネスプランを書くことは当初からきわめて重要だ。どのようなことに留意すればよいだろうか。

　投資家の最大の関心事は、「『大きな』事業機会があるかどうか」「大化けする可能性があるかどうか」ということである。

　投資家にとっては、ビジネスチャンスの背景にある技術や社会動態、規制緩和などの大きな構造変化が理解でき、5年後、10年後に「大化けする」可能性が見えることが最重要だ。

　そうした判断基準は、銀行における貸し出しや経営コンサルティングといった、通常のビジネスで正統とされるスタイルとは大きく異なる。

　ロジックで勝負して、最も確実なことを選択するというのが通常のビジネスだ。もちろん短期的には、そのような緻密なロジックで立てた戦略の方が正しいことが多い。しかし、パラダイムシフトを伴うようなビジネスチャンスは、いくら作文してもロジカルに説明することは難しいのだ。

　例えば、「携帯端末向けの開発プラットフォームであるアンドロイドが出てきたので、携帯のソフトはグローバル化する。したがってこの新技術で世界を席巻できる」というアイデアがあったとする。成功するかどうか、完全に

ロジカルには証明できない。そうなるかもしれないし、そうならないかもしれない。「やっぱり当面は今のケータイだよね」という現実的・分析的な考え方の方が短期的には正しいかもしれない。

しかし、誰が見ても客観的に疑問の余地なく納得できるような、「万人受けのする」無難なビジネスでは、大化けの可能性はない。ベンチャーとしては失格だ。

大きなビジネスチャンスはロジックを超えたところに存在し、直感を持つ投資家のみが判断できる。「稟議書」や「投資メモ」で客観的な判断理由を作文することはできない。

第2章のコラムにあるように、経験ある投資家は書いてあることの背景にある本質を嗅ぎ当てようとするものだ。投資家は「ロゴス」だけでなく、「エートス」で投資する。投資家の「頭」ではなく「直感」に訴えかけることが大事になる。

ビジネスプランを書くときは、表面の整合性や客観性を過剰に追求するのではなく、直感で納得し、本気でサポートしてくれる人を、1人でもいいから獲得することが最重要だ。

そして、本章の冒頭に述べたように、ビジネスプランは起業家本人が、事業機会に対する理解を深め、自分の成功確率を高めることが最大の目的であることを忘れてはならない。ビジネスプランをちゃんと書いているかどうかが、起業家本人の本気度、能力、判断力、粘り強さ、ハングリーさなどの証明にもなる。

以上を整理すると、

① 「投資家向け」には、細部の整合性よりも、マクロな意味での将来性に納得してもらい、「大化けの可能性」「ビジネスチャンスの源泉」が腑に落ちることが重要。

② 「自分向け」には、創業後あり得るボトルネックをどう回避するのか、収支予想を成り立たせるためにどうするのかなど、自分の成功の確率を上げるためにこだわるべきところは徹底してこだわる。

③ ①と②はお互いに補強し合う。①を突き詰めれば具体的な戦術（例：価格設定など）にまで反映させることもできるし、②を具体化するだけの

起業家の熱意の裏付けのないビジネスプランでは「単なるアイデア」「砂上の楼閣」になってしまうからだ。

つまり、「ロゴス」と「エートス」のバランスが大事だ。基本的なビジネスプランの構成には先人の知恵が要約されている。以下を参考に、是非本気で書くことにトライしてほしい。

要約と「3つのC」

図表3-7に掲げた「1.要約」から、「2.市場」「3.競合」「4.自社（の強み）」については、「なぜ、この事業が大きくなるのか」「なぜ、既存企業に勝てるのか」といった、これまで考え抜いてきた結果を紙に落としていくことになる。きちんと考え抜かれていれば、書くこと自体は難しくはない。

投資家にビジネスプランを読んでもらいたい場合は、冒頭の「要約」がきわめて大事である。多くの投資家は、要約だけを読んで、モノになるのかどうか、大まかな判断をしてしまう（表紙の題名だけ見る場合もあるが）。そこでイマイチと判断されれば、他の部分は読まずに即シュレッダー行きである。

要約を書く際にポイントとして押さえることは以下の通りだ。
①世の中の「変化」がビジネスチャンスの源泉である。どんなキートレンドが背景にあるのか、しっかり押さえられていること。
②その「変化」に対応するための戦略が何なのか、はっきりしていること。つまり、フォーカス戦略なのか、顧客志向の徹底なのか、事業システムの革新なのか、自社の強みと競合の限界を明確にすることだ。
③よくあるのが、「あれもこれも」アイデアを盛り込んで、①と②の本質がわかりにくくなるケースだ。本質的に重要な部分と、「おまけ」にあたる付加的な部分をしっかり区分けすることが必要だ。
④書くことで創業チームの意思統一ができるし、何が本質なのかはっきりしてくる。できるだけ分担をして書き、要約の部分はチームで納得のいくまで議論するのがよいだろう。

販売計画の作り方

　販売計画では、3Cのところでアウトラインを示した戦略を、実行を念頭に一段と具体化することが必要になる。第一にどのような製品・サービスなのか、具体的に考える。例えば、
- 製品・サービスの仕様、特徴は、顧客のニーズに合っているか？
- その製品へのニーズは長続きするか？
- なぜ競合他社から自分の会社にスイッチしてくれるか？
- いったん獲得した顧客を逃げないようにどうつなぎとめるか？

といったことを詳しく書く必要がある。

　これらの点について、顧客獲得の方法も含めて書く理由は、それが価格決定に際して重要だからだ。コストとしては、顧客獲得コスト以外にもファイナンスコスト、事務所固定費、人件費などがかかる。価格決定のポイントとしては、
- その価格でそれら総コストをすべてカバーできるか？
- 市場と見合っているか？　つまり、ローコストがセールスポイントなら、市場にある他社製品より本当に安いのか？　高品質が売りなら、いくらぐらい競合品より高く売れるのか？

がポイントになるだろう。

　製品・サービス、価格ときて、3番目に流通の問題がある。インターネットで天然水をディスカウントして販売する、という事業があるとする。一見いいプランに思えるが、水は重い。配送コストを顧客負担とすると成り立たなくなる。

　どの流通チャネルを使うか。消費財なら、百貨店か、スーパーなどの量販店か、コンビニ店か、小規模専門店か、カタログ通販か、ネット通販か、といった選択肢が考えられる。本章の最初に見たEARTHWORM社の植物活性剤の例では、はじめから大手のホームセンターなどに売ってもらおうとしても、棚スペースがもらえない。大きな納入量を確保する必要もあるし、大きなチャネルマージンを取られるだろう。スタートアップ・ベンチャーには

不向きである。現実的には、小規模な園芸用品店ルートとネット通販の組み合わせなどが考えられる。

　もちろん、クリエイティブな流通チャネルを考え出すことがベストだ。例えば、EARTHWORM社では農産物の産地直送ネットショップ、有機地場野菜の販売店などをチャネルとして検討した。有機栽培をこれから自宅で始めたい人が、そうしたところの顧客である可能性があるからだ。

　最後に、広告・宣伝をどうするかだが、オリンピックやサッカーのワールドカップをスポンサードしてマスメディアに大々的にPRする、というわけにはいかない。顧客を特定し、そこにどう効率的にアプローチするかを考える。「PTA（Primary Target Audience：最重点対象顧客）が誰か？」が最大のポイントだ。

　PTAをできるだけ狭く、具体的にイメージし、彼ら、彼女らの生活パターンをカラフルに想像し、そこへの露出を心がける。例えば、ライフネット生命保険の対象顧客は30〜40代のサラリーマンだ。ビジネス書を読む層と一致する。出口社長や岩瀬副社長は自分で本を書き、ビジネス雑誌のインタビューに答えることにより、ほぼゼロコストで自社のPTAに対して効率的な広告宣伝を行っているのだ。

業務計画の作り方

　業務計画では、例えば、製品をどこで生産するかが重要だ。中国やベトナムで生産するなら、現地の人件費や賃金水準、インフラ、ローカルの規制、輸送コストなど、トータルの製造コストに影響する主要項目について最低限調べる必要がある。

　一般の企業と異なり、ベンチャーにとって重要なのは、どこの部分を自社で、どこの部分をアウトソースするか、という観点だ。R&D（研究開発）、仕入れ、生産、マーケティング、販売、アフターサービスという一連の流れ（通常「ビジネスシステム」と呼ばれる）の中で、強い部分だけにフォーカスする、水平分業の観点が重要になる。

　固定費のかかる部分は避ける、「アセット・ライト」という戦略が基本であ

る。アウトソースする場合、固有の強みである部分は自社で持っておかないと、自社の強みが空洞化する可能性がある。初期段階ではマネされにくいコアの部分を固有のものとしてキープしつつ、できるだけアウトソースすることが現実的だ。

自社の強みがマーケティングや顧客ベースである場合、例えばR&Dをアウトソースしても十分成り立つ。この場合は、技術についての「自前主義」を捨てることが最重要だ。

行動計画の作り方

行動計画とは、新しく立ち上げる会社が最初の売り上げを達成するまでに行う具体的な活動を示すものである。つまり、現在の状態（例えば創業メンバー数人とビジネスプランだけ）から、どのようにしてフルに活動する会社になるか、についての計画だ。

単純に言うと、誰が、いつまでに、何をやる、ということのリストである。複数の人間が共同で働くとき、全体の活動計画を共有していることがきわめて重要だ。

ポイントとしては、行動計画は自分たちのために作るものだ、ということだ。そのために、達成したかどうかが一目でわかるものでないといけない。

ある程度のレベルまでブレイクダウンしないと、計画通りに活動できたかどうか、判定できない。

一方、あまり細かくしても、不確定要素の多いベンチャーの場合、非現実的なものになってしまう。バランスが大事であり、その意味からもビジネスプランを熟知した人の指導を仰ぐ意味はあるだろう。

メンバー紹介、主なリスク、提案（プロポーザル）

創業メンバーはきわめて重要だ。「この人たちにホントにこの事業ができるの？」という疑問は、きわめて本質的なものだからだ。アドバイザーなどの主な協力者の名前を書くなど、小手先の工夫もあるが、本当に強いチームを

作ることが成功への近道だ。チームの作り方についての詳細は第２章を参照してほしい。

　リスクのところでは、原材料価格、為替リスクなど、自分の事業に最もかかわりの深そうな変動要因について書く。「そうしたことも想定していますよ」というメッセージは、読み手にきわめて冷静な印象を与えるし、次の収支予想の現実味も増してくる。

　提案は、特定の読み手を想定している場合、何が欲しいのか、具体的に書く。例えばＶＣ向けなら、いくらの金額を、いつ出資してほしい、といったことである。

収支予想

　ビジネスプランの最後に来るのが収支予想である。最後に来るのには理由がある。これまで書いてきたビジネスプランの内容がすべて数字となって表現されるからである。

　自分の会社の独自の強みは何か、顧客の好み、市場の伸びなど、これまでいわば言葉とイメージで、事業機会や今後の行動計画を説明してきたわけだ。それを、数字で表現するものが収支予想である。マーケットシェアや、製品の単価、コスト、行動プランまで、すべてが有機的につながり、数字となる。

　例えば、通常、「売り上げ＝単価×数量」で表すが、顧客がいくら払うのかが単価設定に反映する。数量は、当初知名度が低くても、徐々に浸透していくなら、「何カ月間で○○市の何％のシェア」「何カ月間で○○県の何％のシェア」といった具合に示すことができる。

　ベンチャーの場合、売り上げや利益を予測するのにわからない要素が多すぎる。「ベンチャーの収支予想など、後から見ると結局みんな間違い」というのは正しい。しかし、意味のあるレベルで収支予想を継続して行うことで、起業家は不確実な世界を乗り切っていくことができる。

　当初の計画が、その通り行くケースはほとんどない。しかし、以下のような点は、収支予想を作って初めて数字という具体性のある形になって見えてくる。

- 成長率→潜在的な「化ける」可能性がどれだけあるか？
- キャッシュフロー→うまくいかないリスクはどこにあるか？
- 貸借対照表→必要なリソースの規模感はどれほどか？

　数字を作るのは、多くの起業家にとって非常に大変に感じるものである。公認会計士や税理士に頼んで作ってもらいたい、と思うかもしれない。過去の実績について財務諸表（結果を示すもの）を作る会計士や税理士は、税金を納めるときには必要だ。しかし、将来の予測を行い、実際のビジネスでどんな手を打つか（例えば、いつ、いくらの増資をするか）につなげるためには、前提の隅々まで起業家自身が把握しておく必要がある。

　他人の作った収支予想は、隅々まで把握することが難しい。どこを動かせばどこが変わる、ということがつかめないブラックボックスになってしまう。自分で完全に納得しなければ、必要な対策を自信を持って遂行できなくなる。

　収支予想をするのに、会計士を使う必要はない。普通の会計士は収入と費用を厳密に対応させるのが仕事だが、キャッシュフローを最大化して将来の企業価値をどう高めるかの観点は持っていない。起業家には、将来を予測し、企業価値を最大化するために現在の対策につなげる考え方がきわめて重要になる。**収支予想を詳細・厳密にする必要はない。大雑把でもいいので、起業家自身が自分の手で収支予想をすべき**である。

　ここでは、あくまでも起業家が自分で収支予想を行うことを前提に、最低限必要なポイントだけを述べることにする。

　ファイナンスの世界は奥が深く、本当に原理原則から理解し、理論的に完璧を期そうとすると、分厚い教科書をマスターする必要がある。が、そこまでやる必要はない（例えば、フランクリン・アレン他著の『コーポレート・ファイナンス』がMBAの定番教科書になっているが、邦訳は上下合計で1400ページを超える大著だ）。

　不確定要素の大きなベンチャーでは、必要最小限のポイントを押さえ、効率的に収支予想を行う必要がある。そのうえで、ファイナンスに詳しい人の協力を求め、チェックしてもらうのが最良の方法だ。

ステップ1　損益計算書を作る

　収支の予測に一番基本となる損益計算書は、以下のように作る。まず、毎月の営業利益を算出する。前提を置いて数字を入れてみる、ということが重要だ。やってみて前提がおかしければ、販売計画や行動計画にさかのぼって前提を吟味する必要がある。ここで大事なのは、会計士のような厳密性よりも、ラフに重要な前提（売上数量、人員数など）を置いて、つじつまが合うかどうかをチェックし、事業の収益性を予測することだ。下記についても、予測のための概算用として理解してほしい。

```
＋売上高      →見込み単価と販売計画上の数量から算出
－売上原価
  ●資材費    →仕入れ予定単価と売上数量から算出
  ●製造費    →製造費単価と売上数量から算出
＝粗利益
－役員報酬    →自分たちのもらう給料
－開発費      →資産計上しない場合、費用としてここに計上
－営業費      →チャネルに要する費用、セールス要員の人件費など
－その他費用  →サポート人員、IT費用など
＝営業利益
```

　なお、役員報酬・役員賞与ともに新会社法では利益処分ではなく費用として計上できる。自分たちへの報酬を確保するという意味で、きわめて重要なので、おぼえておきたい。

　「営業利益」は英語ではEBIT（Earnings Before Interest and Tax）と言われ、その言葉の通り、支払利息と法人税を払う前の利益である。いわゆる「腰から上」の数字であり、企業の財務体力ではなく、「事業」を見る場合には最も重要だ。企業の会計上の最終利益は「当期利益」と呼ばれ、以下の通りである。

```
営業利益
 －支払利息
 －税金
 ＝当期利益
```

①類似他社のデータを活用する

　損益計算書の数字を作るときに、2通りの方法がある。1つは、「比較法」、2つ目は、「積み上げ方式」だ。

　収支を予測する場合、最もぶれる可能性が大きいのは売り上げである。根拠を示さずに楽観的な数字を並べても、誰も信用しない。比較法とは、例えばオンラインショッピングを行うときに、楽天の数字（出店フィーや、成長率、コストなど）を参考とし、それを基に必要な調整を加える、という手法だ。楽天とこれから起業するベンチャーは全然違うだろうが、何もないところから数字を持ってくるより、既存の会社の実績をベースに合理的な変更を加えた方が、はるかに具体性が増す。

　既存の競合会社の経費構造も参考になる。そこから、製造工程をアウトソースするために製造費を除くとか、販売をネットで行うために営業マンのコストを減らし、IT費用を上乗せする、という必要な変更を加えるわけだ。

②前提条件を積み上げる

　もう1つのやり方は、個別具体的に数字を積み上げる手法だ。例えば、原材料の価格を原材料供給業者から見積もりを入手して推定する、製造工程を外注業者にお願いする場合、どのような工数（人数、日数、使用する設備など）なのか把握して、製造コストを推定する、などである。また、人件費については、間接部門で必要な仕事から人間の数を積み上げ、営業マンについては訪問したい会社数、訪問先1軒に要する手間、物理的距離なども勘案して、必要人数を割り出し、それに単価をかけることになる。

　なお、人件費単価に関しては各種のデータがあるので、それを採用するといいだろう。例えば、東京都のホームページには、従業員10～300人未満

の都内中小企業に調査対象を限定し、賃金管理をするうえでの最も基本的な部分である、初任給、平均賃金、実在者賃金、モデル賃金、賞与・諸手当などについて調査した結果が公開されている[xvi]。

ステップ2　キャッシュフローを作る

　損益計算書の利益とキャッシュフローは異なる。「黒字倒産」という言葉を聞いたことがあるだろう。売り上げからキャッシュが入ってくるまでに時間がかかるので、損益計算書上は黒字でも、資金繰りがつかず、倒産するケースがある、ということだ。事業にかかわる部分だけのキャッシュフローは、「事業から投資家、銀行に分配したり、自分の投資に回したり自由にできる（資本構成も自由に変更できる）キャッシュ」という意味で、フリーキャッシュフローと呼ばれる。算出の方法は以下の通りだ。

```
営業利益（税引き後）
＋減価償却　　　→いったん費用として計上した減価償却費を戻す
－増加運転資金　→運転資金として売上高の数カ月分の資金が必要
－投資　　　　　→新規の設備（製造設備、自動車、IT）購入予定
＝フリーキャッシュフロー
－法人税
＋増資、借入などファイナンス活動
＝キャッシュフロー
```

　キャッシュフローの額だけ、会社が保有する現金の残高は変動することになる。会社が保有する現金がマイナスにならないよう、事前に資金を手当てするためにも、収支計画が必要になるわけだ。

③増加運転資金を算出する

　会社が事業を継続する限り、おカネの回収と支払いのギャップは常に存在する。その差額を埋めるのに必要な金額のことを「所要運転資金」と呼ぶ。
　モノとカネに着目すると、
　①モノを売ったのにまだ回収できないおカネが「売掛債権」

②在庫として倉庫にあり、まだおカネにならないものが「在庫」
③一方、モノを仕入れたのに代金を支払っていないのが「買入債務」
ということだが、①②はおカネを貸している状態、③はおカネを借りている状態なので、**「売掛債権＋在庫－買入債務」の分だけ、キャッシュが必要**になる。

完全な現金商売、あるいは「売り掛け」商売であっても、売りと買いが同時に発生し、同時期に決済されるならこれは不要だが、現実には複雑な「掛け商売」でお金のやりくりをすることになる。結局、ビジネスが続く限り、「売掛債権＋在庫－買入債務」のギャップは存在する。事業の規模に応じて一定のおカネが運転資金として必要ということになる。言い換えれば、最初に所要運転資金の金額だけおカネを用意できれば、同規模のビジネスなら継続していけるということになる。

ベンチャーの場合、急速に売り上げが増加することが多い。この場合、一時的に運転資金が増加し、その分一時的にキャッシュが不足することになる。したがって、ビジネスプランには運転資金の一定額を所要キャッシュとして盛り込むことが絶対に必要だ。

ビジネスプランの段階では、決済時期などはまだ不明である。したがって、ビジネスプラン上は、「売掛債権＋在庫－買入債務」の運転資金の金額を、例えば、「売上高の3カ月分」という代替的な数字で対応すればよいだろう。

ビジネスプランの段階では、このような「仮置き」の運転資金の金額推定で十分だ。しかし、会社が営業開始して、日常業務による資金繰りを管理する必要が生じると、「資金繰り表」を別途作成する必要が生じる。資金繰り表のポイントについては本章の最後に述べる。

ステップ3　バランスシートを作る

キャッシュフローを算出すれば、バランスシート（貸借対照表）を作成することができる。これは毎月作る必要はなく、年度末の合計資産額から、毎年度末のものを企業活動の断面として作成するわけだ。

```
資産
 ＋現預金       →現預金の分だけ増減、１年間の累積変化を反映
 ＋ネット運転資産→運転資本の総額（売掛債権＋在庫－買入債務）
 ＋固定資産     →投資の分だけ増加、減価償却の分だけ減少
 ＝総資産

負債
 ＋ネット運転負債→起業段階のときは、不要（ネット運転資産で）
 ＋長期借入金   →１年以上の期限の借入金。なしならなしでよい
 ＋資本金       →創業メンバー及び投資家の出資金から、当期利益の
                 分だけ増減
 ＝総負債＋資本金
```

これで、損益計算書、キャッシュフロー、バランスシートの３点セットができた。目安としては、以上の収支予想を５年間分作成することができれば十分だろう。当初２年間の損益計算書とキャッシュフローについては、月次で作成することが望ましい。いずれも、最初の月、最初の年を作れば、以降は一定の前提を置いて延伸すればよいので、それほど大変ではない。

ステップ４　企業価値を推定する

将来のM&Aによる会社・事業の売却や、IPO（株式公開）による一般投資家への株式売却といった出口戦略は、起業する際に非常に重要だ。「この会社はだいたい、いくらぐらいで売れるのか」ということが起業家と創業グループの動機・意欲にとってきわめて重要になる。知りたいのはつまり、ベンチャーが成功したあかつきの企業価値である。

企業価値とは何だろうか。企業価値とは、「将来のキャッシュフローを資本コストで割り引いたもの」である。

どの程度の企業価値になるのか、シミュレーションしてみることは、企業価値が１億円なのか、それとも何百億円になる可能性のあるビジネスなのかどうか、規模感をつかむためのベストの方法だ。

企業価値を算出する式は図表3-8の通りだが、前述したフリーキャッシュフローさえ試算できていれば、表計算ソフトで計算すれば簡単にできる。

資本コストで割り引く（ディスカウント）ため、「ディスカウント・キャッシュフロー法（DCF法）」と呼ばれる。

要するに、
① 将来生み出す全てのキャッシュフローを予測する
② それを現在価値に直す
ということである。

10年後、20年後までキャッシュフローを予測しても、変動要因が大きいため、役に立たない。せいぜい5年後までを予測し、その後は一定割合で伸びることを想定するのが通常だ。

例えば、次の図表3-9に示すのは今年のキャッシュフロー（FCF）が

図表3-8　企業価値評価-超簡易版数式

$$企業価値 = \frac{(1年後のキャッシュフロー)}{(1+資本コスト)} + \frac{(2年後のキャッシュフロー)}{(1+資本コスト)^2} + \cdots + \frac{(n年後のキャッシュフロー)}{(1+資本コスト)^n}$$

$$企業価値 = \sum_{i=1}^{n} \frac{(i年後のキャッシュフロー)}{(1+資本コスト)^i}$$

出所：筆者作成

図表3-9　DCFの計算例　（単位：万円）

	1年後	2年後	3年後	4年後	5年後	残存価値（6年目以降の合計）	現在価値の合計
キャッシュフロー	3300	3630	3993	4392	4831	69021	ー
現在価値	3084	3170	3259	3351	3445	49212	65521

出所：筆者作成

3000万円のある会社の企業価値の算出例だ。5年目以降10％の一定割合で成長すると、企業価値は図表3-9に示すように計算される（加重平均資本コストを7％とする）。

したがって、この会社の**企業価値は、キャッシュフローの現在価値累計**＝6億5521万円になる。

つまり、今年のフリーキャッシュフローが3000万円で、年10％くらいのそこそこのペースで成長すると、6億円くらいの企業価値になるわけだ。これでは事業機会としては小さい。大きなビジネスにするには、フリーキャッシュフローを増やすか、成長率を上げるかしかないだろう。

もう1つ気づくのは、企業価値に占める「残存価値」の割合が高いことだ。残存価値を決めるのは、収支予想の最後の年（ここでは5年目）のキャッシュフローと、その後（6年目以降）の成長率と、資本コストである。つまり、将来の成長率と投資家の求めるリターンによって大きく左右される。

ここでは割引率を7％としたが、資本コストを算出するための公式は、「CAPM（資本資産価格モデル）」と呼ばれるものだ。しかし、そこで必要なβ（ベータ：市場リスクとの相関のこと）のデータを集め、CAPMの公式を使って企業価値を算定しても、あまり意味はない。リスクフリー・レートは長期国債10年物金利である1.5〜2％程度、マーケットリターンを5％とおいて、両者を足した7％くらいを標準とすればよいだろう。

これに、リスクが高いか低いかの判断を若干入れる。というくらいが現実的である。もっと正確な資金コストを計算しようとするのは不毛であるし、過剰に正確性を期待させるものとなり、かえって危険である[xvii]。

④作成した財務計画を評価する

収支予想〜企業価値推定の作業を行うと、いくつかの重要なことがわかる。
- この事業は、十分な収益を上げられるか？
- そのためには、いくらくらいの資金が必要か？
- 成功したあかつきには、十分な企業価値を実現できるか？

これらはいずれも、起業家にとってできるだけ早い時点で知りたい情報である。十分な収益がなく、大きな企業価値を実現できなければ、創業のハー

ドワークに対する見返りは得られない。どの程度の規模の資金がいつ必要かわかって初めて、エンジェルやベンチャーキャピタルの支援を仰ぐための、実のある討議をすることができる。

ただし、すでに述べたようにベンチャーの収支予想の困難性は、その不確定要素の大きさにある。特に不確定要素の大きなものに、バイオベンチャーがある。創薬ビジネスでは市場投入までに10年以上の研究開発期間が必要であるため、不確定要素は特に高い。具体例で、どのようにその不確定要素を乗り越えるのか、見てみよう。

ケース3-5　ナノキャリア

①ナノキャリアの事業概要

ナノキャリア（本社千葉県柏市）は、創薬系バイオベンチャーである。ミセル化ナノ粒子（親油性と親水性を持つ分子が球状に集まったもので、ナノメートル単位の粒子）をコア技術として、がん治療の領域における医薬品の研究・開発を行っている。ミセル化ナノ粒子に薬物を封入することにより、肝臓などの臓器に捕捉されずに血中を長く循環する結果、薬物が病変部へ集まる割合を高めるので、正常組織への分布が抑制され、副作用の軽減が図れる。

病変部に集中的に薬剤を投入することのできる、このような技術は「ドラッグ・デリバリー・システム（DDS）」と呼ばれる。ナノキャリアは研究開発型の創薬バイオベンチャーとして2008年3月に東証マザーズに上場している。

日本において「シスプラチン」という薬剤を細胞に送り込む「シスプラチン誘導体ミセル（NC-6004）」に関する物質特許が成立し、特許第4257697号として登録された結果、米国、欧州各国、中国、韓国、及び日本で特許として登録されたことになる。本特許発明は、東京大学の片岡一則教授らによりなされた発明であり、同社は株式会社東京大学TLOより、再実施許諾権付きの独占的な実施権及び専用実施権の許諾を受けている。同社はこれを「ナノプラチン」として商標登録を行っている。

具体的にはどのような技術だろうか。

特許要約を同社ホームページより抜粋する。
　「ミセル化ナノ粒子は外部がポリエチレングリコールで内部がポリグルタミン酸からつくられており、シスプラチンの活性を示す部分を内部のポリグルタミン酸に結合させた。このミセル化ナノ粒子は既存のシスプラチンに比べ毒性を軽減した新薬になりうる。
　本特許は、当社が推進する高分子ミセルを利用したDDS抗がん剤の開発を優位にするものであり、今後も特許網強化を進めてまいります」
　抗がん剤は、がん細胞を攻撃するのだが、同時に身体の他の部分も攻撃してしまうので治療中の患者の苦痛は大きい。上記の「シスプラチン」は今最も使われる抗がん剤の1つであるが、腎臓への毒性、悪心・嘔吐、聴覚器官への毒性などの重い副作用がある。医療現場では入院治療として取扱厳重注意となっている薬剤であるが、現状ではその副作用を点滴による水分補給で軽減しているのが実態だ。
　その毒性の強いシスプラチンをカプセルに包んで、血液内で徐々に放出させ、がん細胞に送り届けるDDS技術がこの特許対象というわけである。「ナノプラチン」は同社の主力商品の1つだが、治験がうまくいって、実際に発売されたときには、今最もよく使われている抗がん剤であるシスプラチンを新薬のナノプラチンがとって代わることになると考えられる。
　同社の場合、大きな不確定要素が存在する。それは開発に要する時間と費用である。創業者の中冨一郎社長は、これをどのように乗り切ったのだろうか。時間を追って、その歩みを追い、そこからの教訓を導きたい。

②創業者のプロフィール（中冨一郎社長）

　中冨社長は、大学時代から薬学の研究をし、米国ノースイースタン大学大学院で薬理学を学んだ。技術や開発に非常に興味があり、起業家の家系に生まれたため、元々起業への関心があったことをあるインタビューで話している[xviii]。
　同社を創業する前は、米国のベンチャー企業の副社長を務め、NASDAQ（ナスダック）への上場も経験した。ビジネス開発担当の副社長として入社し、その1年半後に上場を経験している。入社当時は20人くらいの会社であっ

たが、それから8年後に会社を売却するときには350人くらいの規模になっていた。「ビジネスプランを立てて推進し、会社の売却まで経験できたことは自分にとって非常にプラスになっている」と話している[xix]。

継続して成長するには、まずは優れたモノ（技術）がないといけないということも身をもって経験した。知的財産が重要ということであり、この頃から「日本発の技術を世界に発信したい」という使命感があったことが、ナノキャリアを創業する原動力となったという。

③ナノキャリアのビジネスプランと財務戦略

1996年の創業当時は、中冨社長と研究者が出資した資本金1000万円から出発した。当然のことながら、1000万円はすぐに底をつく。この時点で、ベンチャーキャピタル（VC）からの出資を獲得する必要性から、中冨社長は30ページあまりの本格的なビジネスプランを作成し、20億円の資金調達を行おうとした。中冨社長は米国のベンチャー企業で働いた経験から、ビジネスプランの重要性や、その作り方、典型的なフォーマットを熟知していたため、米国式の本格的なビジネスプランは自力で作成できた。

ビジネスプラン作成にあたっては、技術開発者が技術の項を担当し、中冨社長が収支予想も含めてその他すべてを自分で書いた。開発期間は10年間、予想売上高は乳がん、卵巣がんなどの日本、海外の患者数に一定シェアをかけて11年目から15年目までの事業規模は200億〜400億円と試算した。

同社が創業した2000年前後は、日本でもバイオベンチャーの機運が高まった時期であり、1999年に厚生労働省の外郭団体である独立行政法人医薬品医療機器総合機構（PMDA）主催の「バイオベンチャーフォーラム」で紹介されたことをきっかけに、同社に関心を寄せたVCは多かった。

しかし、ここで、日米のVCの差に直面する。中冨社長は、必要調達額を20億円と見積もり、米国の感覚でそれは十分VC1社から調達可能だと考えていた。資金力の大きな米国のVCはいったんリスクテイクをすると決めれば、20億円程度の出資を1社で引き受けるのは普通だからだ。魅力的な事業機会であればあるほど、他社と相乗りせずに単独でやろうとする。そちらの方がハンズオンしやすいし、成功時のリターンを得られる割合も大きく、撤

退するときも関係者が少ない方が意思決定が速いからだ。その背景には、事業性を見極める目、ハンズオンで経営にかかわれるマネジメント力がある。

　しかし、日本では事情は異なる。あるVCは、もし将来事業がうまくいかない場合には出資金を返す契約条件をのむよう、中冨社長に要求したという。これなど銀行貸出と同じ感覚であり、とても「ベンチャーキャピタル」とは呼べない（事実、その要求をしたのは銀行系のVCであったという）。そのような中で、中冨社長はやっとの思いで、VC4社から2億円の調達をすることができた。

④事業モデルの選択

　しかし2億円では、資金のかかる新薬の自社開発は到底無理である。ビジネスモデル上の工夫が必要になった。ビジネスモデルは①自社開発、②共同研究、③ライセンスアウト（供与）——の3パターンあるが、費用面の問題などから当面は①の期間を短縮し、②の共同研究を早期から始めることにした。それにより有用性が得られた段階で③へ移行させる。なお、ライセンスアウトの収入には提携時に支払われる契約一時金（アップフロント）収入や開発進捗状況に応じて支払われるマイルストーン収入の他、研究開発用の製剤を供給する場合にはそれに対応する研究開発協力金の収入がある。

　同社はすでに、主力商品のうち3品目について、それぞれ日本化薬、オリエント・ユーロファーマ社（台湾）、デビオファーマ社（スイス）と提携し、ライセンスアウト、共同開発を行っている。

　もう1つのビジネスモデル上の工夫は、1品目を集中的に開発するのではなく、リスク分散のために、開発する新薬を増やすことである。開発中の新薬は現在8品目。①第Ⅱ相臨床試験段階の「パクリタキセルミセル」（NK105：日本化薬へライセンスアウト）、②第Ⅰ/Ⅱ相臨床試験段階にある「ナノプラチン」（NC-6004：台湾オリエントユーロ・ファーマライセンス共同開発）、③第Ⅰ相臨床段階の「ダハプラチン誘導体ミセル」（NC-4016：スイス・デビオファーム社にライセンスアウト）、④基礎研究段階の抗体結合型ミセル、⑤同段階siRNAミセル——などがある。

⑤ナノキャリアの現状と課題

　日本のVCの出資を受けるということは上場が前提となる。ライセンス収入よりも開発投資の方が大きく、現時点では経常赤字であるが、2008年3月に東証マザーズに上場し、2009年10月現在の時価総額は35億円に達している。

　株主構成は、中冨社長が6.28％、経営陣、技術開発者が数％、その他をVC4社が各数％で合計30％程度保有し、残りを個人投資家が保有している。

　中途入社の技術者が多く、主に大企業からの転職者だが、自発的にリスクテイクできる人材は不足している。ベンチャーは大企業のように決められたことをやっているのではダメであり、マネジメント上の課題の1つに人材育成がある。

⑥教訓

　ナノキャリアは成功している創薬バイオベンチャーだが、教訓としていくつかのポイントがある。

1. 日本のVCは一般的にアーリーステージには本格的な投資はしない。その中で、ナノキャリアは、創業直後に日本のVCから出資を受けることができた。何も実績のないアーリーステージでは、ビジネスプランと創業者グループだけが存在する。ここで出資をしてもらうのは、きわめてハードルの高い行為である。中冨社長に米国ベンチャーでの経験があるため、技術、市場、収支予想についての見通しを含む**本格的なビジネスプランを作成することができ、複雑な技術が持つ将来のポテンシャル（潜在的な成長性）を十分に説明できた**ことが出資獲得の成功につながっている。ビジネスプランの重要性を示す事例と言える。

2. 技術を見る能力と十分なポートフォリオを有し、一時多額の投資を行う体力のあるVCが見つからない場合、開発・事業化に必要な資金が十分に調達できない可能性がある。優れた技術はグローバルに通用するものである（事実、同社の場合、アライアンス〔提携〕を結んだ相手の3社のうち2社は外国企業である）。グローバルに通用する技術をコアにしたベンチャー

の場合、英文でビジネスプランを作成し、**当初から米国のVCや、(将来のM&Aによる出口戦略を念頭に)製薬企業などの事業会社を出資者の候補に入れるというのも1つの選択肢**となるだろう。
3. 開発資金が十分に得られないと、開発資金を節約するためにアライアンスによる共同開発を前倒しに行うことになる。当然ながら、ここで留意すべきなのは、**アライアンスパートナーが開発リスクを負担する分、開発によって得られる利益のうち、自社の取り分は少なくなってしまう**ことである。十分なハイリターンこそ、創業の苦労を正当化するものである。「自社に何を残すか」が重要になる。

3.ベンチャーの財務戦略

ベンチャーの時価総額算出はPER倍率を用いる

　収支予想ができれば、それをベースに、資金をいつ、いくら調達するかの計画を立てることができる。
　ベンチャーを起業したら、1つの区切りとして企業の所有権である株式をどう売却するかの出口戦略(EXIT)が重要である。米国では8割がM&A、2割がIPO(株式公開)といわれるが、日本ではM&Aによるものはこれまで例が少なく、VCはほとんどIPOねらいなので、それを念頭に置いた財務戦略が必要となる。
　M&Aにおける買収者は、財務状況などについてデューディリジェンス(詳細調査)を行い、細部までチェックして投資する。株式市場はそうではなく、社会的な一般傾向(トレンド)である「エコロジー」や「健康」などを押さえ、ネットを組み込んでいると高い成長のポテンシャルがあると判断され、高い値段がつくケースが多い。
　株式の価格を割高か割安かを比較する場合、よく使われる指標に「PER

（株価収益率）」と「EBITDA倍率」がある。PERは株式時価総額を会計上の当期利益で割ったものである。一方、EBITDA（「イービットディーエー」と読む）は営業利益に会計上の利益では差し引いた減価償却費を足し戻したもので、キャッシュフローを示している。つまり、EBITDA倍率の方が、企業価値をより正確に表している。

　企業買収を検討するときにはPERではなくEBITDAが使われる。企業価値を反映しているわけではないPERに比べて、目的に合致するからだ。それに対して、株式市場での株価の評価については、PERが用いられることが多い。M&Aと比べて、「MM理論」の右側の自由度がない投資家にとっては、既存の借入金を前提にしているという意味で役に立つからだ（M&Aの場合、資本構成は投資家が自由に変更できる）。

図表3-10　企業価値

資金を集め、そのお金で収益を生み出す資産を運営する。
企業価値＝資産の現在価値＝資本（借入金、株式）の現在価値
MM理論：右側をいくら変更しても、企業価値には関係がない

A Asset 資産

D Debt 借入金

E Equity 株式

出所：筆者作成

図表3-11　東証1部2部　PERの推移

出所：東京証券取引所

MM理論とは、「モジリアーニ・ミラー理論」とか「MM命題」などとも呼ばれ、「法人税を無視すれば、企業価値は資本構成や配当政策によって変化しない」という定理を示している。以下、図表3-10で詳しく説明する。

　IPOでの投資回収を前提とすると、ベンチャーの評価は、図のA（企業価値）よりもE（株主価値＝時価総額）が大事になる。

　時価総額の算出にはPER倍率が主に使われる。PER倍率は歴史的に20前後を推移（次の図表3-11を参照）しており、時価総額を試算するときも当期利益の20倍を1つの目安とするとよいだろう。ちなみに、リーマン・ショック後の株価の低迷で、2009年現在、東証上場株の平均PERは15前後で推移している。だが、それ以前の2005年から4年間のPERの推移を見れば、大体20前後を中心に変動していることがわかるだろう。

　成長の可能性が市場で高いと考えられると、PER倍率は大きくなる。図表

図表3-12　東証1部業種別PER

総合 2,144社 13.3倍
大型株------99社 9.6倍
中型株------395社 12.1倍
小型株------1,199社 16.3倍
総合（金融業を除く）2,001社 13.0倍
製造業 1,078社 12.2倍
非製造業 923社 14.6倍
1 水産・農林業 6社 23.9倍
2 鉱業 5社 9.4倍
3 建設業 121社 20.3倍
4 食料品 94社 22.5倍
5 繊維製品 55社 25.3倍
6 パルプ・紙 16社 46.5倍
7 化学 149社 11.6倍
8 医薬品 34社 20.2倍
9 石油・石炭製品 14社 9.7倍
10 ゴム製品 16社 8.3倍
11 ガラス・土石製品 40社 12.5倍
12 鉄鋼 43社 5.6倍
13 非鉄金属 32社 6.7倍
14 金属製品 54社 27.3倍
15 機械 160社 7.6倍
16 電気機器 197社 11.8倍
17 輸送用機器 80社 7.2倍
18 精密機器 32社 10.6倍
19 その他製品 62社 127.7倍
20 電気・ガス業 23社 20.6倍
21 陸運業 44社 15.3倍
22 海運業 14社 3.5倍
23 空運業 5社 33.9倍
24 倉庫・運輸関連業 30社 10.9倍
25 情報・通信業 122社 14.6倍
26 卸売業 176社 8.5倍
27 小売業 185社 26.4倍
28 銀行業 86社 17.0倍
29 証券、商品先物取引業 24社 13.3倍
30 保険業 8社 19.6倍
31 その他金融業 25社 12.9倍
32 不動産業 61社 7.8倍
33 サービス業 131社 26.6倍

注）区分・連結年月末:2009/03 規模別・業種別社数、PER
出所：Copyright © 1996 -2009 Tokyo Stock Exchange Group, Inc. All rights reserved.

3-12は規模別、業種別のPER倍率を示したものだが、大型株より小型株のPER倍率が高いのは、それだけ将来の成長期待が大きいからだ。

業種別で見ても、輸送用機器（自動車）などは低いPER倍率となっているのに対して、水産・農林業、サービス産業などは成長期待が高くなっている。**成長期待は時代のトレンドに応じて変わるものであり、それに合致していると高いPER倍率になる**ことを起業家は知っておく必要がある。

起業初期にエンジェル投資を受け入れる

銀行は黒字企業でないとおカネを貸さない。ベンチャーが仮に成功しても、金利分しか収益がないので、銀行は貸出先の収益の急成長にはあまり関心がない。むしろ、失敗した場合のリスクの最小化が最優先となる。保証人を付けたり、担保を取ったりするのが一般的である。銀行はベンチャーに合った資金調達形態ではない。

貸出金と異なり、株式は企業が急成長すれば大きく上がる可能性がある。リスクが高くとも、成長性の高い企業に複数投資し、何社かのうちの1社が成功することによって全体を回収しようとするのが、「ポートフォリオ投資」を行う株式投資家である。

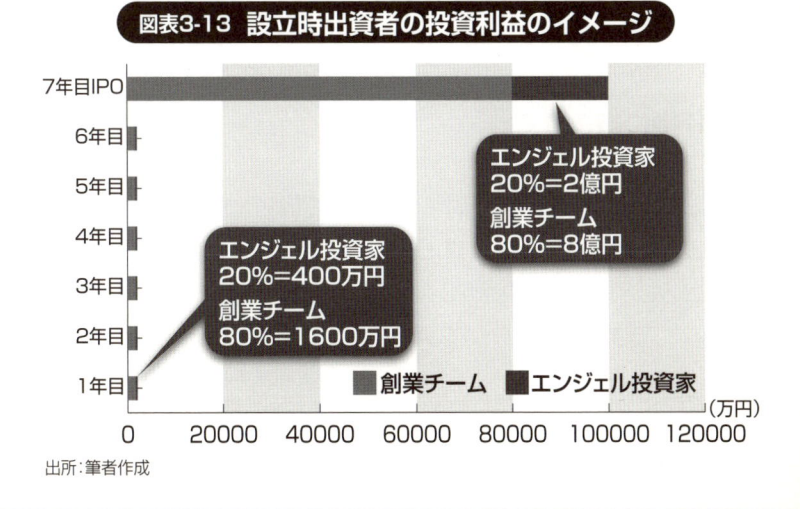

図表3-13　設立時出資者の投資利益のイメージ

7年目IPO
- エンジェル投資家 20%=2億円
- 創業チーム 80%=8億円

1年目
- エンジェル投資家 20%=400万円
- 創業チーム 80%=1600万円

出所：筆者作成

起業初期の倒産確率は俗に"センミツ（1000に3つ）"と言われるほど高い。このリスクの高さで投資する人は、成功した場合は非常に大きなリターンが得られないと、割に合わないことになる。図表3-13で説明すると、次のようになる。

　このケースで「エンジェル投資家（ビジネスエンジェル：創業間もないベンチャーに資金提供する個人投資家）」は、投資した400万円がかなりの確率で捨てることになるかもしれないが、もしうまくいけば2億円という額を手にすることができる、という夢で投資するわけだ。

　起業初期に株主となる人は、100％成功に確信が持てなくとも、ある程度の確率で成功した時点の将来株価の値上がりを期待して投資する。仮に自分の持ち分が2億円になる可能性が10％あるならば、期待値は2000万円となる。一方、7年目までの間の収益はゼロである。したがってリスク許容度が高く、当面のキャッシュに困らない人だけがそうした投資をする資格がある。そういう人はなかなかいない。つまり、ポイントは、

- ベンチャーの経営陣としては、将来2億円になるかもしれないものを捨て、今の400万円を選択する。
- 将来いくら頑張っても常に20％は外部株主の取り分となる。
- しかし、倒産確率の高い初期に出資をしてもらうためには、それくらいのハイリターンの夢がないと、不可能である。

ということを理解することだ[xx]。

起業数年後に増資する

　さて、起業して数年間、試行錯誤の末、市場開拓と体制整備をし、ようやく最初の売り上げも立ったし、購入してくれる顧客も少数ながらできたとしよう。しかし、当初調達した2000万円は自分たちへの給料や外注開発経費の支払いなどですでに底をついている。VCからのまとまった金額の投資を得たい。

　必要な資金は4000万円である。どのように調達するか。ここで、株価の算出の必要性が出てくる。

この例では、当初の株価は4000円とする（設立時の株価は自由に決められるが、仮に資本金2000万円を5000株で設立したと想定）。なので、その株価でVCの投資を受けると、10万株になってしまい、創業チームの持ち分は30%を切ってしまう。こうなると、起業家がいくら頑張っても、投資家が潤うだけである。もっと高い株価で資金を調達しないといけない。起業家は、実績もできたし、ある程度高い株価を付けても妥当だろうと考える。いくらの株価が適切なのだろうか。

株式市場に上場していれば、市場で価格が付くため、起業家が自分で計算する必要はない。しかし、未上場会社の場合は、市場がないため、売り手と買い手の間で相対で交渉し、株価を決めることになる。起業家はできるだけ高く売りたいし、VCなどの投資家はできるだけ安く買いたい。

会社設立時の時価総額は、2000万円であった。つまり、それだけのおカネを集めて、まだ何もしていないのでこれが時価総額になる。

設立後数年経つと、実績もでき、軌道に乗ってきたので、かなり高い時価総額が付いてもおかしくない。では、どうやって時価総額を算定するか？

図表3-14 増資による株式持ち分変化

▶3年後、創業時と同一株価（4000円）で4000万円調達

	増資前	増資後
創業チーム	4000株	4000株（持ち分26.7%）
エンジェル投資家	1000株	1000株
VC	0	10000株
合計	5000株	15000株

▶3年後、5倍の株価で4000万円調達

	増資前	増資後
創業チーム	4000株	4000株（持ち分57%）
エンジェル投資家	1000株	1000株
VC	0	2000株
合計	5000株	7000株

出所：筆者作成

図表3-14のように、安い株価だと自分たちの持ち分が減る。設立時の5倍の株価を付けると、自分たちの持ち分は50％を超え、重要な事項を議決できるので、引き続き経営権を維持できる。

VCへの割当分は2000株でよく、発行済み株式は合計7000株となる。株価が5倍で2万円だと、2万円×7000株＝1億4000万円の時価総額があればよいことになる。

それでは、1億4000万円の時価総額は、どのようにして正当だと主張できるのか。

図表3-15のように、現時点（3年目）の時価総額を推定するには、数年後に上場したときの推定時価総額（この場合は10億円）から、投資家が求める投資利回りで割り引いて現在の時価総額を求めることになる。

投資家の投資利回りとは、複利で運用したときの利回り（リターン）のことで、「IRR（内部収益率）」と呼ばれる。リスクが高い投資ほど、投資がゼロになるリスクが多いので、成功した場合に要求されるリターンは高くなる。創業初期では50％、売り抜けを狙うだけのVCでも20～40％のリターンは必要だろう。

つまり、ポイントは、**ベンチャーの現時点での時価総額は、上場時の推定時価総額から、投資家の求めるリターンで逆算して求める**ということだ。

図表3-15　IPO時から逆算した現時点の時価総額

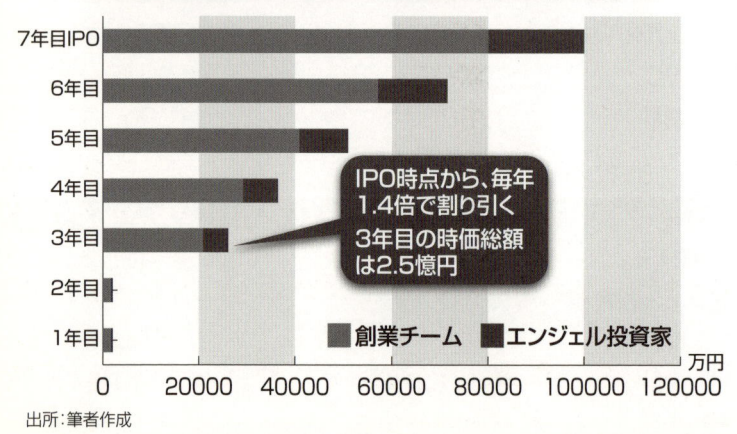

IPO時点から、毎年1.4倍で割り引く
3年目の時価総額は2.5億円

出所：筆者作成

> **図表3-16　ベンチャーの株価算出のポイント**
>
> - 株が市場で取引されていないため、株価は投資家が希望する値段（安く）と、創業チームの希望する値段（高く）の交渉で決まる
> - 同じ金額を調達しても、安い株価だと、経営陣の持ち株比率が低下してしまう
> - 日本のVCは上場して投資回収を狙うので、上場時の時価総額の予測が重要な数字となる
> - 上場時の時価総額は上場時点の当期利益とPER倍率（市場で評価される将来性など）を予測して計算する
> - 現在の時価総額は、投資家の期待する収益率（IRR）で上場時の想定時価総額を割り引くことによって得られる（IRRは初期は50％、増資時は20〜40％が目安）
>
> 出所：筆者作成

　それでは、上場時点での時価総額はどのようにして推定するかだが、上場時の予想当期利益に20倍程度のPERを乗じた金額が上場後の価値になる。

　しかし、それは上場後の話なので、流動性の低い上場前だと30％の未上場ディスカウントが必要だ。上場するにはいくつかのハードルがあるため、未上場と上場とでは信用力が異なるからだ。このケースでは、上場後7年目で7000万円の当期利益があるとすると、20倍の14億円が上場後の時価総額となる。

　そこから未上場ディスカウントを割り引いた約10億円が、上場時点での、未上場の状態での時価総額になる。

　ここでのポイントは、上場時点の当期利益にPER倍率を乗じたものが上場後の時価総額ということだ。

　つまり、資金調達をする場合、**上場時の当期利益の予測に説得力がないと、VCは非常に低い時価総額**と評価し、低い株価でしか出資しなくなる。そうすると、起業家は非常に低い持ち分で我慢することになる。

　これで、なぜ収支予想が大事か、理解してもらえると思う。収支予想に説得力がないと、経験豊富な投資家を説得できない。最悪の場合、「自分は素人だから」と他人まかせにすると、株価が安くなってしまうのだ。以上をまとめると、図表3-16のようになる。

企業価値を高めるオプションの観点

　金融の世界では、ある資産の価値を求める場合、「オプション」の有無が大事になるケースが多い。オプションとは将来一定の時間、一定の価格で株式などの資産を買い取ったり売ったりする権利である。オプションには「コール・オプション」と「プット・オプション」があり、コールは買う権利、プットは売る権利である。

　有名な「ブラック・ショールズ方程式」はこの価格決定のための理論を数式化したもので、この理論を提唱したフィッシャー・ブラックとマイロン・ショールズの2人の名前を冠している。なお、ショールズはノーベル経済学賞を受賞している。このブラック・ショールズの数式は投資銀行に行く人以外はほとんど役に立たない。投資銀行でも、どこでも同じ数式を使っているためにこれだけでは差別化にならず、実際に使う人はごくわずかだ。

　オプションの考えを実際の投資ビジネスで使う際に、数式を使う必要はない。オプション価値を決める要因を理解することは、企業価値を高めるのに役に立つ。

　どのようなオプションを持つと、価値を高めることができるのだろうか。
　現実世界でのオプションのことを、リアル・オプションと言う。コールとプットは、ベンチャーの戦略にも当てはまる。コールはいわば積極的なオプションで、プットは退却（撤退）するためのオプションである。

ボラティリティーが価値の源泉

　オプションには、「対象資産の価格の変動（ボラティリティー）が大きければ大きいほど、価値が高くなる」という性質がある。将来大きく値上がりする可能性のある株式を、一定価格で買い取る権利、大きく値崩れする可能性のある株式を一定価格で売ることのできる権利は、値動きが安定した株式を対象とするオプションよりも、非常に価値があるということだ。

　チャンスと見ればいつでも、振れ幅の大きな事業に参入できる、というのはきわめて価値があることになる。例えば、先に見たナノキャリアの例のよ

うに、新薬の特許を押さえ、治験が進行し、市場に受け入れ体制ができれば「いつでも参入できる」というケースは1つのコール・オプションである。一方、治験がうまくいかない場合は少ない損害額でいつでも退却することができるのがプット・オプションである。アライアンスには、共同開発で失敗した場合の損害額を下げる、成功した場合の市場へのアクセスを押さえるという2つの意味がある。

それ自体は収益を上げなくても、新しい市場に参入し、それによって将来さらに多くの投資を行うオプションを創出するという手法もある。最初の投資の金額は少なくし、最初がうまくいった後、投資が可能になる次の事業機会の魅力度を大きくすれば、オプション価値は高くなる。研究開発についての投資は、少ない資金で研究をし、成功した時点で事業化するかどうかのオプションを持つことができるようにするのが大事である。単なるライセンス供与だと、事業化の権利は他社に移行するので、リスクは低くなるが、オプション価値も低くなることに留意が必要だ。

オプションは長い期間通用すればするほど、価値がある

オプションのもう1つの性質は、「長い期間有効なオプションほど価値が高い」ということだ。同じオプションでも明日まで有効というものもあれば、何十年先まで有効なものもある。時間が長ければ長いだけ、潜在的変動幅が大きくなるので、オプションの価値は高くなる。

専門特化した技術の領域では、最先端知識はどんどん進歩するため、自分の技術が陳腐化するリスクがある。燃料電池を例にとると、安価なバイオエタノール燃料や効率のいい蓄電池による簡易な電気自動車が普及したりすると、燃料電池の方にそれに対抗できる進化がない限り、その魅力は相対的に低下する。

他方、技術の市場性を見る目には、より汎用性がある。見る目を養い、自社技術にこだわらず、世の中の技術に目を配っていれば、他社のライセンスを活用することで、主流となる技術が変わっても事業が陳腐化するリスクを減らすことができる。つまり、長期に通用するオプションを手に入れること

になるわけだ。

　VCも、一度に出資せず、何度かに分けて出資することが普通である。これは、うまくいった場合に残りの金額の投資を事前に決めた株価で行うというコール・オプションを持つことを意味する。うまくいかない場合は、早期に打ち切り、少ない金額の損害で済む。

　ベンチャーも戦略を作る際に「オプション価値」を念頭に置くことが重要だ[xxi]。まとめると、**良いオプションとは、ダイナミックな変化の激しい領域のもので、かつ、陳腐化しにくいもの**、である。

資金繰りを管理する

　本節のはじめに書いたキャッシュフローは、将来の予測のための大雑把なものだ。ビジネスプランの段階ではそれ以上のものは必要ない。

　しかし、無事ベンチャーを立ち上げたら、その日から資金の流れを管理する必要が出てくる。以下は最低限知っておくべきことをまとめた[xxii]。

　資金の流れを把握するためには「資金繰り表」を作る。資金繰り表は、バランスシートや損益計算書からは出てこない。別建てで作る必要がある。

　まず、アウトプットとしてどのようなものを作成するのかを見てみよう。毎月の「資金繰り表」としては、以下のものを作るのが普通だ。

前月繰越残高	経常支出	経常外収入
経常収入	－現金仕入れ	＋借入金
＋現金売上	－買掛金支払	＋その他
＋売掛金回収	－支払手形決済	経常外支出
＋手形期日入金	－人件費	－固定資産購入
＋手形割引	－その他経費	－借入金返済
＋その他収入	－支払利息	－その他支出
	－その他支出	当月繰越残高

　イメージとしては、預金通帳のようなものを想像してほしい。モノを現金で買うと通帳の残高は減る。クレジットカードの支払い期日が来ると、残高はまた減る。しかし、おカネを借りると、通帳に入金され、残高は増える。

ポイントは、日常のビジネス活動にかかわる「経常収支」と、資金調達や設備購入など、それ以外の項目に分けることである。「経常収支」がマイナスだと、借金を増やさないと資金繰りが立ちいかなくなる。逆に、「経常収支」が黒字だと、会社にキャッシュが増えていく。経常収支は継続的なものだが、「経常外収支」は一過性のものだ。助成金や補助金、借入金はすべて「経常外収支」であり、これらに依存して資金を回していると、「質の悪い資金繰りである」ということになる。

　資金繰り表を作成すると、「利益が出ているのに、なぜ毎月資金繰りが苦しいのか」などの疑問に対する答えが、手に取るようにわかるようになる。

　資金繰り表は、まず、実績を作成し、「資金繰り予定表」を作成して予測を行う。この予定表がしっかりしていないと、場当たり的な経営になる。

　場当たり的な経営をしていると、戦略の実行に集中すべき起業家の時間が取られてしまうのが最大のリスクだ。資金繰りがショートすると、倒産してしまう。そして、急に危機的な状況に気がついて資金調達のために走り回っていると、本来の社長の仕事に対する時間が十分に取れなくなる。

　逆に、予定表をきちんと組んでいると、**資金調達の必要額、必要時期を前もって把握し、事前に調達先と交渉することが可能**になる。

　資金繰り表は、**経営体質の改善案を考えるヒントにもなる**。例えば、「売上代金の回収をどのようにすれば早くできるか」「前月に当月分を仕入れるのではなく、当月に仕入れられないか」「原価率を下げられないか」といった改善の方向について、資金繰りのデータを基にアイデアを出して実現可能性を検証していくことができる。それらの改善案は、経常収支の改善につながり、会社の経営体質を強化していくことになる。

　資金繰り表の作成の仕方は、①３つの出納帳（現金出納帳、普通預金出納帳、当座預金出納帳）を集める、②集めた資料を一体化し、資金繰り表の項目ごとにまとめる、③資金繰り表に転記する——の３段階からなっている。簡易な会計ソフトなどを購入して活用してみても、仕事の流れは把握できるはずだ。

　「資金繰り表」を作成し、「資金繰り予測」を行い、「経常収支の改善方向、改善施策を提言する」のは経理担当者の仕事である。不慣れな人がやる場合

には、トレーニングを受ける必要があるが、基本は難しくない。経理や簿記の経験者にこだわる必要もない。経営の舵取りをする意味でも、「最高財務責任者（CFO：チーフ・ファイナンシャル・オフィサー）」はきわめて大事だ。優秀な人材に担当してもらうことができれば、会社の成長にとって大きな経営資産になるだろう。

i 田淵直也『ランダムウォーク&行動ファイナンス』（日本実業出版社、2005年）　投資家がなかなか損切りができない理由について、最新の行動ファイナンスの立場から解説されている。

ii Jeffery A. Timmons, et al, *Business Plans that Work*, McGraw-Hill, 2004

iii 真田哲弥『なぜ、ベンチャーは失敗しやすいのか』（インデックスコミュニケーションズ、2007年）p130。同書では、実際のビジネスプランで顧客ニーズを誤って捉えた例がわかりやすく解説されている。

iv 前掲書p130

v 前掲書p131

vi トム・ケリー&ジョナサン・リットマン著／鈴木主税訳『イノベーションの達人!』（早川書房、2006年）

vii 竹中平蔵『「改革」はどこへ行った?』（東洋経済新報社、2009年）

viii 出口治明『生命保険はだれのものか』（ダイヤモンド社、2008年）p5

ix Richard Samuels, *The Business of the Japanese State*, Cornell University Press,1984
　　各業界がこのような事実上の官主導のカルテル形成を行ってきたことは、マサチューセッツ工科大学（MIT）の日本研究センター所長でブッシュ政権での対日経済政策のブレーンであったリチャード・サミュエルズ教授が指摘してきた。

x 前掲書『生命保険はだれのものか』p14

xi ライフネット生命保険ウェブサイト、付加保険料の比較による。

xii 週刊『SPA!』（扶桑社）2009年9月1日号

xiii アーキネット社ウェブサイトより一部抜粋

xiv スコット・A・シェーン著／スカイライトコンサルティング株式会社訳『プロフェッショナル・アントレプレナー』（英治出版、2005年）p62

xv 製品よりも製造プロセスの方が模倣されにくいことは学術研究によっても明らかになっている。Mansfield, E., *"How Rapidly Does Technology Leak Out?" Journal of Industrial Economics, 34No2*, 1985, 217-23

xvi 東京都ホームページ（http://www.sangyo-rodo.metro.tokyo.jp/monthly/koyou/chincho_17/index.html）

xvii William A. Sahlman, *Note on the Financial Perspective: What should Entrepreneurs Know?* Harvard College,1992 では、過剰に資本コストを厳密にすることのベンチャーにとっての弊害が書かれている。

xviii SBI大学院大学ホームページでの中富社長へのインタビューを参考とした。

xix 同前、SBI大学院大学ホームページ。中富社長は米国で20人規模の会社に副社長として入り、1年半後に上場を成功させている。

xx 保田隆明『企業ファイナンス入門講座』（ダイヤモンド社、2008年）p30-31　起業段階の財務戦略についてわかりやすく解説している。

xxi 同前、William A. Sahlmanの指摘によれば、オプション価値を起業家が意識することのメリットは大きい。

xxii より詳細には、西口貴憲『間違いのない資金繰りのツボがよくわかる本』（中経出版、2008年）などを参照のこと。同書はきわめてわかりやすく解説されている。

第4章

市場の目で技術を見る
知財と技術マネジメント

麻生川静男

1.MOTとは何か?

なぜ、MOTを学ばなければならないのか?

　MOTはエム・オー・ティーと読み、「技術経営(マネジメント・オブ・テクノロジー：Management of Technology)」の略である。製造会社において、いかにして技術をベースにした製品を開発し、販売し、利益を多く上げるか、市場での競争に打ち勝つかというテーマについて論じる。MOTは単なる経営戦略ではなく、技術を中核に考えるという発想がある。
　そして、技術開発にたずさわっている技術者に経営ノウハウを教えるというのが目的とするところである。
　経営というのは、とりたてて学問体系が存在しているわけではなく、実際の経営に必要な会計、会社法・商法などの法律関係、人事、組織などについての経験則を包括的に学ぶものである。
　したがって、経営学は大学でいう文科系、理科系の区別なく誰でも学ぶことができる。MOTも経営学の一派に属する学問領域なので、なぜ理科系の「技術者」がとりたててMOTを学ぶ必要があるのか、という点について説明しよう。
　まず技術者のメンタリティーを考えてみる。技術者というのは、通常、大学では理科系の学部に入学し、科学や技術のある特定分野について学んできた人が多い。例えば、機械工学や電気工学、あるいは物理、化学など、それぞれの分野についての一般的な知識と同時に特定の分野に関しては専門的な深い知識も持っている。
　当然のことながら、こういった知識を獲得する過程で、これらの技術の基底に流れている科学的・論理的発想というものの訓練がなされている。
　すなわち、技術者には、事象が発生したときに、その原因は何か、なぜそういう結果が得られるのかを1ステップ、1ステップ、論理的につめて、考えようという傾向が見られる。
　こういった思考法がポジティブに働くと、問題の所在の探求に非常に有効

である。しかし、その半面、例えば商取引の慣習や消費者の好みなど、論理的に割り切れない問題にも論理的解析を試みようとすると、すべてそうだとはいわないが、形式主義、断定的思考形式に陥る人が技術者の中には比較的多い。

　論理的な思考を絶対視するのではなく、実際の世の中の問題の解決には別の観点があることを技術者自身が理解することは、その人にとっても、周りの人にとっても有意義なことである。

　つまり、問題の所在によって解決方法の原理を取り替えることを柔軟にできることが大切なのである。

　例えば、会社のある事業部で、新製品を企画したとする。新製品を開発・販売するには、会社組織のいろいろな部門が関連する。製品の開発・製造という点では、責任部署は研究部門を含む技術開発部隊であり、販売やマーケティングでは営業部隊であろう。

　それぞれの部隊に所属する人間の種類を見てみると、だいたいにおいて前者の技術部隊には、理科系出身の技術者が多く、後者の営業部隊には、文科系出身者が多い。問題は、これらバックグラウンドが異なる人々が共同で問題解決に当たらなければいけないときに、意思疎通がうまくいくかどうかということである。

　今、ある車が値段が高すぎて売れないケースを考えてみよう。経理的観点から分析すれば、各部品の値段や製造コストを一覧表にして眺めてみると、コスト高の箇所を見つけることは難しくはない。しかし、値段の高い部品の品質を落として値段の安い部品で代替すればよい、とは単純には決められないものだ。当然のことながら、性能や安全性などの技術的検討をする必要がある。

　そこで、もしある部品を別の部品に変えることで、品質が多少落ちても消費者の購買意欲とあまり関係がない、ということを技術者が知れば、どういった代替部品を探せばよいのかがわかる。技術者が技術的な面（品質、安全性）は担保しながら、売れる製品の詳細を決めていくことができれば、会社にとって非常に好都合である。この意味で、技術者が経営的観点、つまり技術以外の製品にかかわる全体像を理解しているのは、製品の売れ具合に大きな影響を及ぼすと言ってよい。

　その上、現在のグローバリズムの現状を考えると、製品の販売競争はなに

も日本国内だけではなく、国際的視野で考えないといけない。その意味では、MOTは技術立国を目指す日本としては国を挙げて取り組むべき課題とも言える。実際、経済産業省では、MOT教育プログラム開発支援事業を、平成14（2002）年度から平成17（2005）年度に実施した。その間、64の大学・教育機関の延べ148教材プログラムの開発を支援した。[i,ii]

本章で取り上げるMOTのテーマと事例研究するベンチャーの概要

　さて、従来のMOTと言えば、組織論や人事管理に始まってマーケティング戦略に至るまで、どちらかと言えば、大組織において初めて実現性のある話題が多かった。例えば、技術開発1つをとってみても、長期戦略を練る重要性や広い技術スパンを強調していた。技術開発を確実にし、特許や知的財産権を押さえた後で、おもむろに市場に打って出る、という雰囲気である。その技術開発に関しても、とりあえず困らないレベルの資金が用意されている、というのが暗黙の条件であったりする。

　ところが、まだ創業間もないベンチャーでは、それらのいわば巨艦主義が当てはまらない。ヒト、モノ、カネ、情報、技術のいずれも足りない状況で、なんとかビジネスを軌道に乗せ、日銭を稼ぎつつ、技術開発もしていかなければならない。

　そこで本章では、そういったベンチャーの置かれた状況に即して、実在のベンチャーのケースを取り上げ、会社運営に関してMOTがそれぞれの会社でどのように活用されたかを紹介する。

　本章で取り上げるMOTのテーマは、
　（1）技術戦略
　（2）技術マーケティング
　（3）イノベーション
　（4）知財戦略
　の4つである。

　他方、本章で事例研究の対象として取り上げるベンチャー企業は次の3社である。それぞれ、その概要をまず簡単に紹介しよう。

第4章　市場の目で技術を見る──知財と技術マネジメント

エムオーテックス（MOTEX）

社　名：エムオーテックス株式会社
社　長：高木哲男氏
創業年：1990年（未上場）
ＵＲＬ：http://www.motex.co.jp/
事業概要：

　IT（情報技術）関連のベンチャーで、セキュリティー対策ソフト、資産管理ソフトの製作・販売。2008年現在、年間売上高は約35億円、社員約140人。本社は大阪市。

　『週刊ダイヤモンド』2006年1月14日特集号の「10年後の大企業」の記事では、450社中第2位に選ばれている。また、日経マーケット・アクセス社の2008年10月の調査では情報通信製品／サービスベンダーに対して行った「今後利用したいベンダー」のアンケートでは、マイクロソフトに次いで第4位に選ばれている。ちなみに第5位はデル（Dell）社。

　これ以外にも、ソフトウェア・プロダクト・オブ・ザ・イヤー賞や日経ニューオフィス賞の受賞など、受賞歴多数。

エムオーテックスの本社外観
写真提供：MOTEX社

エムオーテックスの本社内にあるテラス
写真提供：MOTEX社

チームラボ（TeamLab）

社　名：チームラボ株式会社
社　長：猪子寿之氏
創業年：2001年（未上場）
ＵＲＬ：http://www.team-lab.com/
事業概要：

　システムインテグレーション（システム統合）や検索エンジンの開発・販売。2009年現在、社員約100人。本社は東京都文京区本郷。

　典型的な学生ベンチャー。創業メンバーはいずれも東京大学、東京工業大学などの理科系出身者で、レコメンデーションエンジンの開発などで知り合ったメンバーが大学在学中に起業した。現在、いろいろなメディアで取り上げられることが多い。若手ベンチャーの注目株である。[iii]

チームラボのロゴマーク
写真提供：チームラボ社

チームラボの社内風景
写真提供：チームラボ社

HNC Inc.（HNC社）

社　名：HNC Inc.（HNC Software Inc., 現在は、Fair Isaac Corporation）
社　長：ロバート・ノース氏
創業年：1986年（1997年7月にNASDAQ上場）
Ｕ Ｒ Ｌ：http://www.fairisaac.co.jp/company/index.html
事業概要：
　人間の脳の機能を模倣した数学モデルである「ニューラルネットワーク」を応用したソフトウェア製品の開発・販売を手がけるベンチャー。本社は米国カリフォルニア州サンディエゴ市。設立当初は、ニューラルネットワーク（ニューロ）応用製品の開発・製造・販売が主体であったが、クレジット与信やクレジットカードの不正利用検出システムで大ブレークし、ナスダックに上場（IPO）した。その後、2002年、金融業のリスク分析システムの提供会社、Fair Isaac Corporationと合併した。それによってHNC社の名前は市場から消えてしまった。[iv, v, vi]

　筆者がHNC社とコンタクトを持ったのは、今から20年前のことであった。当時、筆者は住友重機械工業の子会社のライトウェルにシステムエンジニアとして勤務していたが、1989年の暮れに「HNC社が日本でアプリケーションの共同開発会社を探している」という情報を耳にした。協議の末、90年春に共同開発契約を同社と締結した。その後、7年間もの間（実質的には5年間）同社のビジネスパートナーとして、日本でニューロビジネスを展開をした。

　筆者はライトウェル社のニューロビジネスの実質責任者として、1990〜95年までの数年間、サンディエゴ市にあるHNCをたびたび訪問した。それを通算すると12カ月を超える。HNC社は規模が小さい上に開放的な会社であったので、同社滞在中は社員の誰とでも自由に話をする機会があった。おかげで米国のベンチャーがいかにしてビジネスを拡大し、IPOまでたどり着いたのかを間近に見るという、貴重な体験を得ることができた。

第4章 市場の目で技術を見る――知財と技術マネジメント

コラム MOTに目覚めたきっかけ
（その1：技術よりビジネスが大切）

　私事になって恐縮だが、筆者がMOT（技術マネジメント）に目覚めるきっかけとなったことをお話ししたい。

　筆者は、本文中でも述べているように、1990年の春に米国のHNC社と提携してから、同社との共同開発プロジェクトの実行責任者を務めた。実はその契約がまとまるまでひと騒動があったのだが、結果的に見ると、この体験が筆者がMOTに目覚めるきっかけであった。それまで技術しか見ていなかった筆者が、「技術的経営」という観点でビジネスを捉えることができるようになったのである。

　HNC社はニューロ（ニューラルネットワーク）の世界ではこの当時、ベンチャー、大企業を問わず、世界でも有数の会社として認知されていた。それは、創業者のヘクト・ニールセン氏の学者としての業績に負うところが大きい。彼が開発したニューロツールは使いやすさとともに、学究者が欲しがるような味付け（フレーバー）がされていた。ちょうど、統計パッケージソフトの大手ベンダーである米国SAS社が、長らく学究者に好まれていたのと同じパターンである。

　そのようなフレーバーに筆者も釣り込まれていて、是非ともそのフレーバーの香りだけではなく、実体（つまり内部のソフトウェア）も入手しなければ、多額の契約金を支払ってまでHNC社と提携する価値がない、と思い込んでいた。ところが、契約交渉が幾度となく繰り返され、最終交渉のために1990年の春に渡米したとき、契約の最終文面には、筆者が一番関心のあったこの「実体」は開示しない、ということが明記されていた。当然のことながら、筆者はこのような内容の契約は意味なしと猛反発し、同社に対して再三この「実体」の提供を要求したが、最後までこの要求は受け入れられなかった。

　交渉はそこで時間切れとなり、提携の結論を持ち越したまま、帰りの飛行機に乗るため、空港まで車を走らせた。その途中、同行していた数人とレストランで食事をしたとき、筆者は「この提携は止めた方がいい」

という持論を展開した。しかし、他の人たちは「提携すべき」という主張であった。このときに3時間ぐらい、文字通り侃々諤々の激論をたたかわせた。最終的にこの議論を通じて、筆者は初めて技術者としての見方からMOTの見方に変わっていったのだ。

　結論を言うと、ニューロの内部の詳細が分からなくても、つまり「実体」を入手することができなくても、ビジネスはできるのではないか。あるいは「実体」の詳細を知らなくてもできるビジネスだけをすればいいのではないか、ということであった。

　筆者には、この発想はコロンブスの卵であった。筆者の頭の中では「実体」がわからないことは、とりもなおさずビジネスができない、というワンパターンの図式がこびりついていた。それが、実体がわからないからできないビジネスはせず、それ以外で可能な範囲のビジネスを展開するという選択肢があることに、数時間の激論の末ようやく目が開いたのであった。このとき、筆者は義理で納得したふりをしたのではなく、本当にMOTの真髄をつかんだのである。

2.技術戦略

　一般の戦略論ではハーバード・ビジネス・スクールのマイケル・ポーター教授の競争理論が取り上げられることが多い。そこでは、競争に打ち勝つための次の3つの方策が示されている。[vii],[viii]

（1）コストリーダーシップ
（2）差別化
（3）選択と集中

　また、これらの方策と同時に、「ポジショニング」も重要な要素であると言われる。ポジショニングを、マラソンや競馬にたとえて言うと、先行逃げ切

り型か、追い込み型か、などのレース展開の仕方に相当する。つまり、相手と自分の体力や性格から考えて、どのような展開が一番有利かを判断することに該当する。特許や新技術が絡む場合は、他社のものを導入する方がいいのか、それとも自社開発するのかを考えることも必要である。

　最近の先端技術、特にIT関連の技術は世界的規模で技術や製品が開発されているので、進歩が非常に速い。速いだけでなく、類似の技術があちこちで開発されていて、どれが最終勝者になるかわからない状況である。こういった混沌の中で、将来の方向性を決めるのは非常に難しい。というのは、技術内容だけでなく、その技術がもたらす社会的・経済的インパクトも予測しなければビジネスに勝てないからである。

　しかし、技術そのものは製品全体の一部でしかないので、魅力ある製品にするための訴求要素も考えないといけない。つまり、コアの部分をどのように製品に仕立て上げて、顧客をひきつけるかがポイントとなる。

　この時、上で挙げたような競争ポイントを考慮する必要がある。つまり、
　（1）この技術で製品価格が劇的に安くなるのか？
　（2）この製品・技術は他社がまねできないのか？
　（3）この製品によって新しいライフスタイルが生まれるのか？
　ということである。

　技術の開発方針と、開発ターゲットが定まったとしても、それだけでは問題は解決したことにはならない。技術や製品というのは常に改善していかないと、陳腐化するのである。つまり、持続的な製品開発能力を組織としてどのようにして維持できるか、という点を解決していかないといけない。

　そのためには、技術の蓄積、継承を個人の努力に頼るのではなく、組織として組み込まれていなければいけない。

　ともかく、技術系のベンチャーとしては、少ない人員でどのようにして新技術の潮流をつかみ、自社に必要な技術を取り入れ、持続的に発展させていくかが常に最大の課題となる。

　こういった課題を、それぞれのベンチャーはどのように克服したのかを見てみよう。

ケース4-1 エムオーテックス（その1）

①エムオーテックスの技術戦略

　エムオーテックスの技術戦略は、設立当初からきわめて明確だ。とにかく、「技術的に尖ったたことしか取り組まない」というのが、高木哲男社長の方針である。また、100％自社技術にこだわるという姿勢も一貫して保持している。

　会社の規模の大小にかかわりなく、尖った技術を持つこと、それも日本だけでなく、世界で評価される技術を持つことを高木氏は同社の基本軸に据えた。これは言うは易しいが、いざ実行するとなると大変だ。まず、尖った技術のポイントやレベルがわからない。

　高木氏は、以前大阪のシステム会社の技術責任者として、受託システム開発の先頭にたって新技術を見つけては、適用していた。そして1980年代の終わりになって、今後のコンピューター技術は、①基本ソフト（OS）、②データベース（DB）、③通信（ネットワーク）——の3つのコンポーネントが主体になるであろうと結論づけた。

　このうち、当時普及の兆しが見えていた3番目の「ネットワーク」こそが

図表4-1　エムオーテックスの技術の進展

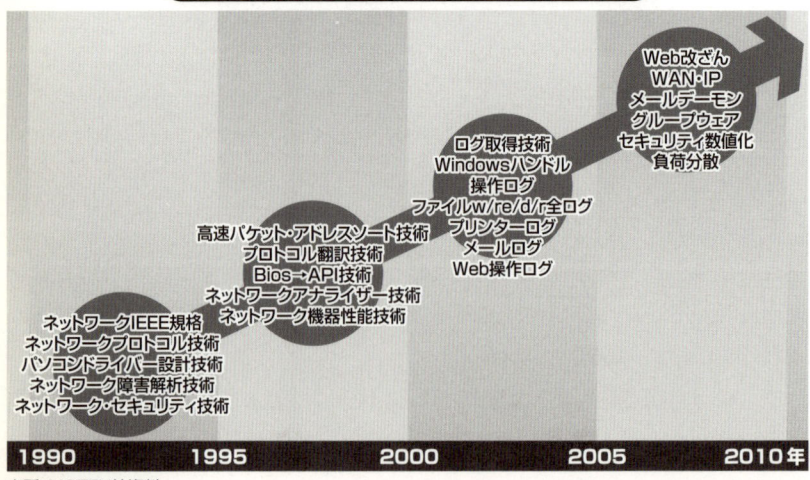

（1990年）
- ネットワークIEEE規格
- ネットワークプロトコル技術
- パソコンドライバー設計技術
- ネットワーク障害解析技術
- ネットワーク・セキュリティ技術

（1995年）
- 高速パケット・アドレスソート技術
- プロトコル翻訳技術
- Bios→API技術
- ネットワークアナライザー技術
- ネットワーク機器性能技術

（2000年）
- ログ取得技術
- Windowsハンドル
- 操作ログ
- ファイルw/re/d/r全ログ
- プリンターログ
- メールログ
- Web操作ログ

（2005〜2010年）
- Web改ざん
- WAN・IP
- メールデーモン
- グループウェア
- セキュリティ数値化
- 負荷分散

出所：MOTEX社資料

今後最も発展するだろうという予測を立てた。つまり、コンピューターが単独で使われる時代は終わり、必ず連結されて使われるようになるはずだと考えた。そのとき、問題になるのは不正アクセスや情報漏えいである、というポイントを80年代の終わり頃までには早くも予測していた。

このような見通しにたって、ネットワーク創成時からずっとネットワークに関するソフトウェア開発に従事していた。その後、90年に42歳で通信関連のソフトウェア開発に特化した現在のエムオーテックスを設立して独立した。

独立する前から高木氏を技術者として高く評価していたNTTの横須賀研究所から、研究員たちの研究に必要なソフトウェア製作を依頼されることになった。研究員たちは、自分の研究を進めるために必要な機能を理解してもらうために、高木氏に自分たちの行っている通信・ネットワークの最先端の研究をこと細かく説明した。高木氏は聞き取った仕様に沿ったソフトを開発しては納入することを続けた。

そのようにして、十数人もの研究者の話を聞くことを数年重ねるうちに、通信やネットワークの最先端の情報に非常に詳しくなった。

というのも、設立当時のエムオーテックスには、技術者が少数しかおらず、

図表4-2 エムオーテックスの製品の展開

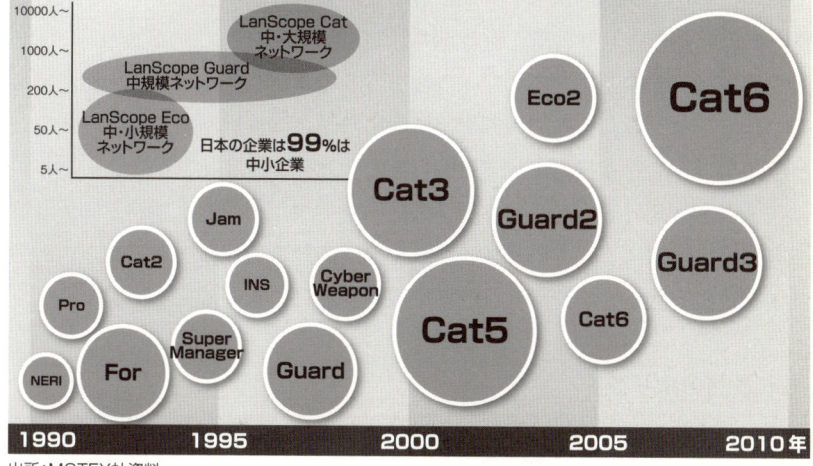

出所:MOTEX社資料

仕事は山のようにあった。とても何人もの技術者が本社のある大阪から技術仕様の打ち合わせに上京できる状況ではなかった。そのため、技術内容の打ち合わせは、すべて高木氏が1人で行わなければならなかった。聞いた内容によってソフトの仕様が固まるので、高木氏としても、内容を完全に理解していないと大変なことになる。そのため、高木氏にとっては孤独な真剣勝負だったのだ。

②技術力の評価と実績

　この経験が生きて、高木氏の技術力はずば抜けて高くなった。しかし、1人では限度がある。そこで、技術がわかる後継者を徐々にではあるが、自分と同じような経験を踏ませて育成した。

　その結果、現在では通信・ネットワーク関係では、同社の技術力は世界的にも認められている。それは、同社が米国マイクロソフトのグローバルな戦略的パートナーとなっていることでも証明されている。

　マイクロソフトの戦略的パートナーというのは、技術力に優れている会社しか選定されない。世界では、ウィルス対策ソフトのカスペルスキー(Kaspersky Lab)、サーバーなどのITシステムの運用を効率化する仮想化ソフトのシトリックス・システムズ(Citrix Systems)などがそうだ。日本の会社でこの戦略的パートナーとなっている会社はエムオーテックスを含めて数社しか存在せず、その会社名も公表されていない。

　同社の社員の中でも、このマイクロソフトの戦略的パートナーの会合に参加できるのは、ごく少数の人間だけに限られる。年に数回渡米し、マイクロソフトのシアトル本社のトップ技術者と直接意見交換するという。

　このような世界でもトップクラスの技術者のグループと定期的ミーティングをすることによって、エムオーテックスは自社のコア技術を磨き、世界の先端技術動向を多大な費用をかけずに収集することを可能にしている。

③本事例のポイント

　エムオーテックスの技術戦略は、創業当初から「特定分野の尖った技術を磨く」という点から全くぶれていない。

まず、ITの使われ方から見て、どの分野が伸びそうか、また自分たちであればその分野を十分にカバーできるかという点を真剣に考えた。そして、いったん事業領域が決まったら、そこに全精力を集中し、自社技術を磨いていった。そうして当該分野でトップレベルの顧客企業からの難易度の高い要求をクリアした製品を納入することで、いっそうレベルの高い知識や情報を直接入手することができた。

新たに得られた知識や情報を利用することで、さらに高度なレベルの製品を作ることが可能となった。つまり、スキルアップの正の循環（スパイラル）が回りだして、どんどんレベルを高めるのが可能となったことが、同社の技術戦略の成功の軌跡と言えよう。

ケース4-2 チームラボ（その1）

①チームラボの技術戦略

チームラボは、平均年齢27歳というきわめて若い社員が活躍している。社員はコンピューターや携帯電話などの電子機器はまるで手足のように扱うし、メールは会話するのと同程度の気楽さで使いこなしている。なまじ話をするより、メールをしている方が脳細胞が活性化するとでも思っているかのような人たちである。

設立当初から、創業メンバーが暗黙のうちに合意していたのが、「伝統的な日本の会社の雰囲気を取り込まない」ということであった。その理由は、社会の大転換を確信していたことにある。情報の構造が変わる。それは、爆発的に増える情報を整理・編集する機能が変わることを意味している。そのために、会社の構造、雰囲気自体も伝統的な会社の構造とは違ったものになっていくだろう、と創業メンバーが考えていたことに起因している。

そういった理念がベースとなり、通常の会社組織にあるような「命令する者と命令される者」という区分けを極力少なくする風土づくり、組織づくりを目指した。具体的な方法として、できる限りすべての議論をオープンにし、意見があれば、メールで発信することで、メーリングリストの全員が同じ情報を共有できるようにした。ちなみに、このため、1日に受け取るメールの

数は半端ではない。創業メンバーなど、会社の役職に就いている人たちの受け取るメール数は、1日に1000通は軽く超えるという。

　Eメールをいわば井戸端会議的に使うことで、新技術を皮膚呼吸するように取り入れることが可能となった。技術情報の発信者は誰でもよい。つまり、職階にこだわることなく、誰でも「これはおもしろい、新しい、使える」技術だと感じたことを発信することが許されている。その意味では、技術情報の流通は基本的にボトムアップで行われると言ってよいだろう。

　そして、その構造は、チームラボの真骨頂ともいうべき「レビュー」に昇華されていくことになる。

　職種ごとにテーマが限定されているわけではなく、技術者が開発やインフラ技術のような技術面の最先端のテーマについて発信することもあれば、マーケティングや人事などについての情報を発信することも多い。当然のことながら、マーケティングや企画の担当者も、展示会などで仕入れた最新技術情報について発信することで、社外の最新情報を共有することができる。

　これらの情報がメーリングリストに投げられると、その情報に共感した者同士が、さらに深堀りの議論をメーリングリスト上でやりとりし、共感した者同士でブレーンストーミングをして形にしていく。そして、形になったものを、プロジェクトに関わっていない者たちも含めて「レビュー」していくことで完成度を高めていく。1人ひとりが、自分の目線で「レビュー」すること。そうした、様々なスペシャリティーを背景にした個人の率直な意見は、情報化社会の「もの作り」には欠かせない。しかし、一口に「レビュー」と言っても、有効な「レビュー」を生み出すことは難しい。単なる制度ではなく、むしろ社風に依存してくるからである。そのチームラボの独特な社風については後述する（第4節を参照）。

②チームラボの開発体制

　このような、いわば「全員参加型」で、常に世の中の動向を情報収集しているのが チームラボだ。収集された情報を各人の知見も交えて加工し、ユーザーに提供していく。その提供したサービスに対して寄せられるユーザーニーズに合わせて、さらに情報の精度や範囲を拡大するなどの調整をすることで、

同社の社内の情報リテラシーは高まっていくのである。

ITの先端技術の適用がセールスポイントであるチームラボには、常に新しい技術動向に目を向け、ビジネスインパクトのある技術を、積極的に取り入れられる体制が必要不可欠なのである。

「全員参加型」の精神の１つの現れが、プロジェクトチームの編成に見られる。通常、システム開発のプロジェクトを組む場合、設計、製作、導入、メンテナンスとチームが分かれていて、このつなぎ部分がうまくいかずにトラブルとなることが多い。しかし、チームラボでは、プロジェクト単位でチームを作り、企画、開発、導入から改善、それに研究までを同じチームで行っている。この方式の利点の１つに、迅速で柔軟な対応ができることが挙げられる。あるシステムを製作・販売した場合、当然のことながら、製作途中や保守期間に当初考慮していなかったような新技術、新技法が出現し、それが有効であることが判明する場合がある。その際に、納入システムに特定のチームが一貫して責任を負っていれば、自分たちの判断で必要な変更の可否を決めることができる。そして、必要に応じて直ちにクライアント（顧客）と必要な変更について交渉を始めることが可能となるのである。

チームラボではそのようなすばやい動き、顧客の方を向いた姿勢が、情報化社会においては、非常に重要だと認識しているのだ。

③本事例のポイント

チームラボの技術戦略のポイントは、「最新の技術情報を収集するのに広い情報収集網を持っている」ということだ。社員全員参加による情報の収集と共有、これがすべてメールベースで行われ、社員であれば職責や職階に関係なく誰でも情報発信者になれるというオープンさにある。議論する場もイントラネット上という「公開の場」であり、証拠が残されるので、情報の握りつぶしや改ざん、あるいは個人攻撃などができない。つまり、純粋にテーマについて議論を煮詰めていくことができる。

一方、顧客（クライアント）をも自社の情報収集網に巧みに取り込んでいく仕組みが、顧客別に対応するというチーム編成だ。担当者を固定することで、顧客と密接な付き合いが可能となり、ユーザーニーズを実際の運用に即

した形で顧客からダイレクトに吸収することができる。つまり、顧客のニーズを通して技術探索を行っている、とも言えるのである。

ケース4-3　HNC社（その1）

①HNC社の技術戦略

　HNC社は1986年にロバート・ヘクト・ニールセン氏（Robert Hecht-Nielsen）とトッド・ガッチョフ氏（Todd Gutschow）によって設立された。彼らは元はTRWという会社で、ニューロのツールを開発していた技術者であった。当時、米国のニューロビジネスは、ニューロツール販売が主体であった。つまり、まだ実用になるような適用用途（アプリケーション）を模索している段階であった。

　当時の同社の事業構成は、①米国DARPA（国防高等研究計画局）の研究案件、②光学式文字読み取り装置（OCR）関連ビジネス（特に小切手の手書き文字認識）、③ニューロツール——の3本柱であった。つまり、ニューロツール製造・販売会社というより、どちらかというと「ニューロ研究所がビジネスをしている」という雰囲気に近かった。

　同社のコア技術のニューロ研究の中核にいたのが、創業者のヘクト・ニールセン氏であった。ニューロの数理的な解析の世界的権威であったヘクト・ニールセン氏は学会、産業界に濃密な人的ネットワークを持っていた。そのため、同社に入社する技術者のレベルは、創業数年のベンチャーにしてはきわめて高かった。

　その高い技術レベルでいろいろなツールを開発していくうちに、徐々にニューロ技術をコアにした実用的なアプリケーションができてきた。その1つがOCRビジネスであった。1990年当時の米国の社会は小切手を多用していたが、筆者の目には乱用と思えるほどであった。スーパーマーケットで、1ドルにも満たない歯ブラシを買っても小切手で支払うというケースもまれではなかった。したがって、米国内で使用される小切手を換金処理するためには、膨大な人手とシステム経費がかかっていた。とりわけ、小切手に書かれている手書き数字の認識のシステム化は非常に高いニーズがあった。

しかし、ことが金額に関わるので、その読み取り精度は非常に高いレベルが要求された。数字は10種類しかないとはいえ、人間の手書き文字を高精度に、それも間違いなく読み取るのは、コンピューターの画像認識技術では最難関の部類に入る。既存の画像認識技術はどれ1つとして、単独では、顧客が要望するレベルの認識精度を達成できなかった。読み取り精度を高めようとすると必然的にいくつかの技術を複合することになるのだが、その組み合わせもまた別種の難しさがあった。

元々同社には、国防総省（DOD）の潤沢な研究資金をベースに開発した高度の画像認識技術があった。それにニューロ技術や人工知能（AI）技術を組み合わせて、他社が追随できない高精度の手書き文字認識システムを構築することができた。その上、他社と大きく違っていたのは、一定のサンプル数さえ集めて、システムを「トレーニング（学習）」すれば、癖のある手書き文字にも対応できるという柔軟性を持っていたことである。

このように、文字認識の精度の高さのみならず、顧客が要望する機能を提供することで、手書き文字認識システムでは、他社を寄せ付けなかった。それゆえ、このビジネスからの収益は同社にとっては、いわゆる「キャッシュ・カウ（利益の源泉）」であった。

②**本事例のポイント**

通常、技術開発型のベンチャーは自社技術に執着しすぎる傾向にある。自社技術に対する誇り、愛着が度を越して、他社の技術あるいは他の技術を全く無視する傾向が多くみられる。

HNC社はコア技術であるニューロでは、非常に高いレベルにあったが、それでも他の技術を取り入れることを躊躇していない。それは結局、製品を買うユーザー視点にたてば、問題解決が最優先される、という点を彼らが正しく認識し、実際そのように行動していたからに他ならない。

3. 技術マーケティング

技術マーケティングにおける「4P」

　ピーター・ドラッカーが定義したビジネスの目的は、「顧客を創造することにある」という。つまり、「売れてなんぼ」の話である。製品の善し悪しもさることながら、製品が顧客の手に渡るまでの全過程がビジネスということになる。[ix]

　技術集団の陥りやすい落とし穴としては、「いいものを作ったのだから、黙っていても買ってくれるはず」という技術指向、あるいはシーズ指向の考えがある。それが昂ずると、「高機能の方が望ましいはずだ」という考えで、他社にない機能を追加することに熱心になる。また、汎用性が高い方が技術的に均整が取れているからといって、簡単な処理を実行させるのに、複雑なオペレーションを要求するシステムを作りがちである。

　これらはいずれも、技術サイドだけを見て、それを使う顧客サイドを見ていない欠点である。

　それでは、今度は顧客サイドから技術を見ると、どう見えるだろうか。

　まず、顧客が品物を購入する場合は、「自分の希望する機能が満たされているか」「価格はどうか」など直接的な要因の他に、「世間の評判はどうか」「誰か有名人が使っているか」「メンテナンスやアフターケアはしっかりしているか」などの周辺要因も考慮する。これらの総合評価の他に、「たまたま通りかかったから」とか、「特売日であったから買ってみた」などの不定要因も、購入の決定にかかわってくる。

　このように、顧客の購買というのは、一定の理論で捉えにくいものである。しかし、第1章でも触れているように、マーケティング理論によれば、販売というものは「4P」と呼ばれる基本戦略で決められるという。[x]

　すなわち、①Product（製品）、②Price（価格）、③Place（販路）、④Promotion（販売促進）──である。技術マーケティングの立場から、それぞれを眺めてみよう。

①**Product（製品）**

　製品の仕様を決めるには、技術サイドからのシーズ中心のやり方と、顧客サイドからのニーズ中心のやり方とがある。

　インターネットの普及によって、従来であれば、特殊ルートでしか入手できなかったような先端情報を細部にわたり、一般ユーザーも容易に入手することが可能となった。それと同時に、類似商品の比較を自分でしたり、ウェブ上の評判をチェックしたりするなどして、商品に対する目が厳しくなった。

　その結果、自分が購入し、使っている製品の機能について、他の機種を比較したりして、製造会社に製品の改善要求を出してくるケースも増えている。

　これらの要望には、当然のことながら、市場ニーズの大小や、開発の難易などにばらつきがある。「どの要望をどの程度取り入れるか」についての、会社の基本ポリシーや判断が求められていることになる。

②**Price（価格）**

　世の中にはミクロ経済学の理論を使って、製品の売れ行きがあたかも価格だけで決まるかのような需要供給曲線を使って話をする人がいる。

　この理論が成り立つのは、ユーザーの商品に対する選好性が著しく低い場合に限られる。つまり、ノーブランドで、品質的にもほとんど差がないような場合である。例えば、にんじんやシャツのようなコモディティー（日用品）的な商品がそうである。

　それ以外の場合、特に使う技術的要素で性能が大きく変わるような場合は、価格要因は相対的に小さくなる。それよりも、顧客がその価格に納得感を感じるか、あるいは、性能に安心できるか、の方がより重要である。

③**Place（販路）**

　インターネットの普及に伴い、ウェブ経由でエンドユーザーが中継ぎの小売り業者を飛ばして、直接製造元に注文することも可能となった。いわゆる「中抜き」である。従来であれば、卸・小売り業者が、消費者情報と製品情報の両方を握り、それを適切にマッチングする点に付加価値や存在意義があった。

しかし、そうした中間流通業者が不要となり、皆のアクセスが集まるウェブ上のeマーケットプレイス（電子商取引市場）が重要となってきた。しかし、検索技術の発展で、このマーケットプレイスすらも必要性が薄れ、エンドユーザーが直接サイトを訪問することも可能となってきた。つまり、言ってみれば検索エンジンが販路となったわけである。

また、企業が顧客となるB2B（ビートゥービー）モデルのビジネスでは、購入後のアフターサービスの顧客満足度を高めるために製造業者がエンドユーザーを直接サポートする仕組みも効果を上げてきている。

④Promotion（販売促進）

新聞チラシや、テレビ広告のような古典的な販売促進方法はいまだに健在であるが、徐々に新たな販促活動に移り変わりつつある。一言で言うと、売り手ではなく、使用者、つまりユーザーサイドの生の声が売れ行きを大きく左右するようになった。

昔からあった、口コミが販促ツールとして見直されてきた。多額の費用をかけてテレビでコマーシャルを流すより、ブログやツィッターで有名人がある商品の使用感を数行書くことが販売を大きく伸ばすこともある。製造業者によって作られたイメージではなく、消費者の目線にたった本当の評価を消費者は聞きたがっているのだ。この現象は、特に商品の性能をカタログ化しにくいような商品に多く見られる。

例えば、美容液や健康食品などでは、細かな成分表示よりも、実際に使った感触・感想が購入の判断には必要なのである。あるいは、ホテルやレストラン情報なども価格や外観の写真だけではなく、実際に利用した人の評価が、選考を大きく左右する。

技術マーケティングを考える場合、製造サイドではなく、以上のような消費者サイドからの評価ポイントや購入に至る判断のプロセスについても熟知しておく必要がある。

ケース4-4 エムオーテックス（その2）

①エムオーテックスの販売戦略

　エムオーテックスは1990年の創業後10年間は、ひたすら自社製品開発とOEM（相手先ブランドによる生産）製品の受託生産を目指していたという。1年に1つの製品を開発することで、各種の技術力を培うことができた。そうして、5年間の技術蓄積の成果を問うべく、満を持してセキュリティー対策ソフトのパッケージ製品を販売したのは95年からであった。

　それから15年間、パッケージ製品の販売は急速に伸びた。販売の急速な伸びには、技術力だけでなく、マーケティング面でも他社にはないユニークな販売戦略があったからだ。同社の強みはコア技術にあるのはもちろんだが、営業力も強いのである。

　従来、日本のB2B市場では、中継ぎ業者、つまり販売店（代理店）が存在し、製品情報とユーザー情報をがっちりと押さえていた。通常、販売店は自分の既得権を守ろうとして、メーカーにエンドユーザーの情報を与えない。メーカーからエンドユーザーを隠すことで、ユーザーに流す情報を自分の都合のよいようにコントロールして、存在意義を主張し、同時に付加価値を付けようとしていた。

　一方、エンドユーザーは製品に不満があって、販売店に苦情を言っても、技術の詳細を知らない販売店の担当者の対応に大いに不満がたまっていた。その上、ユーザーからの苦情内容を正しく理解できないので、メーカーに苦情を伝えないか、もしくは伝えたとしても正しく伝えることができないでいた。

　エムオーテックスの製品もまさにこの既存の流通ルートのエアポケットに陥っていた。エンドユーザーが購入した同社製品に対して非常に不満が蓄積していたことが、自社で実施した顧客調査でようやく明らかになったのである。

　このような事態を耳にしたエムオーテックスは、従来の販売店に頼りきりのユーザー支援ではせっかくの良い商品でも評価が悪くなってしまうと考えて、エンドユーザーに直接コンタクトすることにした。しかし、元来エンドユーザーは、販売店もさることながら、製品に対しても不満がかなり蓄積していたので、同社からのコンタクトに対しても適切な応対をしようとはしな

かった。

　あるエンドユーザーにコンタクトを取ろうとして、エムオーテックスの営業員は会ってもらえるまで何度も訪問し続けたという。とうとうそのユーザーは、そうした同社社員のねばりと熱意に動かされ、会って胸襟を開いてくれた。そこで初めて、いろいろな不満をぶつけた後で、ついにはエムオーテックスの強力な支援者となってくれた。

②ユーザー親睦組織「LanScopeアワード」

　このようにして、販売店を飛びこしてコンタクトできたエンドユーザーは初年度の2003年には、わずか7社しかなかった。同社はこの7社を招いて親睦会「LanScope Award（ランスコープ・アワード）」を開催した。こうした直接コンタクトが自分たちの利益になることを知ったエンドユーザーが次第に増え、その後は同社の呼びかけに応じて直接コンタクトしてくれるエンドユーザーの輪が広がっていった。それから5年後の2008年の同アワードは一大会議となった。このイベントの盛り上がりが同社製品が業界に浸透する1つの大きな原動力となったのである。

　「LanScopeアワード」が成功した理由は、顧客の社内事情まで見透かした心憎いばかりの懐柔政策と言うことができよう。元来、同社製品のエンドユーザーは、企業の情報システムのSE（システムエンジニア）たちである。彼らは、社内システムのお守り役という地道な仕事に従事していて、通常はあまり陽が当たらない職種である。社内システムというのは、問題なく稼動して当たり前、トラブルがあると「早急に直せ」と叱られる。つまり、努力が正当に評価されにくい仕事である。そういった縁の下の力持ちの仕事であるから、仕事に対するモチベーションがややもすると薄れてしまう傾向にある。

　エムオーテックスは、そういった導入企業の社内の運用環境を理解していたので、SEたちが同社製品を使うことが全社の活動に寄与しているという事実を、ユーザー企業の社内に浸透させることを目的として「LanScopeアワード」を大々的に開催した。当日は、ユーザー企業の上層部も招待して、自社内のシステム部門の活動の実態を目のあたりに見ることができるようにしたのである。ユーザー企業のSEたちを後方支援する一方で、彼らエンド

ユーザーから届いた苦情の数々は真摯に受け止め、今後の製品のアップグレードの参考資料として非常に重要な情報として活用している。

現在、同社のエンドユーザーは約5000社、製品がインストールされているPCは390万台に達する。この膨大なインストール実績をベースに、エンドユーザーの協力を得て、「エムオーテックス製品をどのように使っているか」をユーザー自身の声で述べてもらう形で「導入事例集」を制作し、各ユーザーに配布。そして、同社主催のユーザー会「LanScopeアワード」において、この導入活用事例の中から、最も効果を上げている事例を、ユーザー自身に投票してもらい、その場で優秀な導入活用の上位者を表彰するという「仕掛け」を作ったのである。ちなみに、優勝賞金は200万円。

こうして、2003年当時、同社ソフトを導入していた会社は1000社、ユーザー会の加盟会社はわずか7社しかなかったのが、2009年には5000社の導入で、1000事例が掲載されるまでに至っている。

現在では、全ユーザーの1割に当たる500社が「エムオーテックスの製品を使っている」と公表してくれている。そのことは、とりもなおさず社内外に、自社のセキュリティー管理の高さをアピールする言葉と受け止められて

図表4-3 「LanScope」のユーザー会の歩み

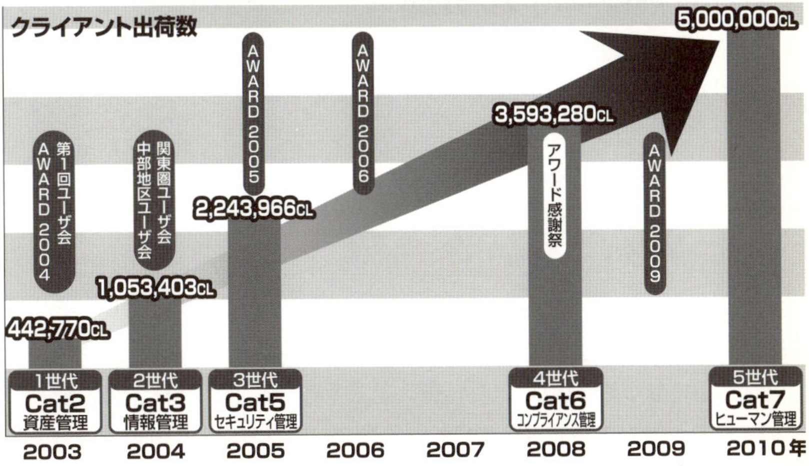

クライアント出荷数

- 1世代 Cat2 資産管理 2003年 442,770CL 第1回ユーザー会 AWARD 2004
- 2世代 Cat3 情報管理 2004年 1,053,403CL 関東圏ユーザー会 中部地区ユーザー会
- 3世代 Cat5 セキュリティ管理 2005年 2,243,966CL AWARD 2005
- 2006年 AWARD 2006
- 2007年
- 4世代 Cat6 コンプライアンス管理 2008年 3,593,280CL アワード感謝祭
- 2009年 AWARD 2009
- 5世代 Cat7 ヒューマン管理 2010年 5,000,000CL

出所:MOTEX社資料

いるという。当然のことながら、社会的ステータスの高い会社で同社製品が利用されていることは、何にも増して、エムオーテックスのクレディビリティー（社会的信頼感）を高める宣伝材料となっている。

③本事例のポイント

　技術マーケティングの観点からエムオーテックスのマーケティング成功の秘訣を一言で表すと、「メーカーが販売店を飛び越えて直接エンドユーザーとコンタクトした」という点にある。こういったやり方は、日本ではあまり類のない方式である。というより、日本の伝統的な商慣習に反するものだ。

　しかし、こういった思い切ったやり方が最終的には、ユーザー、販売代理店、それにエムオーテックスの三者がそれぞれ得をする、すなわち「Win-Win-Win（ウィン・ウィン・ウィン）の関係」であることが証明されたのだ。成功の証としては、現在まで、製品購入者（ユーザー）が継続して製品を利用する保守契約の更新率が90％もあり、契約総額が10億円に達することからも明らかである。

ケース4-5　チームラボ（その2）

①チームラボのマーケティング戦略

　チームラボは、学生の技術系ベンチャーから始まったこともあって、足で稼ぐような伝統的な営業方式は取らない。ある顧客の注文に応じたシステムを作り、納品すると、そのできばえに納得した顧客がチームラボのために自ら宣伝役を買って出てくれて、新たな顧客をひっぱってきてくれるという、典型的な口コミで顧客が開拓されていった。

　この方式で大きくなってきた同社だが、すべてが受動態というわけではない。他の若いベンチャー企業と積極的に付き合い、彼らとの出会い、そして議論の中から新たな商機をつかむことに長けている。

　その中心となっているのが、猪子寿之社長である。世評で「とにかく変わっていておもしろい社長」と言われている通り、中学校の頃に「日本を再生しろ」という天の声が届いたと言ってのける。その声に従って、政治活動では

なく、経済活動で、日本を再生する方法を考え、行動しているという。

猪子氏の想いを具現化するチームラボのメインテーマは「技術と文化の融合による日本再生」である。そこに集う若者も技術者だけではなく、デザイナーやアーティストなど非常に多彩だ。

行動力あふれる猪子氏は様々な方面に触手を伸ばす。ITや技術の話は当然のことながら、アートやマーケティングに関しても一家言を持ち、いろいろなセミナーで、挑発的とも思える口調で語りまくる。そうした猪子氏のキャラクター自体がチームラボの技術マーケティングそのものである。

香水を振り掛けた美女が歩くと誰もが振り返るように、猪子氏は言ってみれば、チームラボの香りを世の中に振りまいているのだ。その香りに惹かれて、同社に興味を持った客が1人また1人と訪れては、いろいろなネタを持ち込んでくる。そういった中からいくつかの実態ある成果が表れている。

例えば、平成20（2008）年度に経済産業省が募集した「情報大航海プロジェクト」にチームラボは参画した。情報大航海プロジェクトとは、検索エンジンがグーグル（Google）やヤフー（Yahoo）はじめ、ほとんどが外国産であり、国産のものが少ないことに危機感を感じた産業界・官庁が、若

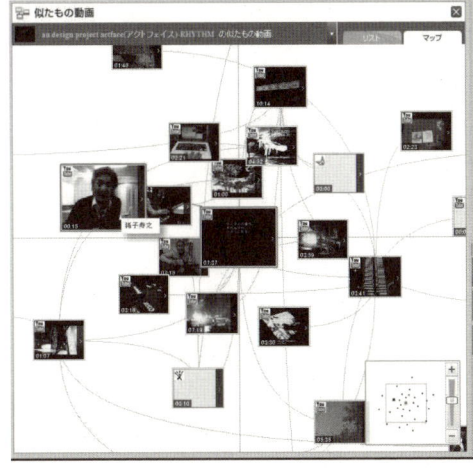

図表4-4　チームラボが開発した「似たもの動画検索」の画面例

出所：チームラボ社ウェブサイト

手の育成も兼ねて、日本語環境にとって必要な検索エンジンの開発を募集したものである。

　チームラボはそれまでに培ってきた社内技術を結集して、ウェブ上の大量の動画を少ないキーワードで検索でき、それもおもしろい順に検索結果が表示される、というユニークな検索エンジン、名づけて「オモロ検索」というシステムを開発した。これは、同社がすでに開発し、実際に産経新聞社のニュースサイト「iza（イザ！）」などで実運用実績のある「オモロ検索エンジン・SAGOOL（サグール）」という検索エンジンがベースとなっている。この検索エンジンは世評も高く、2006年には「iza（イザ！）」が「Web of the Year 2006」を受賞している。

　同社はこのような最先端のITをアートとも融合させて新しいインターフェースを提案している。その努力が結実し、2007年にはKDDIが主催する「au design project」において新しいインターフェースのコンセプトモデル「actface」を発表した。これは同年、「第11回文化庁メディア芸術祭審査員推薦作品」に選ばれた。

② 本事例のポイント

　チームラボの技術マーケティングのポイントは、「口コミ」と「人目をひく」という2点に集約される。

　顧客を開拓するために特別の営業活動をせず、顧客がチームラボのために

図表4-5　チームラボ社のアート作品例

写真提供：チームラボ

第4章　市場の目で技術を見る──知財と技術マネジメント

積極的に営業活動をしてくれるのが口コミ効果だ。それに相乗効果をもたらすのが人目をひく活動だ。それには3つの要因がある。

　1つ目は猪子氏の特異なキャラクター。2つ目はIT＋アートの融合だ。ITとアートを組み合わせた新しい取り組みは、そのユニークさから広い範囲から注目されている。3つ目は、繰り返し行われるレビューによって担保されたアウトプットのクオリティーの高さ。顧客の期待値を超えるアウトプットへの努力と結果が、顧客の記憶に残る。それが顧客の口コミの導火線となる。

　チームラボの技術マーケティングの真髄は、このような新しいライフスタイルの企画・提案力と顧客との関係性にあると言える。

ケース4-6　HNC社（その2）

①技術マーケティングの2つの方向性

　HNC社は設立当初は、創業者が学者肌の研究者ということもあり、ベンチャーというよりニューロ研究所の雰囲気を色濃く持っていた。ところが、TRW元副社長のロバート・ノース氏を社長に据えてから、徐々に本格的に「勝つ組織」としての技術マーケティングを展開していった。

　強いコア技術をベースに事業を展開する方向性は2つある。1つは、コア技術をそのままツールとして販売する場合であり、もう1つは、コア技術を包み込んでアプリケーションとして販売する場合である。

　前者の場合、ツールというのは、例えば、マイクロソフトの「エクセル」のようなソフトウェアが代表的なものである。エクセルは表計算ソフトであるので、顧客が特定の分野である必要がない。つまり、業種を問わずあらゆる事業領域に顧客を見出すことができる。一般的に、ツールは汎用的に使える。つまり、事業領域が横断的であるので「ホリゾンタルツール」と呼ばれる。

　一方、後者の場合はアプリケーションが使われる分野を特定する必要がある。例えば、金融業、製造業、運輸業などの特定分野の特定業務を遂行する、というものだ。このように特定業種にしか適用できないものは「バーティカルアプリケーション」と呼ばれる。

　同じコア技術を持っていても、どちらの方向に進むかによって、会社経営

の方法は全く異なる。ひいては、資源配分、採用する人材、売り上げ規模、組織編成、成長スピードなども全く違ったものになる。

　HNC社は設立当初、前者のホリゾンタルツールを目指した経営形態であったが、ノース氏が入社した頃から、バーティカルアプリケーションに大きく舵を切っていった。

　最終的には、この決定が同社を上場に導いたのだが、それはノース氏をはじめとする同社経営陣が、バーティカルアプリケーションで成功するためのマーケティング戦略を取ったからに他ならない。

　その技術マーケティングのポイントとは、次の５点である。
①適用業務の業務内容をよく理解している。
②適用業務のビジネスの規模と、困っている問題が解決された時の価値を評価できる。
③顧客が困っている問題に対して、自社のコア技術で解決できる範囲を知っている。
④顧客が困っている問題を全面的に解決するために、どのような技術、知識が必要なのかを理解できる。
⑤顧客が困っている問題を全面的に解決するための必要な人員の手配、他社との協業を組めるだけの経営資源（社内人材と資金）と交渉力がある。

　ただ、ここで注意しないといけないことは、ホリゾンタルツールと異なり、バーティカルアプリケーションは特定の業界の特定業務にしか使えない、という適用範囲の狭さがある。

　HNC社がほぼ独占的地位を占めていた小切手の手書き文字認識システムは、バーティカルアプリケーションとしては技術的には成功したが、ビジネス的には成功したとは言いがたい。というのは、当時米国で小切手が使われる枚数は非常に多いものの、小切手の処理を行う会社の数は限られていた。つまり、どこの銀行も小切手の処理は外部の会社に仕事をアウトソーシングしていた。そのため、手書き文字認識のアプリケーション自体の市場は非常に狭いものであり、市場規模の拡大は望めなかった。

　結局、バーティカルアプリケーションの場合、システムを必要とする業務

のビジネス規模が小さければ、いくら良いシステムでも、売り上げは伸びないということになる。つまり、成功するかどうかは製品の善し悪しよりも実は、どれだけの潜在需要が存在するかにかかっているのだ。そのシステムを使う業務がどれほどの規模のビジネスか、そして、どのぐらいの金が動くかということを知らなければいけない。

1993年になって、同社はコンスタントに利益を生み出しているOCRビジネスを一括して他社に売却するという決断を下した。それは、コア技術関連だけでなく、このビジネスにたずさわっていた社員を全員、新しい会社に移すというラディカルなものであった。

「選択と集中」とは、ハーバード大学のマイケル・ポーター教授が1980年代に提唱した概念である[vii]。つまり、経営者は自社の事業展開について、分野を絞る必要があることを説いた。そして、特化した分野に最適な組織、人事を行うには何を考えなければいけないかについて述べた。ここで重要なのは、単に競合他社との優位性だけでなく、市場規模や将来の市場動向まで注意を払う必要がある、ということだ。他方、ユーザー、消費者のトレンドも考慮する必要があり、これらを戦略的に行うことが技術マーケティングでは重要である、というのがその根幹の思想である。

②大規模アプリケーション開発における技術マーケティング

HNC社はOCR事業部門を売却して、キャッシュを手にしてさらに規模の大きい実用アプリケーションの開発に資金を投下していった。それは、「ファルコン」というクレジットカードの不正利用検出システムであった。

なぜ同社がクレジットカードの不正利用検出という課題に取り組んだのか、その背景から説明しよう。

それは、当時の米国のクレジット利用がいかに巨大であったかを知ればわかる。その実態を図表4-6に示す。

このような巨大なクレジットカードの利用量のうち、約98%の利用(トランザクションデータ)は正常であるが、1～2%(年によって多少変動あり)の利用は偽造カードや盗難カードによる不正利用である。

当時日本では、クレジット業界全体での被害総額は300億円であったが、

米国はその10倍以上の3000億円規模の被害があり、それも年々増加していた。既存の手法・技術では、そうした不正利用を見抜くのが非常に困難であった。そのため、クレジット業界では、損害を保険によってカバーするか、人海戦術で対処するしかないものだとあきらめていた。

　HNC社は自社のニューロ技術をコアとして、統計や人工知能の技術も融合して、高精度で柔軟性の高い不正利用検出モデルを作成することに成功した。

　ここで、技術マーケティング的に注目すべき点がある。そもそも同社のコア技術が活きるのは顧客別の特性情報をベースにして、クレジットカードの利用データ（トランザクション）が正常であるかどうかを判定するスコアリングモデルのエンジン部分だけである。ところが、同社はこのエンジン部分のパーツだけの提供ではなく、一連の処理システム全体を「フルターンキー・ベース」で提供したことだ。

　つまり、クレジットカード会社が、加盟店から送られてくるカード所有者のデータをリアルタイムで受け取り、不正利用かどうかを検出し、その結果により、必要に応じてオペレーターが加盟店に電話をかけて事後処理をするまでの、完全な一貫システムなのである。すなわち、本来の自社が強い技術

図表4-6　米国におけるクレジットカード利用の推移

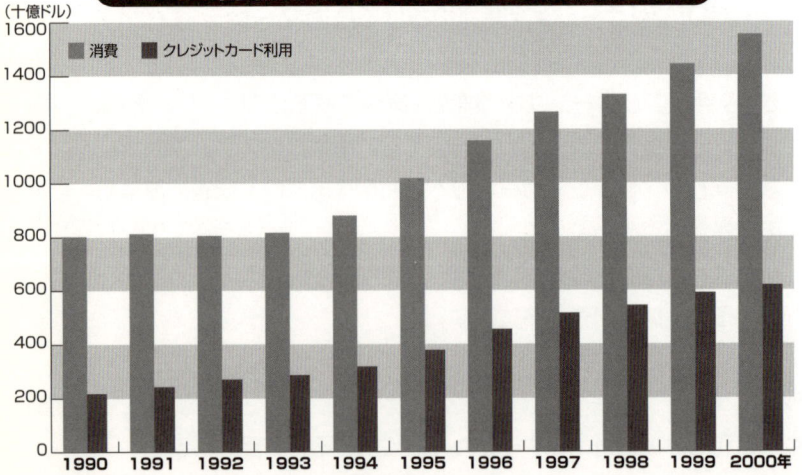

（十億ドル）
消費　クレジットカード利用

注：1990年1月〜2000年1月、季節未調整。出所：FRB資料より筆者作成

部分だけではなく、その周辺部分をも自社内に取り込んで全体システムを構築し、提供することで、ユーザーが採用する際に感じる面倒くささや、検証のしにくさを一切取り除いたのだ。

　同社の顧客の攻め方も、技術マーケティングの観点からは参考にすべき点がある。それを見てみよう。92年にファルコンのプロトタイプ（試作品）が完成した。しかし、実績もないシステムを使おうという会社を探すのは普通は非常に難しいものだ。そこで登場するのが、HNC社に投資しているベンチャーキャピタル（VC）だ。

　同社に投資していたVCの中には、金融・クレジットカード業界に強いコネクションを持つ会社があった。彼らはHNC社と一緒になって新規顧客を積極的に開拓に回った。その結果、VISAやアメリカン・エキスプレスという大手のクレジットカード会社がプロトタイプの顧客となった。

③本事例のポイント

　HNC社の技術マーケティングの戦略は、「最初（ファーストユーザー）から業界のトップ企業を狙う」ことであった。つまり、ある特定の業界を攻めるには、その業界のリーディングカンパニーに採用してもらうのが最善の方法だということだ。日本語ではこれを「先頭の雁」という言葉で表現している。それは、雁が隊列を組んで飛んでいるときに、先頭の雁が飛ぶ方向に群れ全体が従っていくということから、「個別に攻めるより先頭の者を攻略する方がよい」という意味に理解されている。

　この方針に基づいて、同社は社長の個人的な人脈やVCの紹介でトップ企業にアプローチして、製品を試行的に採用してもらうことに成功した。そして、最終的にはこれらの試行ユーザーを本ユーザーに変えていったのだ。

4.イノベーション

イノベーションの定義とその本質

　オーストリア出身の経済学者、ヨーゼフ・シュンペーター（シュムペーターとも言う）によると、「イノベーション」とは、次のように定義される[xi]。
　「新しい技術の発明だけではなく、新しいアイデアから社会的意義のある新たな価値を創造し、社会的に大きな変化をもたらす自発的な人・組織・社会の幅広い変革」
　通常、日本語ではイノベーションは「技術革新」と訳されていて、あたかも技術だけがイノベーションの対象であるかのごとく誤解されている。しかし、元来イノベーションという語は技術だけに限定されるのではなく、社会システムや人々の考え方の変革にも及ぶ幅広い内容を持つものである。

①革新的イノベーションと改善的イノベーション

　イノベーションは、その革新の速度や影響度の度合いから２つに大別できる。つまり、急速にかつ大変革を起こす「革新的イノベーション」と徐々に変革を起こす「改善的イノベーション」である。この２つの区別は、市場に存在しなかったものを作り出し、それによって人々の生活や考え方が変わり、新しいライフスタイルが作り出されるのが「革新的」である、と定義されている。
　例えば、ビデオデッキとビデオレンタルを考えてみよう。それまでは、映画は、映画館で見るか、テレビで見るかという選択肢しかなかった。つまり、自分の見たい映画を選択する権利が消費者にはなかったのである。
　それが、ビデオデッキの出現によって、まずテレビの録画ができるようになり、映画を見る時間を消費者が決めることができるようになった。次いで、ビデオレンタルがビジネスとして立ち上がり、レンタル映画ソフトの品揃えが増えるに従って消費者は見たい映画を見たい時間に見ることができるようになった。

第4章 市場の目で技術を見る──知財と技術マネジメント

　ビデオデッキという技術革新及び、ビデオレンタル産業の発達という一連のイノベーションによって、今までに存在しなかったビデオ関連の製造、販売、流通の会社が誕生し、それにつれて人々のライフスタイルも大きく変わった。それは、プラス面だけでなく、マイナス面も同時にもたらした。つまり映画館の人気の凋落であり、テレビのゴールデンアワーの消滅であった。

　しかし、これらの変革はまた、映画業界やテレビ業界、それと広告業界に生き残りのための活路を見出すイノベーションを巻き起こした。つまり、映画では、シネマコンプレックスという新しい劇場システムや立体的なサラウンド音響効果を装備した映画館、さらには三次元画像の迫力ある3D映画の登場を促した。

　このように社会全体に大幅な変革をもたらすのが「革新的イノベーション」と言われるものである。

　一方、「改善的イノベーション」とは、既存の技術、仕組みの効率アップやコスト削減、ユーザビリティー（使い勝手）の向上など、手堅い改善の積み重ねを指す。自動車の燃費効率の向上、携帯電話の電池の寿命の向上などがそれに当たる。当然のことながら、目に見える範囲では、改善的イノベーションと区分けされてしまう変革も、技術的に見れば画期的な革新的イノベーションである場合もある。

　例えば、充電可能な電池と言えば、従来からニッケル電池が存在していた。しかし、充電量や充電可能回数など、不便な点が数多く存在していた。そのマイナス要因のため、充電池が適用できる用途は一定の制限を受けていた。これらの欠点を克服すべく開発されたのが、リチウムイオン電池であり、ニッケル水素電池である。このような高性能な充電可能な電池が開発されたお陰で、従来のニッケル電池では不可能であった軽量な携帯電話が実現可能となった。

　携帯電話が社会全体に与えたインパクトは、これらの電池が単独で与えたインパクトよりもはるかに大きい。その意味では、充電池の発展は、技術的に見れば改善的イノベーションだが、社会的に見れば革新的イノベーションと言えるであろう。

②**破壊的イノベーション**

　さて、産業界では、勝者・覇者がいつまでもその地位に止まってはいない。新しい技術やビジネスモデルの出現とともに、それまで永遠に不敗だと思われていた大企業ですら、没落することがある。

　この実体をイノベーションの観点から解き明かした名著がクレイトン・クリステンセンの『イノベーションのジレンマ』である[xii]。彼は、ハードディスクドライブ（HDD）業界の覇者がハードディスクのサイズとともに移り変わっていくことに着目してその原因を見つけ、それを「破壊的イノベーション」（disruptive innovation）と名付けた。彼の定義によると、この破壊的イノベーションとは、「わざわざ性能（品質）を落としてニッチな市場を創出し、その性能に満足するユーザーを見つけ、ついで、徐々に性能を上げていくことで、マスの市場を創出していく」というものである。

　つまり、大企業が得意とする持続的イノベーションの成果が一瞬にして、破壊的イノベーションによって、マーケットを奪われてしまうのである。このような類のことは、歴史上頻繁に見られた。例えば、

　　ハロゲン化銀写真　　→　デジタル写真
　　固定電話　　　　　　→　携帯電話
　　ノートパソコン　　　→　携帯デジタル端末（スマートフォン）

などがそうだ。

　現存の技術レベルの向上に努力すると同時に、破壊的イノベーションの出現にも細心の注意を払う必要がある、とクリステンセンは指摘する。

　この理論は一世を風靡し、破壊的イノベーションによって企業が興亡するメカニズムが明確になったと思われた。しかし、この理論ですべてのイノベーションを解明するには無理があると唱え、彼の理論を修正し、イノベーションや知の創造のメカニズムを解明したのが、山口栄一（2006）である[xiii]。

　それによると、クリステンセンが唱えた破壊的イノベーションの論点は同じ技術の上に立脚した製品（例：フロッピーディスク）の性能に関してであり、それを根幹技術（パラダイム）の異なる製品（例：真空管に対するトランジスタ）にまで適用させたところに無理があるという。つまり、性能と根幹技術は混用できるものではなく、むしろ、別次元の話であるということを

明らかにした。つまり、山口は、クリステンセンが改善型があるかないかの1つの軸（性能持続型か、性能破壊型か）で考えていたのを、それとは別に根底のパラダイムが変わったかどうかという軸（パラダイム持続型か、パラダイム破壊型か）を加え、2次元的に捉えることで、イノベーションの進展を見事に解き明かした。

③オープンイノベーション

　最近、「オープンイノベーション」という言葉を聞く機会が増えた。普通イノベーションというと、社内で知識や技術を蓄積し、それをベースに革新を起こしていた。しかし、現在では社内だけでなく、社外の知識や技術を取り入れてイノベーションを起こす形態がオープンイノベーションと呼ばれ、社会的にも認知され始めている。

　その一例が、OSS（オープン・ソース・ソフトウェア）である。OSSの成功事例で一番よく知られているのは「リナックス（Linux）」であろう。リナックスは、フィンランド人リーナス・トーバルズが開発したUNIX（ユニックス）とユーザーインターフェースを同じくする互換OS（基本ソフト）である。トーバルズが骨格部分を開発した後、全世界のソフトウェア開発者にソースコードを開放し、誰でもその開発に参加し、自由にコードを追加することが許された。

　オープンイノベーションは、いわば他人のふんどしで相撲をとるようなものであるが、ITのようにグローバルな展開をする技術ではイノベーション自体のありかたを変える可能性を秘めているので、注意をして進展を見守る必要がある。

　以上のように、イノベーションは一口では言い表せない多面性を持った概念である。ベンチャーは一般的には、イノベーションを率先的に行う組織であるが、自社の置かれている環境で、どのような形態のイノベーションが最適であるか、考えておく必要がある。

ケース4-7　エムオーテックス(その3)

①エムオーテックスにおけるイノベーションの基本理念

　前述したように、エムオーテックスは設立当初から、自社技術にこだわってきた。革新的な技術を培うには社内で技術を育てるのがよい、というのが創業社長である高木氏の持論である。そのためには、自分たちが目指すものがはっきりと見えていなければいけない。

　1990年から自社技術を蓄積するためにひたすら製品開発とOEM製品を製作していたが、それが結実して、現在ではセキュリティー対策ソフト市場を席捲するパッケージ群となった。しかし、高木氏は今後10年間（2010～20年）は再度、新製品開発に注力し直したいと考えている。それは、イノベーションを起こせる機会というのはのべつまくなしにあるわけではなく、一定期間の技術蓄積が必要だという考えによる。

　このことは、パッケージ製品を開発する会社と受託開発の会社の差とも言える。日本のシステムハウスの大半（高木氏の言では98％が該当する）はシステムの受託開発業か、エンジニアの派遣業である。この場合、その会社にとっては、顧客はわずか1社である。そのため、システムの受託開発に対する要望のスコープ（範囲）はきわめて限定的であるし、運用状況を想定することは比較的容易である。したがって、新しい試みや、開発のスコープを広げることはきわめて難しくなる。

　それに対して、エムオーテックスは顧客5000社、クライアント（端末）数は390万人もの膨大な数のユーザーを対象としたソフトウェアを開発している。それらのユーザーの業種・業態は雑多であるし、運用環境もきわめて幅広い。パッケージ製品というのは、それら幅広いニーズを満足させないといけない宿命を背負っている。

　ここで1つ、「気をつけないといけない点がある」と高木氏は言う。「顧客ニーズを満足させることと、顧客の要望（リクエスト）を取り入れることは別ものだ」というのだ。つまり、同社のソフトは顧客ニーズは満足させるよう最善の努力はするが、顧客の要望は必ずしもそのままの形で反映するのではなく、「必ず自社の製品コンセプトを揺るがない機軸として据えて、顧客の

要望・期待を上回る製品作りを目指す」というのである。非常に逆説的ではあるが、これが同社の根本理念である。

　長年の製品開発から、高木氏が到達した結論は、顧客はその時々で様々な要求をするが、そこに整合性はないので、１つひとつに応えていくと、結局虻蜂取らずになってしまう。つまり、製品コンセプトがぼやけてしまうということだ。

　その１つの例として、同社のあるライバル会社の製品がある。このソフトは当初非常によかった。機能が洗練されていて、処理速度も速く、車にたとえるとまるでポルシェのようなエレガントな製品であった。ところが、この製品に対する種々雑多な顧客の要望を次々と素直に受けてしまったために、みるみるうちにスポーツカーには不釣合いな機能があちこちに付けられて、とうとう設計コンセプトがはっきりしない不格好なシステムに変わってしまった。それにつれて、当初のシェアをどんどんと失い、今やエムオーテックスの競合相手にならなくなってしまった。

②人と会社が共に伸びていく法則

　この事例も１つの反省材料として、同社では、自分たちの理念に基づいて、長期的な視野に立って整合性のある製品開発をしている。幅広い顧客ニーズを包括した上で、顧客の現在の要望の先にあるものを想定していく点に同社のイノベーションの本質が垣間見える。

　「イノベーションを起こし、人そして会社が共に伸びていく法則」を、高木氏は次のようにまとめる。

　1. トップシェアの商品を持つという目標を設定する。
　2. トップシェアの商品を創る技術力を社内に蓄積する。
　3. その高い技術力を具体的に商品の形で世の中に証明する。
　4. 揺るがない、そして独創性のある商品コンセプトを作り続ける。
　5. そのような過程で、商品と共に、人が成長していくことができる。

　このための戦略の１つが、IT業界トップ企業と戦略的パートナーシップを

結ぶことだ。現在は、次の６社を中心に様々な企業とパートナーシップを結んでいる。
- アイ・オー・データ機器＝金沢市に本社を置くパソコン周辺機器の大手メーカー
- インテル　　　　　＝中央演算処理装置（CPU）の世界最大手
- オラクル　　　　　＝データベースソフトの世界最大手
- トレンドマイクロ＝セキュリティー対策ソフトの大手
- マイクロソフト　＝パソコン用OS・同アプリケーションソフトの巨人
- ヴイエムウェア　＝仮想化ソフトの大手

　これらはいずれも、IT業界では世界のリーダーカンパニーである。彼らと対等に付き合うことで、社内に緊張感がもたらされ、技術者たちの挑戦魂が常に駆り立てられる仕組みになっている。さらには、「世界のトップ企業の技術者たちの鼻を明かしてやりたい」という、いっそう高い目標も社内に自ずと設定される。

③本事例のポイント

　エムオーテックスが考える「イノベーションを起こせる組織」には、次の２つの要素が必須であるという。
　１．自分たちで目標設定する。
　２．製品を市場に出し、数多くのユーザーからフィードバックをもらう。
　両者に共通しているのは、自主性を貫く姿勢である。目標設定も、ユーザーのフィードバックのどれを採用するかも、すべて自分たちの判断で行う。
　しかし、その判断が独善に陥らないのは、実際の製品が世の中で使われている、という実績である。製品という具体的なもので、自分たちの技術を実証していくことで、ともすれば陥りがちな空疎で抽象的な技術比較論に堕することを避けることができるのだ。
　このような目標設定とユーザーのフィードバックを受け止める仕掛けを作ることで、同社では設立以来20年近くにわたってイノベーションが絶えることなく続いている。そして、これからもまた続いていくことであろう。

ケース4-8 チームラボ(その3)

①先端ITとアートの融合によるイノベーション

チームラボは、先端ITとアートの融合でイノベーションを巻き起こしてきた。技術開発に関しては、エムオーテックスと同様、コアになる部分の技術は自社開発することを揺るがない方針としてきた。その理由は、技術的な内容がわからないと、顧客からのカスタマイズ要求や処理パフォーマンスの改善などに対応できないからという純技術的な理由とともに、社内の高揚心の維持・発展という意図も含まれているのだ。

「今までにないようなイノベーティブで、かつ世の中にインパクトを与える製品・作品を作り出すことを社内の共通認識としている」という点が自社の強みにつながると同社は考えている。この意味で、チームラボの中心軸は、実際にそういった製品・作品を創り出すエンジニアやデザイナーにある。彼らの意見が尊重され、いきいきと仕事できる環境こそが新たなイノベーションを生む、という信念を持っている。設立以来、約10年の社歴がその信念の正しかったことを実証している。

②フラットな組織とルールのない社風

チームラボが考えるイノベーションを生む環境・土壌とは、具体的に何を指すのであろうか。それは、①フラットな組織、②ルールのない社風——の2点に集約される。

「フラットな組織」とは、誰もが同じ目線で意見や提案を行えることを言う。技術戦略についての分析でも述べたように、同社の社内を飛び交うメールの数は非常に多い。そのため、メールの処理に時間を取られるというのが、プロジェクトマネジャーの悩みでもある。しかし、「社内活性化のためには負担すべきコスト」と割り切っているのだと打ち明ける。ただ、時には自由な議論といえども、制約を加えないといけないこともある。

あるとき、社員の椅子を新調することになった。このテーマがメーリングリストで全社に流されると、社員が一斉に自分の考える形と色の椅子を提案し出した。その提案に対してまた批評と再提案が出て、とめどなく続いたと

いう。2、3日こうしたメールのやりとりは続いたが、いつまで経っても終わりそうもないため、いったんバックオフィスで意見を取りまとめた。そして、評判の良かった椅子の中から、コスト面と機能面から2種類を提案。実際にサンプルを業者から取り寄せ、社員全員が座り心地を試して、自分が気に入った方を選ぶという方法で決着を付けた。

　一見、実にまわりくどい方法に見えるかもしれない。しかし、フラットな組織、メールによる自由な議論の場は守っていきたいという現経営陣の意向は微塵も揺るがない。

　一方、「ルールのない社風」は、常に変化・改善が必要であり、そして、その努力がプラスに働くというのだ。つまり、ルールがないということは常に自分で考え、判断し、行動に起こさなくてはならない。しかも、結果を自分なりに評価しないといけない。このようなプロセスの繰り返しが、各人の自立心と自律を高めていく。ルールを設けることによって業務が見かけ上スムーズにいくことよりも、ルールがないことで生じる軋轢（きしみ）を乗り越える努力の方が、会社全体の活気を保つのに効果があると、チームラボの経営陣は考えているのだ。

　そうして、各人が提案し、検討し、実施したいいろいろなアイデアや方法論の中で、結局良いものは残り、適切でないものは消えていく。自由で、寛容で、合理的。こういった競争原理の良い点を取り込んでいる１つの表れが前述した「レビュー」であり、同社の現在の躍進の原動力なのである。

③本事例のポイント

　チームラボは、米国の若いベンチャーのように社内での議論がフラットに、そして活発に行われている。その結果良いアイデアが残る、つまり「適者生存」が彼らの信念である。

　競争原理の良い点をうまく取り込み、社内の活性化につなげている。結果的にこのような自由に発言できる雰囲気、IT以外のいろいろな要素の融合、これらによる活気ある社風が同社のイノベーションを生んでいるといえる。

ケース4-9 HNC社(その3)

①コア技術を活かしたイノベーション戦略

　HNC社の場合は、上記2社とは異なり、自社のコア技術であるニューロに関しての開発は積極的にするが、それ以外の技術に関しては、外部の技術を取り入れることには躊躇していない。彼らの考えるイノベーションとは「自分の強いコアと他社の強い技術を自分たちがどれほどうまく取り入れるか」という点にかかっている。

　同社がこのような認識に至るには、会社設立の経緯が大きく影響している。創業者2人は研究者・技術者であり、自分たちは会社の経営に向いていないことを自覚していた。それで、創立間もない頃に、元TRW副社長であった、ロバート・ノース氏を社長として迎え入れた。ノース氏はスタンフォード大学で電気工学の学士号とMBA（経営学修士）を取り、TRWでは数万人の従業員と数千億円規模の事業部を経営していた。TRWにおけるノース氏とヘクト・ニールセン氏との関係は、ノース氏の方が職階でも年齢でもヘクト・ニールセン氏の数段上のシニアエグゼクティブであった。そのノース氏が設立間もない、数十人規模のベンチャーのHNC社に入社したのだ。

　筆者は、この話を聞いたとき、米国人の考えているベンチャーの本質の一端を垣間見た気がした。つまり、彼らにとってのベンチャー企業というのは、「イノベーションを起こし、ビジネスに勝つための組織」であったのだ。

　さて、ノース氏を雇い入れた創業者（ファウンダー）のヘクト・ニールセン氏は代表権のない会長職となり、自社の経営に一切タッチすることなく、もっぱら基礎技術の研究と応用技術の開発に専念していた。彼は元来、数学の博士号を持っていてニューロの数理的解析では世界的権威と認められていた。

　彼の信念は、「イノベーションとは、まず技術を製品化することで次の展開ステップが明らかになり、最終的にレベルが向上する」というものであった。コア技術の開発についても、純粋な学問的研究というより、社会にインパクトを与えるイノベーションを目指すものであった。

②HNC社のイノベーションの軌跡

それでは、HNC社がどういう道筋をたどってイノベーションを起こしたのかを具体的に見てみよう。

1990年代初め当時、同社が手を伸ばしていた事業領域は実に多方面にわたっていた。

- データマイニングツール（＝大量のデータを各種データ解析手法を適用して分析・加工し、意思決定に活用するソフトウェア）
- テキストマイニングツール（＝同様に文書テキストを解析するためのソフトウェア）
- 不動産の価格判定システム
- 小売業の販売予測
- クレジットカードの入会審査
- クレジットカード利用者の途上与信
- クレジットカードの不正利用検出

このようにいくつもの事業分野に並行して取り組むのは、ビジネススクールなどで説かれる「選択と集中」の戦略と逆行するように思える。しかし、そのような幅広のビジネス展開は、コア技術を生かしたイノベーションの可能性を見つけるには必須だと同社では考えていた。つまり、常にこうした新しい応用分野を開拓していくことがイノベーションの萌芽を生むというのだ。

HNC社がどのように製品開発を展開し、同時にマーケットを見ながら競争力のある製品に絞り込んでいったのかを図表4-7に示す。

これを見ると、当初はかなり数多くの分野にトライしている。そして、マーケットの反応を見ながら、収益力の高い部門を売却し、最終的に「ファルコン」に集中していったことがわかる。

結論から言うと、これらの数多くのビジネスのうち、最後の「クレジットカードの不正利用検出」以外はブレイク（大きなビジネスに成長）することなく、終わってしまった。それは、戦略が間違っていたとか、事前調査が甘かったという話ではない。どれも始めた当初は、それなりの規模の市場が予測されていた。数多くのトライをし、その大多数が失敗するというのが、彼らの織り込み済みの戦略であったのだ。

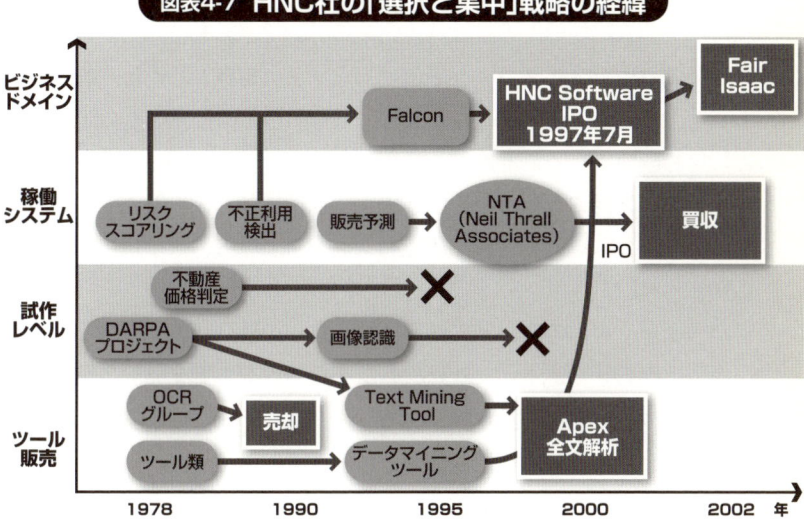

第4章 市場の目で技術を見る──知財と技術マネジメント

図表4-7　HNC社の「選択と集中」戦略の経緯

（ビジネスドメイン／稼働システム／試作レベル／ツール販売の4階層と、1978年〜2002年にわたる展開図）

- ビジネスドメイン：Falcon → HNC Software IPO 1997年7月 → Fair Isaac
- 稼働システム：リスクスコアリング、不正利用検出、販売予測、NTA（Neil Thrall Associates）→ IPO → 買収
- 試作レベル：不動産価格判定（×）、DARPAプロジェクト、画像認識（×）
- ツール販売：OCRグループ → 売却、ツール類、Text Mining Tool、データマイニングツール、Apex 全文解析

出所：HNC社資料

③本事例のポイント

　ビジネススクールでは、成長戦略を決めるために「SWOT分析」を行うことが定石となっている。しかし、SWOT分析はあくまでも参考資料であって、実際のビジネスにおける成長戦略は机上の分析では見つからない、ということは肝に銘ずべきだ。実際にとりかかってみて初めてその分野のビジネスの市場規模や実際のニーズ、他の技術との融合の必要性などが見えてくる。

　そのような市場のニーズがあるところにイノベーションは誘起される。あるときにはそれが革新的イノベーションにつながることもあれば、別のときには、改善的イノベーションにつながるときもある。そのどちらになるかは、あらかじめ決め得るものではなく、あくまでも市場ニーズによる、というのがHNC社の考えであった。まずは自分たちのコア技術をベースにした製品を出荷し、実際のユーザーから幅広い評価を受けることが、自分たちにとってイノベーションを起こすきっかけとなる、というのだ。

　イノベーションを起こすのに一番必要なのが「やってみなはれ精神」、つまりベンチャー魂である。これが、同社の成長を間近に見て筆者が一番強く感

じた点であった。[xiv,xv]

一般に米国の会社が日本の会社（大企業もベンチャーも含めて）と異なるのは、社員は各ビジネスユニット単位でコミット（専属）して雇われているという点だ。そのビジネスユニットがダメになれば、たとえ会社が成長していたとしても解雇されることがある。したがって、新規採用も職務がはっきりしている。何の目的で雇われているかという意識が非常に鮮明である。それゆえ、どのような規模の企業に居ても、ベンチャー魂、チャレンジ精神がないと勤まらない。

そういう環境にあるので、社外からはユーザーの評価が刺激となる一方で、社内の雇用体制の不安定さが、社員のベンチャー魂を刺激する。この２つの相乗効果で、HNC社も含め米国のベンチャーはイノベーションを連鎖的にひき起こしていったと言えるのではないか、と筆者は考える。

> **コラム　MOTに目覚めたきっかけ**
> **（その2：自分より相手の都合を考える）**
>
> 1990年当時、HNC社と共同開発プロジェクトをスタートさせた会社にオリコ社（旧オリコ・コーポレーション）があった。オリコは最大手の信販会社として、車や家具などの高額商品の割賦販売を主業務としていた。割賦販売というのは、高額商品の購入時に、購買者は頭金を払い、残りを何カ月かに分割して毎月一定額を支払っていくものだ。初めは真面目に払っていた人でも、そのうちに支払いを滞納したり、場合によっては姿をくらましたりする場合がある。そうなると当然のことながら、購入金額の未収が発生し、信販会社としては大きな損害を被ることになる。
>
> こういった事態を防ぐために、どこの信販会社でも、購入者が過去にどういう物を買ったか、そして現在、自社や他社の支払いが滞っていないかどうかについての信用調査を行う。この調査に必要な一通りの情報を集めて、機械的に処理できるケース（例：過去の焦げ付きがある一定件数以上とか、現在の借り入れ件数がある一定件数以上のような場合）

以外は、経験則がものを言うため、ベテランの社員が情報を入念にチェックする。したがって、信用調査というのは、きわめて属人的な仕事であった。

オリコではこのような状況では与信判定にむらがあり、かつ処理量も増やせないので、この部分をなんとか一定のルールに則って機械的に処理できないものかと悩んでいた。HNC社はそれに対して専門家並みの判断を下せるニューロの与信システムを提案したので、オリコはニューロに興味を持つに至った。

さて、その与信システムの開発は当初、HNCとオリコの2社の共同プロジェクトであったが、筆者が所属していたライトウェル社がHNCの日本での総代理店になったので、双方の会社からこの与信プロジェクトに参加してくれるよう、要請があった。筆者はそれまでにニューロのエンジニアリング系への応用については、どのような分野にどう応用すればよいかの想像はついていたのだが、異業種の消費者金融分野にはどうすればよいのか全く見当がつかなかった。それでも、この与信プロジェクトに参加し、HNCとオリコの間の"通訳"をしながら、どうすればニューロで与信判定ができ、どういった情報を付け加えれば実際の窓口でも使える与信システムになるかを理解した。

結局、この与信プロジェクトの後は、HNC社の力を借りずに、筆者たちだけで独自に与信システムを開発し、国内の他の信販会社、クレジットカード会社に売り込みに行った。そのとき、筆者は従来の感覚で、このシステムの販売価格を800万円程度に設定した。それは、製造業においては、通常、販売価格は原価に販売管理費などの諸経費を上乗せし、それにいくらかの適正な水準の利益（10～20％）を加えて計算していたからである。

そうして数社回ったが、どの会社も内容的には満足してくれたものの、受注には至らなかった。ちょうどそのとき、ある会合で、親しくなっていたオリコの人に出会ったので、現状の売り込みに苦戦を強いられていたことを話した。すると、「800万円ではいくら良いシステムでも売れ

ませんな。値段が安過ぎますよ！」と言われたのだ。

　筆者は耳を疑った。売れない理由が、値段が安過ぎるせいだとは、夢にも思わなかったからである。値段が高くて売れないのならまだしも、値段が安過ぎて売れないとは一体どういう理屈なのだろうか、と頭が混乱した。

　その人は、ニコニコしながら「この業界ではね、こういったシステムを持ってくるときには、たいてい数千万円の値段を付けてますよ。業界としてそれが当たり前になっているのです。それで、安いシステムを持ってこられた場合、社内で『なぜこんなに安いのだ、安いからには良くないに違いない。安いものを採用する理由を説明せよ』と言われるのですよ。つまり、稟議を通すのに一苦労するのですよ」と説明してくれた。

　この一言で、筆者はMOTのもう1つの真髄、つまり「売れる製品には何が必要か」ということがわかった。製品の仕様や使い勝手、それに値段も、「製造サイドではなく、購入者の立場に立って考えないといけない」ということであった。

　その後、販売価格をクレジット業界の常識の線に合わせた途端、受注が次から次へと決まるようになった。

5.知財戦略

知財戦略の基本

　知財戦略は大企業のみならず、ベンチャーにも必須な知識である。日本は従来、製造業が強いと言われてきたが、韓国、台湾それに中国などの国々が単に価格が安いだけでなく、すでに性能・品質においても日本にひけを取らない製品を製造する技術を身につけている。

　そういった状況下で、今後日本の産業、とりわけベンチャーのようなビジ

ネスユニットの小さい企業がどのような知財戦略で臨むべきであろうか。書物や雑誌などに取り上げられる大企業の知財戦略を参考にしながらも、ベンチャーの身の丈に合った知財戦略を練る必要があるだろう。知恵を核とし、戦略の衣で包んだ製品で世界市場を舞台にした知能戦を勝ち抜いていくことが、これからのベンチャーにも強く求められる。

①知財の範囲

まず、「知財」とは何であるか、どういう権利を守るものかをざっとおさらいしておこう。知財、すなわち「知的財産権」には次のようないろいろなものがある。

（1）特許権
（2）実用新案権
（3）意匠権
（4）商標権
（5）著作権

このうち、（1）〜（4）までを「産業財産権」（昔は工業所有権）という。この中でもとりわけ重要な特許権についてその概要を示そう。

特許権には発明をした人が、その発明を自分で独占することができる権利、例えば他人による安易な模倣やマネを法的に排除することができる権利（排他権＋独占権）がある。特許権に基づいて、他人に発明品を作ることや販売することを許可してあげる実施権もある。

特許権は、他人の行為を制限することができる強力な権利であるから、その権利の発生から消滅まで、特許法により詳細に規定されている。

特許権はわが国でのみ効力を有している。国際的に統一を図るべくパリ条約[xvi]と呼ばれる国際条約が締結されており、加盟国間の調整を可能な範囲で図っている。

発明は大きく「物の発明」と「方法の発明」に分類される。ソフトウェアというのは、従来は人間の単なる精神的活動に過ぎず、このどちらの発明でもないとされて、特許は認めてもらえなかった。しかし、昨今の技術開発状況を考慮して、わが国は、世界に先駆けて「コンピュータプログラム」を特

許の対象とした。日本はこのことを特許法に定めた唯一の国となっている。

②知財を活かす「三位一体の戦略」

　知財は、事業をする上で今や欠かせない重要な要素となっている。従来から事業はよく、「4つの財」からなると言われている。すなわち、「ヒト、モノ、カネ、情報」である。

　「ヒト」とは人材のことであり、「モノ」とは特徴ある製品のことであり、「カネ」は事業資金のことであり、「情報」はビジネス情報や知財のことを指す。最近はインターネットの普及や国際競争の激化に伴い、情報の重要性が増してきたと言っていい。特に、日本よりはるかに低賃金で働く多くの労働者がいる新興国においても高品質の製品を製造することができるようになったので、良い製品を出荷してもすぐに真似をされて、安価な類似商品に市場を奪われてしまう。つまり、新しい製品を作る苦労が全く報われない状況になっている。

　こういった状況の中、どうすればいいのか考えてみよう。新しいアイデアを考えついたら、製品化して売り出す前に特許を取ればどうなるであろうか。

　知財、特許の重要性を語るとき、よく「特許をライセンスすると、5%の特許使用料が入ってくる」といった説明がなされる。つまり、知財で金を儲けようという意味だ。家庭の主婦が電気洗濯機用の糸くずネットを発明して莫大な特許料を得たとか、かつて東京の営団地下鉄（当時）の乗り替え駅表示の発明者は毎年かなりの額の特許使用料を受け取っていたという話を聞く。このように、特許（知財）はライセンス料を得るための手段だと考える人は多い。

　しかし、ライセンス料などという「捕らぬ狸の皮算用」をする前に、特許を取得し、維持するための費用（出費）を考えてみよう。この費用は大きく分けて、特許庁へ支払う費用と、特許事務所に支払う費用の2つがある。特許申請のための書類の書き方は特殊であると同時に、どのような項目を特許の請求項目とするかは、特許の価値とも密接に関連してくるので、素人では難しく、特許事務所に頼むのが無難であろう。

　そこで、標準的な費用モデルを示すと、次のようになる。

第4章 市場の目で技術を見る——知財と技術マネジメント

1. 特許庁へ支払う金額（特許請求項目が5項目での概算費用）
   a. 特許出願時、1.5万円（出願時）
   b. 審査請求時、18.8万円（出願から3年目まで）
   小計：20.3万円（登録前までの特許庁費用）
   c. 特許が認められたとして、10年間特許を保持した場合、21.4万円
   ∴ 10年間合計：約42万円

2. 特許事務所に支払う金額（特許請求項目が5項目での概算費用）
   a. 特許出願時、30万円
   b. 審査請求後、登録まで、20万円（拒絶対応回数にもよる）
   合計：50万円（代理人費用）
   c. 特許が認められたとして、10年間特許を保持した場合、1万円/回
   ∴ 10年間合計：約55万円

つまり、1件の特許を10年間有効に使えるためには、特許にかかわる係争（裁判沙汰）が全くない状態で、約100万円（42万＋55万円）もの費用がかかることになる[xvii,xviii]。

これは国内特許の場合で、国外特許の場合は、特許文の翻訳から始めて、海外特許事務所への事務依頼など、この数倍から10倍近くの費用がかかると考えておく必要があろう。

これでわかるように、特許というのは思いの他金がかかるものと知れば、特許戦略が単に特許を取得すればよいというものでもないことがわかるであろう。

しかし、特許がビジネス上の有力な武器であることは間違いない。事業をする上での特許の本当の活用法とは何だろうか。

それは、特許料を得るのではなく、自分たちの事業を円滑にし、同業他社との競争に勝ち抜くためのものなのだ。つまり、他社との競争優位に立てるような高い「参入障壁」を築くことだ。高い参入障壁とは、他社がいくら頑張っても自分の事業に勝てないような特徴ある商品づくりを言う。例えば、クルマで言えば、燃費効率が格段によい、といったことだ。

そして、もし他社が真似をしてくれば、それに対抗する法的手段をいつでも取れるようになっていることが重要だ。そのためにはどのような社内体制が必要であろうか。
　事業で特許を活用するためには、いわゆる「知財戦略の三位一体」が重要となる。ここで言う「三位一体」とは、3つの要素がばらばらに存在しているのではなく統一的に関連してうまく機能していることを指す。
　「知財戦略の三位一体」とは、
（1）研究開発戦略（技術戦略）
（2）事業戦略
（3）知財戦略
の3つが互いにうまく連携していることを言う。
　とりわけ、「発明－権利化－活用」の知財創造サイクルがうまく回っていることが必要だ。発明というのは、アイデアを単に実現できることを確認したに過ぎない。自分が必要なときに使え、かつ、他人に勝手に使わせないようにするには、正当な権利を手に入れる必要がある。それが「権利化」という概念になる。しかし、権利化されたものは実際に活用しなければ何もならないことは忘れてはならない。

ベンチャーにおける知財の役割

　ベンチャーにとって特許というと、敷居が高い感じがするかもしれない。新しい技術のシーズはあるものの、それを特許にするためには膨大な時間と手間、それに上述したようにかなりの額の金が必要になる。そのことを考えると、どうしても特許申請にしり込みしがちになるだろう。
　たとえ特許権を取得しても、それを使って自分たちのビジネスをどう展開していけばよいのか、わからないかもしれない。だから、特許は取るまでも大変だし、取ってからも使い道がない、無用の長物だと考える人もいる。
　逆説的に聞こえるかもしれないが、実は「特許は弱者の武器」なのである。ポイントは「特許料は製品全体にかかってくる」という点にある。
　次のような特許侵害があったと想定してみよう。

年商1億円のA社が特許を1件持っていた。一方、年商1000億円のB社がA社の特許を侵害していたとする。このとき、B社の罰金は刑事罰による最高3億円以外に、単純にライセンス費用を3％と仮定すると、1000億円×3％＝30億円を支払わなければいけない。

つまり、大企業は売り上げが大きいので特許侵害をしていた場合は、払う費用が多額になる。ベンチャーの方は、言ってみれば「攻め得」なので、思い切った手段が選べるというわけだ。あるいは、B社にA社が欲しがる特許があり、その価値が侵害している特許と対等であれば、B社はA社に対して「クロスライセンス」をもちかけることも攻める手段の1つだ。

そのうえ、心理面でも大企業は不利な立場にある。その意味は、大企業は知財であれ何であれ、訴訟での敗訴を毛嫌いする習性がある。つまり、訴訟で負ける可能性が高いほど、「社内のコンプライアンス（法令遵守）に関する情報管理がうまくいっていない、ひいては会社経営もあやふやではないか」と悪い噂が飛び火するからだ。敗訴することは、数億円の罰金よりも、社会的評価の下落がその後の会社経営にいろいろとマイナスに効いてくるのではないか、と不安になるのだ。

こういった心理を見透かして、ベンチャーが大企業との特許紛争においては、小さいという利点を大いに使って、有利に交渉することは実は可能なのである。ただ、相手が大企業の百戦錬磨の知財専門家であれば、そういった弱みを見せることはまずあり得ない。自社に有利なように和解交渉を進めてくる。さらに、ベンチャーにとって数年にわたる訴訟費用の負担や知財に精通した有能な弁護士を雇うのが難しいことを見透かして、いろいろと（合法的に）揺さぶってくることも覚悟しておくべきだろう。

知財に関するポイントがわかったところで、実際のベンチャーはどういった知財戦略を取っているのか見てみよう。

ケース4-10　エムオーテックス（その4）

①先使用権を活用した知財戦略

エムオーテックスはコア技術を自社開発しているので、特許なども数多く

持っていると思うのが自然であろう。ところが、高木氏の弁はそれをそっけなく裏切るものであった。

まず、「新技術は自社が使うためであって、それをライセンスして使用料を稼ぐものではない」というのが高木氏の知的所有権に対する根幹の考えである。逆に、「特許はむしろ防衛的な意味を持つもの」と理解している。つまり、誰かに自分たちのビジネスの邪魔をされないように、「自分たちが自由に動ける領域を確保するための手段が特許の主たる任務」と考えている。

しかし、IT業界における長いビジネス経験から、そのような防衛的な面には力を注いでも意味がないし、効果がないことがわかったという。特許の意義を否定しているのではなく、ビジネスライクに判断すると効果が薄いというのである。

それでは、自分たちの知的財産をどのようにして守るか。それに対しては、特許より、簡便な「先使用権」の制度を活用しているというのだ。「先使用権」とは、次のような制度である。

すなわち、他人（商標権者）がその商標を出願する前から、同じような商標を自分が使っており、しかもある程度有名（周知商標）になっている場合は、引き続きその商標を使うことが認められる権利（商標法第32条）。ただし、不正競争の目的で使っていたのであれば、先使用権は認められない。他人の出願前に、その発明を実施（例えば社内で使用していたなど）したり、実施の準備をしていたりした場合には、他人が特許権を取得しても、その発明を継続して実施できるという権利（通常実施権）である（特許法79条）[xix]。

簡単に言うと、先使用権とは、「ある技術を自分が前から使っていたと証明できるなら、たとえ別の人が特許申請しても、今後ともその技術を使う権利がある」ということだ。つまり、特許を取らなくても、自分たちがビジネスを継続する権利を確保できるということになる。ただし、これは特許と異なり、国内しか権利が及ばない。登録場所は特許庁ではなく、日本電子公証機構であり、費用は数万円程度と特許に比べるとはるかに安い。[xx.x]

このように知財戦略もベンチャーの身の丈に合った実務的な方法があることを知らないと、損をすることになる。

②本事例のポイント

エムオーテックスにとっての知財戦略は、端的に言うと、自分たちの製品開発・販売をスムーズに行うという視点から決めている。

新たな技術開発に関しては当然のことながら、先行特許を調査して、他社の権利を侵害しないよう十分配慮をしている。一方、開発した技術や製品に関しては、技術ライセンスをして特許料収入を見込むという姿勢は取らない。あくまでも自分たちのビジネスが邪魔されないように、先使用権を確保するという最小限の防御策で知財に関する事務量・コストの負担を極小化している。

活発に自社技術を開発することを身上とするベンチャーならではの知財戦略である、と言えよう。

ケース4-11 チームラボ（その4）

①トレードシークレット重視の知財戦略

チームラボは、先端技術とアートの融合分野の仕事が多いので特許性のある技術が多く生まれる。しかし、知財戦略に関してはかなり慎重だ。

まず、特許に関してはエムオーテックスと同様に、攻撃やライセンス費用を稼ぐという積極的な面より、自分たちのビジネスの自由度を防衛するものだという考えである。

つまり、技術ドメインがインターネットという情報公開されている技術の上に載っているので、構築するシステムはどこかのシステムと似ているケースがある。もし本気で特許を取りにいくとなれば、先行特許をしらみつぶしに調査して、侵害している点はないかと神経質に、かつ網羅的に調査する必要がある。財務体質がそれほど強くないベンチャーが、技術進展が激しい業界でそこまでの手間と金をかけて守るだけの価値のある発明であるならばいざしらず、そうでなければ、トレードシークレット（企業秘密）として守る方がよい、というのがチームラボの方針である。

②本事例のポイント

　チームラボにおいては、知財戦略は「自分たちの体力（知力、金力）から判断すると特許よりトレードシークレットで防御する方がよい」という考えだ。そういった意味で、国内特許だけでなく、国際特許についても、現在のところ特許を申請することを積極的には考えていない。
　ただ、会社の体力がつけば、また方針の見直しをする心構えではいるという。若手ベンチャーの現実的な観点に立った方針設定であると言える。

ケース4-12　HNC社（その4）

①知財管理の周到なメカニズム

　HNC社の知財に関する取り組みは上記2社とは大きく異なる。特許に限らず係争問題が多く発生する米国のビジネス環境で生き抜くための周到なメカニズムを張り巡らしていた。
　その周到なメカニズムはどのようなものであったか。1990年、筆者たちが提携した当時のHNC社は従業員40人ぐらいの小さなベンチャーで、年間売上高も10億円に届かないほどであった。社長から技術者、営業員、秘書など皆ワンフロアに居た。筆者は、所定の打ち合わせ以外の時間は、同社の社内を自由にぶらつき回り、これらの人たちとフランクにいろいろな話をした。
　そこで気がついたのは、技術者と話をするとき、最初は雑談なので、相手はノートを取らずに聞いているが、そのうち、技術的に興味のある話になると決まって茶色の厚手のノートを取り出してメモすることであった。最初は、筆者も個人的なメモだと思って見過ごしていたのだが、注意して見ると、技術者は誰もが皆同じノートを持っている。あるとき、なぜ皆同じノートを持っているのかと聞いたところ、次のような答えが返ってきた。
　「これは会社の方針で我々は全員、議論をしたことはすべてこのノートに書かないといけない決まりになっている。特に他社の人と話をしたときには、これに書かないと、後で議論したアイデアが特許になったときなどには、誰がその話を切り出したか、つまりアイデアの所有者が誰か、ということは特定

できなくなる。そうなると困るので、このノートに議論した内容を記録し、証拠を残すのである」

そう言って、過去に取ったノートの束を見せてくれた。このとき初めて、米国の会社の知的所有権に対する真剣な取り組みを実感したのであった。

このように、HNC社は知的所有権に対して積極的に取り組んでいた。米国国防総省の研究プロジェクト（DARPA）のテーマは先端分野が多いこともあり、特許は積極的に申請していた。

②日本における特許戦略の失敗

ところが、「上手の手から水が漏れる」という諺にあるが、知的所有権について、用意周到だった同社が日本における特許戦略で1つの失敗を犯した。その経緯を説明しよう。

HNC社はニューロに関しては世界的に見て技術レベルが高く、他社がまねのできないツールを開発していた。1990年当時、「データマイニング」という言葉すら存在しなかった段階で、ニューロ技術を核として、データマイニング用のツールを自社開発した。このツール、「データベース・マイニング」はそれ自体の売り上げはよくなかったが、ツールの完成度が高く、これを使うと高精度の予測モデルを短期間で作成することが可能となった。

それ以上に重要なのは、他の解析ツールでは得られない、有用な分析結果を得る機能が含まれていたので、アプリケーションを開発するときに非常に有利な武器となった。その機能とは、通常ニューロに内在すると言われていた欠点である「結果が得られてもその寄与要因を説明できない」という点を克服するものであった。

同社はこのニューロの致命的欠点を解消する機能を「ナレッジ・ネット（KnowledgeNet）」と名づけて、米国では特許申請していた。そして日本でも同様に特許申請する用意をしていた。ところが、手違いから日本では特許申請をしないうちにこの機能を含んだデータマイニングツールを販売してしまった。そうすると、いわば公知の事実ということになり、特許申請ができないことになってしまったのである。

HNC社にとっては残念なことになったが、その後はツール販売よりずっと

大きなアプリケーション市場でブレークしたので、この失策は致命傷には至らずにすんだ。

③ 本事例のポイント

　HNC社の知財戦略は、さすがに米国の大企業の経営経験のあるノース氏を社長として据えていただけあって緻密であった。周知のように、米国の特許制度は「先発明制」であるので、発明した時点を証明できるものがないと、せっかくの特許申請も却下される恐れがある。同社は対策を講じていて、それらを厳密に遂行していた。

　彼らの考える知財戦略とは、特許をライセンスして利用料を稼ぐというより、むしろ「自分たちの技術力の高さを客観的に証明するための道具」と考えていたように筆者は感じる。というのは、設立当初は国防総省の研究プロジェクトが売り上げの大部分であったので、特許件数はそれらのプロジェクトの受注に大きな役割を果たしていた。

　メインビジネスが研究開発プロジェクトの受注からバーティカルアプリケーションビジネスに移行してから、彼らの特許戦略は明らかに変貌を遂げた。つまり、従来はコア技術単体で特許申請していたのが、クレジットカードの不正利用検出システムである「ファルコン」の場合には、いわゆるビジネスモデル特許として、特定の業務処理全体を特許でカバーするようになってきた。そして、それをライセンスするのではなく、他社の参入をシャットアウトし、結果的に独占的に顧客を囲い込むための"必殺剣"として活用した。

　つまり、特定業務全体を特許で包括的にプロテクトしたので、他社がその特許をかいくぐって新たな業務のメカニズムを提案する、というのは不可能でないにしても、かなり難しい状況を作り上げた。

　筆者はこのような緻密に練られた知財戦略を間近に見る機会を得て、米国のベンチャーがなぜ世界的な会社に成長できるのかがようやく理解できた。米国のベンチャーはたとえ規模が小さくとも、プロの経営陣が会社の舵取りをし、それを経験豊富なベンチャーキャピタリストや弁護士、弁理士などの知的集団が強力にサポートしている。そして団結して株式上場（IPO）までもっていくというケースがまれではない、ということを実感した。

コラム　MOTに目覚めたきっかけ（その3:そこに市場があるのか?）

　1990年にHNC社と提携し、国内でニューロビジネスを開始した当初、我々の主戦場はニューロツールの販売、すなわち、販売価格が50万～300万円のソフトウェアあるいはハードウェアのツールを数多く販売することであった。その一方で、どのようなニューロの応用が可能かを調べていた。当時は、ニューロの応用製品というとたいていはエンジニアリング部門であり、HNCがオリコと取り組んだようなビジネス分野への応用はきわめて少なかった。

　そのため、我々も当初は製造会社や大学の研究室への売り込みに力を入れていた。筆者は元々技術畑なので、エンジニアリング分野への応用は、話を聞けば想像がついた。例えば、文字・画像認識やノイズフィルタリング、判別分析、非線形モデリングなど。そういった分野で対応する人はたいていが技術者あるいは研究者であるので、我々のニューロ製品の紹介が終わると、もっぱらその人がなぜニューロを適用したいのかという技術的観点の話に終始した。

　ニューロを適用した製品ができたとして、それがどのような社会的インパクトを与え、その結果、その会社の売り上げがどの程度変わるか、などの経営的観点の話はほとんどと言っていいほどなかった。つまり、技術者にとっては、「製品ありき」であって、マーケットは自然発生的に必ず存在するものだと思って疑っていなかった。その見えないマーケットを相手に製品を開発しているので、投資、つまり我々から見れば販売、は最小限に留めたいという意図であった。そういう状況であったので、引き合いは多いものの、なかなか受注には結びつかず、手間ひまがかかる割には売り上げは上がらなかった。

　そういう状況が2年ほど続いて、ニューロツールの市場開拓に閉塞感を感じていた頃、前述した、我々独自の与信システムが完成した。HNC社のクレジットカードの不正利用検出システムが米国で成功しつつあることを見て、筆者もツールビジネスに完全に見切りをつける覚悟ができ

た。そして、ニューロの適用を本格的にエンジニアリング以外の分野に向けて動いた。狙った業界や業態を具体的に言うと、当時すでに数千万人の顧客ベースを有していたクレジット業界と、数百万規模の顧客ベースを有していた通信販売業界であった。応用分野としては、クレジット業界では個人の与信審査とカードの不正利用検出であり、通販業界ではデータベースマーケティング分野であった。

　こういったビジネス分野に出て行ってわかったのだが、エンジニアリング分野への応用と異なり、ビジネス分野への応用というのは、業務がすでに日々動いていて、そのビジネス規模がきわめて大きいのだ。そして、我々が提供するニューロの解析モデルがその大きなビジネスの収益に直接的な影響を与えるのである。

　例えば、クレジットカードの不正利用検出システムを考えてみよう。ニューロの解析モデルがよければ、不正利用を見抜く割合が増え、無駄な支払いが少なくなる。つまり、顧客企業の利益が上がることになる。クレジットカードの不正利用を考えてみると、例えば不正利用によって、年間に20億円の被害があったとする。その検出率が10％向上すると、年に2億円の利益があったことに相当する。この利益から考えると、システム構築及びシステム運用に年間数千万円を投資しても十分ペイすることになる。

　結局、筆者がニューロのビジネス分野への応用で学んだMOT的要素は、「製品の価格は、相手のメリットに応じて変化し得る」ということであった。そして、「その製品の市場規模が大きければ大きいほど、メリットも比例して大きくなる」というものだった。こういった考えは、技術者が通常考える製造原価からの視点では絶対に得られないものと言ってよかろう。

第4章　市場の目で技術を見る――知財と技術マネジメント

i 経済産業省　MOT（技術経営）人材育成事業について
http://www.meti.go.jp/policy/innovation_corp/subcommission/15th/15-5.pdf

ii 経済産業省　企業活動を支える「人材の育成」～経済産業省の産業人材施策について～
http://www.mext.go.jp/b_menu/shingi/chukyo/chukyo2/002/siryou/05120801/002.pdf

iii Wikipedia、「チームラボ」

iv COMPANY PROFILE: HNC SOFTWARE INC.ウェブサイト
http://www.leavcom.com/hm_hnc.htm

v A DoD SBIR SUCCESS STORY, HNC Software, Inc.ウェブサイト
http://www.dodsbir.net/SuccessStories/HNC.htm

vi Fair, Isaac & Co. to acquire HNC Software for 3.11 times revenueウェブサイト
http://www.allbusiness.com/technology/computer-software/991128-1.html

vii マイケル・ポーター著／土岐坤、服部照夫、中辻万治訳『競争の戦略』（ダイヤモンド社、1980年）

viii マイケル・ポーター著／土岐坤訳『競争優位の戦略』（ダイヤモンド社、1985年）

ix ピーター・ドラッカー著／上田惇生訳『新訳 現代の経営〈上・下〉』（ダイヤモンド社、1996年）

x Wikipedia、「マーケティングミックス（Marketing mix）」

xi シュムペーター著／塩野谷祐一、東畑精一、中山伊知郎訳『経済発展の理論〈上・下〉』（岩波文庫、1977年）

xii クレイトン・クリステンセン著／玉田俊平太監修・伊豆原弓訳『イノベーションのジレンマ』増補改訂版（翔泳社、2001年）

xiii 山口栄一著『イノベーション破壊と共鳴』（NTT出版、2006年）

xiv 山口瞳、開高健著『やってみなはれみとくんなはれ』（新潮文庫、2003年）

xv 『やってみなはれ』の佐治敬三氏が考えたこと＝日経ベンチャークラブウェブサイト
http://nvc.nikkeibp.co.jp/nveye/message/20070305_000556.html
http://nvc.nikkeibp.co.jp/nveye/message/20070702_000558.html

xvi 正式名称は「工業所有権の保護に関するパリ条約」（Convention de Paris pour la protection de la propriété industrielle）といい、1883年に作成され、その後何度か改定が加えられている。

xvii 特許庁・産業財産権関係料金一覧（2009年6月22日以降）
http://www.jpo.go.jp/tetuzuki/ryoukin/hyou.htm

xviii 特許出願の費用概算は下記ウェブサイトを参照した。
http://www.harada-pat.gr.jp/p-gaisan.htm

xix 「先使用権」の定義は下記ウェブサイトを参照した。
http://www.furutani.co.jp/cgi-bin/term.cgi?title=%90%e6%8eg%97p%8c%a0

xx 日本電子公証機構ウェブサイト
http://www.jnotary.com/service_menu/service_rissho.htm

xxi 特許庁・先使用権制度ガイドライン（事例集）「先使用権制度の円滑な活用に向けて―戦略的なノウハウ管理のために―」について
http://www.jpo.go.jp/shiryou/s_sonota/senshiyouken.htm

第5章

会社の成長に合わせて進化する
成長の管理

須賀 等

1.ベンチャー企業と成長

ベンチャーは成長し続ける事業体である

①「成長性」から見たベンチャーの特性

　一般に多くの企業にとって、成長はその存続の基盤である。また、人間社会全体においても、いかなる経済体制下でも実質成長率がマイナスになることは、往々にして深刻な社会経済的な停滞や混乱、時には動乱や革命すらもたらす。持続可能な社会の成立と成長を求め続ける社会構造との二律背反は、人間社会の業のようなものと言えよう。

　いかに自給自足的に均衡した社会経済体制であっても（原始的な自給自足の共同体を考えても）、実のところ、その中には程度の差こそあれ、構成員の外部社会との接触によっていろいろな形での成長が組み込まれており、共同体が永続的な一定規模を維持し、自己完結を続けるのは難しい。インターネットや多種多様な通信・交通手段により極度にグローバル化した現代社会では、ことさらに困難であろう。

　さて、地球社会全体の存続・維持が声高に議論され、成長の抑制や持続可能な社会への転換が大きなテーマとなっている今日の風潮の中で、ベンチャー企業はそのような流れとは一線を画し、たとえそれが地球環境保持のための「環境ベンチャー」であっても、それ自体は高度成長が期待されるという一種矛盾した性格を有している。そうした環境ベンチャーの発展がつまるところ、エネルギー使用量の大幅削減を実現するものであったとしても、その企業自身は急成長が当面の企業目標になることになる。

　ベンチャー企業とは、超高度成長を目的の1つとするある種異端な存在である。きわめて小規模な事業規模からスタートし、一気に短期間で世の中にその存在を広く知られるような事業規模を達成し、なおも成長の可能性を示し続けなければ十分な追加出資者が得られず、存続もままならない事業体なのである。

　通常、その売上高の成長率は少なくとも年率30％は求められる。創業ま

もない数年間において成功したベンチャーの場合は、時には年率100〜200％の売上高成長率を達成し続けることも珍しいことではない。

一般的な企業においては、そうした売上高の急成長はそもそも非現実的であり、そのような事態が生じた場合は必要な経営資源の確保・社内での分配が大変な問題を引き起こす。しかしながら、ベンチャーにおいては、そういった急成長をこれまで存在しなかった技術やサービスをテコとして、一気に市場を獲得することにより実現し、それに必要な資本・人材・経営能力は、すべて将来のより大きな夢の実現を示し続け、走り続けながら 主として外部からの調達に頼って発展拡大してゆくことが求められる。

詳しくは後段のケーススタディーのところで説明するが、筆者がベンチャーキャピタリストとして1998年に投資を実行し、その後2006年までの8年間にわたって経営にも直接参画したタリーズコーヒージャパンの場合も、97年の創業時には東京・銀座店のわずか1店からスタートし、09年9月末現在ではFC（フランチャイズチェーン）店を含めて369店を擁するまでに急成長している[i]。1日当たりに提供するコーヒーも当初の約800杯から、現在では優に20数万杯以上の規模になっている計算になる（詳しい業績推移などは後段で示す）。

このように、第2章で述べている通り、「ベンチャーは中小企業ではない」のである。その成長途上でのリスクと経営上の困難は、通常の企業経営からは想像を絶するような形で顕在化する。何度も何度も出現するそれらの困難は、経営陣・従業員・外部支援者・取引先・出資者などのステークホルダーが一丸となって戦い抜いて、初めて乗り越えられる性格のものである。

②ベンチャーの成長段階（ステージ）

図表5-1は、一般に言われているベンチャーの成長のイメージを筆者がチャート化したものである。縦軸（Y軸）は売上高、横軸（X軸）は時間軸を表し、通常は2〜5年程度で相応の売上高が達成されることを示している。売上高の推移は決して直線的でない場合もあるが、売り上げの拡大に付随して、ある段階で損益分岐点を超え、利益が出始めるようになることは言うまでもない。

図表5-1 ベンチャー企業の成長段階

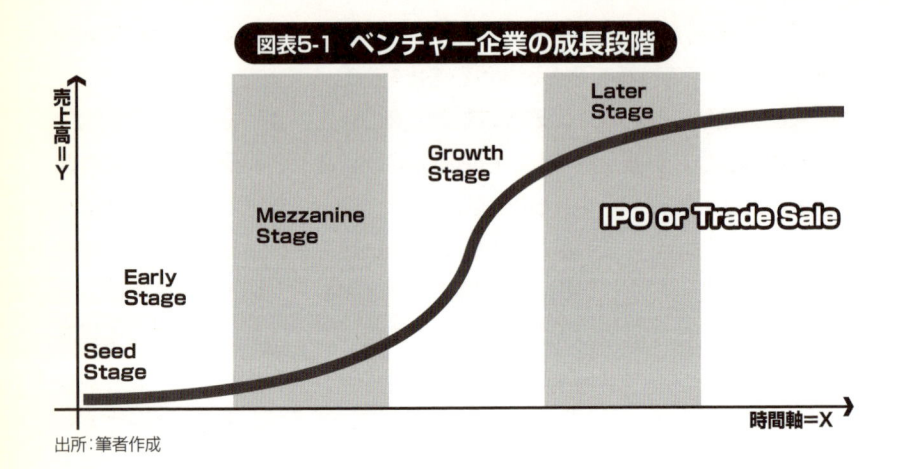

(売上高=Y / 時間軸=X)

Seed Stage → Early Stage → Mezzanine Stage → Growth Stage → Later Stage → IPO or Trade Sale

出所：筆者作成

　それに応じて、ベンチャーの成長段階（ステージ：Stage）を、ここでは以下のように6段階で示している。

　Seed（事業開始期：シード＝種の段階）
　Early（成長初期：いわゆるアーリーステージ）
　Mezzanine（停滞期：中二階＝踊り場の段階）
　Growth（いわゆる急成長期）
　Later（出口から見て成長後期）
　IPO（株式公開）、もしくはTrade Sale（事業売却）

　これは、ベンチャーキャピタル（VC）から見た目標達成までの段階を示したものであり、こうした成長段階に応じて「企業価値＝株価」も上昇していく。

ベンチャーの企業価値の評価方法

①一般的な評価手法と問題点

　さて、よく使われる企業価値評価のためのDCF法によるキャッシュフローの割引率（ディスカウントレート）も、ベンチャー企業の場合は特異である。

ベンチャーが直面する膨大なリスクに呼応し、創業時から数年の急成長期間は通常でも50％以上という多大な割引率を計算上使用するのが、ベンチャーの本家である米国での本来の手法であった[ii]。

通常の大企業の企業価値評価に用いる株式のリスクプレミアムが一般に国債の利率に比してわずか7％程度の上乗せであることを考えると、いかにベンチャーが、その急成長と裏腹に膨大なリスクを抱えていると認識されているかが明らかであろう。

ベンチャーとは、急速な成長を追い続けることがそもそも構造的にビルトインされている、ある意味ではきわめて不自然な命運と膨大なリスクを背負った事業体である。その一方で、その成功のあかつきには関係者には多大な報酬、さらなる事業機会の拡大がもたらされる仕組みを有する。

この成長の過程でもたらされた成功は、往々にしてベンチャーの株式公開（IPO）や第三者への事業売却・譲渡といった形で、株式や類似のストックオプション（自社株購入権）などを保有する経営陣や出資者、関係者に巨額の経済的利益をもたらす。これがベンチャーの急成長の大きな原動力となってきたことは明らかである。

株式公開や第三者への事業売却の際の企業価値評価は、通常は株価で定量的に示される。だが、そもそもその計算根拠なるものは、その時点では十分な自己資本や内部留保を有さないベンチャーにおいては、通常その将来の予想フリーキャッシュフローの現在価値の総和を前述のリスクプレミアムを考慮した割引率（資本コスト）で割り引いた現在価値の金額で計算する[iii]。

割引率を用いる代わりに、便宜的には「EBITDA」（＝税引き前利益＋支払い利息＋減価償却費）を用いることも多い。すなわち、キャッシュフローに近い数値に割引率の逆数である一定の倍数を乗じて、それから借入金を控除し、現金勘定を足し戻して求める手法である。

いずれにしても、過去の実績をほとんど持たないベンチャーにおいては、「これまでの成長の勢いがそのまま持続する」という、かなり無理な経営陣の単なる希望的観測を前提にすることが多い。特に規模の小さいときの成長率をそのまま延長して適用することがままある。

さらに、使用する割引率も、上場時にはベンチャーに適用しなくてはなら

ない高率ではなく、通常の大企業に近いものや、はなはだしい場合はそれよりも低い値を使用することが多い。よって、その逆数の近似値となるEBITDAの倍数や株価収益率（PER）はリスクを反映して低めの数字であることが本来妥当である。しかし、ベンチャーであるにもかかわらずその逆数と近似するEBITDAの倍数やPERは往々にして株式上場時の人気も手伝って、非常に高いものとなってしまう。

　結果的に、上場時もしくは早期に事業譲渡・売却する場合、株式の売り主である経営陣や出資者が希望的観測で描いた将来の未実現の事業収益の現在価値の総額を、株価から算出される株式売却益として一気に金銭的に得ることができる仕組みを作り出している。

②ITバブルの教訓

　この問題が顕在化した一例が、2000年前後のITバブルとその崩壊である。ありもしない将来の収益力をきわめて低いリスクプレミアムで割り引く、すなわち、非現実的なPERやEBITDAの倍数を用いる市場や買い受け先の評価が、一時の熱狂とその後の急激な市場の暴落を引き起こした。

　本来高成長を是とするベンチャーの価値評価においては、将来の成長予測を、創業後数年間の事業規模が比較的小さかった過去の延長線上に高めに描くのではなく、より現実的な将来の姿の予測を開示すべきである。

　同時に、株式公開しようと、第三者に譲渡しようと、リスクプレミアムは簡単には下がらないことを関係者一同が認識し、より適正な割引率、すなわちその逆数に近似の低いPERを使用するルール作りが求められる。

　さらに、経営陣が上場時にその大半の株式を売却することを禁止し、上場後ある程度の年数が経過した後のみ、初めて退職金代わりに売却することを許す制度作りが、ベンチャーの健全な成長・育成のためには大変重要であると考えられる。

　こういった少し腰を落ち着けた息の長い成長を、創業後相当年数の間継続してやり抜く強靭な意思と能力を持った経営陣のみが、ベンチャーの成長の果実を手にすべきである。その果実は巨額のキャピタルゲイン（株式売却益）ではなく、新しい事業を作り出し、世に送り出した社会的貢献に対して得ら

れる満足感・達成感と、それに呼応する社会的な高い評価の方が重要視されなくてはならない。無論、一定の成果を上げた場合の相応の経済的利益も得られて然るべきだが、それはあくまでも結果であろう。

　それがひいては、本当に世の中に貢献する次世代の産業を創り出すエンジンとなるであろうし、まさに成長を金科玉条とするベンチャーの「成長の王道」ではないだろうか。一時のブームのみを当て込んだ株の売り逃げと山師的な金儲けのみを事業目的と考えるような不心得者に、これからの時代のベンチャーへの参画を許しては断じてならない。

コラム　日本と米国とのベンチャー投資金額の比較

　日本国内でベンチャー投資がブームとか不調とかいう議論は、実は、井の中の蛙の話に過ぎない。ベンチャーの本家本元の米国の実態を把握し、ベンチャー投資実績の絶対額の推移について日米比較をしてみると、日本のベンチャーの現状が、米国に比較していかにお寒いものかが明らかとなる。

図表5-2　日米ベンチャー投資額の推移

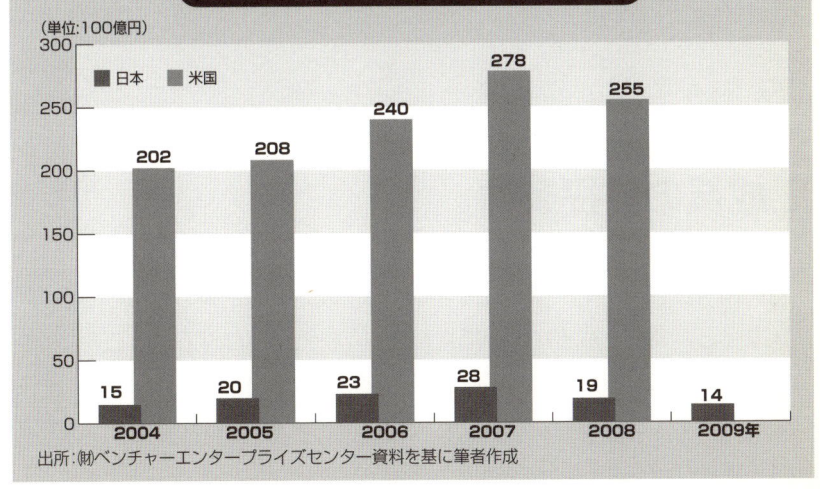

(単位:100億円)

年	日本	米国
2004	15	202
2005	20	208
2006	23	240
2007	28	278
2008	19	255
2009年	14	—

出所:㈶ベンチャーエンタープライズセンター資料を基に筆者作成

図表5-2は2004～09年の日米のベンチャー投資額を単純比較したグラフである[iv]。

　これによると、日米の名目GDP（国内総生産）比率は概ね1：3程度と見られるのに対し[v]、例えば、2008年は米国が2兆5500億円であるのに対し、日本はわずか1900億円にしか過ぎない。日米の間には実に13倍近い絶対額の差がある。しかも、09年以降は日本のベンチャー投資額はさらに激減傾向にあり、彼我の差はますます開く一方と言えよう。

　この傾向は、特に情報通信（IT）系ベンチャーやバイオ・医療系ベンチャー、さらに環境ベンチャーの分野で顕著に見られる。いかに米国は世の中を大きく変えてゆく"大ホームラン"級のベンチャーを輩出し続け、投資利回りも高く、それゆえにプロの機関投資家（年金基金や保険会社など）が多額のベンチャー投資を継続的に行い、結果的に新産業の創出に努めているかが理解できよう。

　一方、わが国のいわゆる「ベンチャー企業」は、そのGDPの規模に比してあまりにも低調であり、次の世代を担う骨太で上質なベンチャーがいかに出てきていないかを如実に物語っている。わが国のベンチャー業界関係者一同が猛省すべき事柄であろう。

2.成長の前提条件

　このようにベンチャー企業にとっての成長は、その本来の性格そのものに起因すると同時に、成長を中長期にわたって持続可能な形で行うことができなくては、そもそも企業自体の社会的存在意義も失われる、というきわめて厳しい環境下においてなされる。それでは、ベンチャーが成長を続ける前提条件にはいかなるものがあるのだろうか。

①事業内容

　当然の話だが、ベンチャーの事業内容が中長期にわたり世の中から求められ、支持され得る斬新性・革新性・社会需要充足性を満たしていることがすべての出発点となる。

　世の中に貢献し、様々な形で社会をより良い方向に変えてゆくだけの説得力を持つ優れたビジョンと事業計画（ビジネスプラン）を持ち、そういった事業が求められ、人々や社会から支持され、歓迎されるタイミングにおいて事業が開始され、それを裏付ける斬新な技術力・商品力・サービス力を提供する可能性に満ちており、それゆえに将来に大きな利益も期待できる。これが大変重要な前提条件である。

　後述するタリーズコーヒージャパンの場合、それまで一般的であったウェイトレスがコーヒーをテーブルに持ってくる典型的な喫茶店の業態ではなく、スターバックスコーヒーなどと同様、いわゆる「シアトルスタイルのスペシャルティコーヒー店」として訴求した。具体的には、①ある程度のセルフサービスを顧客に求める代わりに、コーヒーを飲む場所を自由に選べる（店内でも、自分のオフィスに持ち帰っても、公園でも飲める）、②その分使用するコーヒー豆の質は高級なアラビカ種の上位品種に限定するなど、上質のコーヒーを比較的割安感のある価格で提供する、③しかもそれを社是の「その一杯に心をこめる」「お客様の期待を超越する」[vi]の通り、親しみやすく真心を感じさせるマナーで提供する――といった点である。

　こうした米国式のカジュアルかつ落ち着いた都会的な仕組みが、バブル崩壊後の都会派の「ヤングプロフェッショナル」層を中心に大きく支持された、すなわち、新しい社会需要充足性を満たしていたと言えよう。

　このように斬新性・革新性に社会需要充足性が加わったとき、ベンチャーは初めて急成長のスタートラインに立つことになる。

②経営陣

　社長以下の経営陣の資質や能力も、当然ながら継続的成長には欠かせない。具体的には、①社長以下の経営陣が当該ベンチャーのビジョンや価値観を共有し、その実現のために一致協力しているか、②人並みはずれた情熱・経歴・

実務遂行能力・人間的魅力や人格を有しているか、③それによって、さらに優れた経営者や従業員を吸い寄せることができるか、④経営陣に対して、社外の投資家・金融機関・商品供給元・販売先・家主らが共鳴し、各々の立場から事業に対する協力・支援をしてくれるかどうか——といった点である。

　タリーズのケースでは、1号店の銀座店に寝袋を持ち込み、半年以上同店で寝泊りしたという逸話を持つ創業者の松田公太氏（前社長）の力量は、それらの条件をほとんど満たしていた類まれなるケースと言える。それなくしては、そもそもベンチャーの成長はあり得ないのである。

③資金調達力

　もとより無から有を作り出してゆくベンチャーの成長にとって、特に創業から一定規模に到達するまでの必要資金を調達し続ける能力は企業存続そのもののカギを握る。創業当時は経営陣の身内・関係先・エンジェル投資家が中心となろうが、有望なベンチャーに対しては、当該分野の経営指導能力にも優れたベンチャーキャピタル（VC）が責任持って早期の段階から出資・経営指導・参画をしていることもきわめて重要である。

　タリーズにおいては、筆者が代表取締役社長を務めていた三井グループ系VC、エム・ヴィー・シー（MVC）が行った経営指導・支援・資金調達は、日本ではきわめて例の少ないVCによるベンチャーの創業時からの直接参画であった。

　米国においても、こうした創業時からVCが直接参画するケースは少なく、創業時からVC出資が受けられるのは1万社に1社以下とみられている[vii]。

④販売能力

　企業向けか一般消費者向けかを問わず、どのような商品・サービスを提供する場合でも、企業である以上、ベンチャーといえども販売が比較的早期に実現し、売り上げが伸び、現金収入が実現しない限り、成長は見込めない。いくら技術力の高さやサービスの新しさを自慢しようと、実際にそれを買ってくれる顧客が相応の興味を示し、切り替えの手間やコストを負担してでも、既存の商品・サービスから乗り替えて、ベンチャーの供給する商品・サービ

スを購入してくれなくては、事業継続はできない。

　中間業者・代理店経由で販売する場合も、自前の販売網・店舗やインターネットなどを用いる直接販売の場合も、周到な市場への販売・マーケティング戦略と、結果を必ず出す訴求力のある顧客へのアプローチができる会社かどうかが問われる。特に創業後間もない時期においては、社長以下の創業メンバーが販売に相当な力を注いでいるかが、成長の前提の重要ポイントである。

⑤外的環境とタイミング

　ベンチャーが供給する商品・サービスが世の中から支持され、しかもまだ競合他社の参入もさほど激しくない段階で事業が開始されているか、いわば外的環境に対するタイミングは絶妙か、という点も成長の前提の大きなポイントとなる。いかに優れた事業計画、優れた経営陣であっても、早すぎる参入や、競合激化の中での参入は良い結果を生みにくい。

　第4章でも触れられているように、「技術的に他社には真似ができないので競合の心配はない」といばっていても、別の技術や特許に抵触しないでそれと同等、もしくはそれ以上の結果を出す商品やサービスはいくらでもあり得ることも要注意である。

　タリーズが市場参入した1997年当時はちょうどスターバックスが日本初進出を果たした直後であり、「シアトルスタイルのコーヒー店」というものが日本でも知られ始めた時期であった。いわゆるスペシャルティコーヒーショップへの市場参入の「ウィンドウ・オブ・オポチュニティー(機会の窓)」が開いた絶妙なタイミングであったと言える。

　先行したスターバックス、その後やや遅れて参入したエクセルシオール（ドトールコーヒーグループ）、それにタリーズがいわゆる3強となり、結果的には日本のスペシャルティコーヒーチェーン市場の主要プレイヤーとして今日に至っている。

　その後、雨後の筍のように類似競合のカフェチェーンが30社以上も参入を開始しており、仮にタリーズがあと1年遅れてスタートしていた場合、果たして無事に発展できたかどうかは疑問である。事実、後から参入してきた類似競合各社は概して大きな成長は達成できず、日本から撤退したり、経営

破綻したりしたチェーンも少なくない。

⑥継続的人材供給
　成長が軌道に乗るに従い、当初の経営陣に加えて、さらに多様な職能・技能・見識を持つ人材が経営陣・従業員を必要に応じて補充でき得るか、も成長に不可欠な要因である。商品・サービスが大幅に売れ始めても、それに対応する人員が必要な訓練も含めて追加補充できなければ、創業時のメンバーのみにいつまでも頼りきっている状態が続き、やがて事業は空中分解してしまう。

　タリーズの場合、まだ会社化する前から、松田前社長がそれ以前に勤務していた三和銀行（現三菱東京UFJ銀行）時代の同僚、出身校の筑波大学出身の同級生たち数名が、銀行時代の高額な年収の数分の１しか払えなかったにもかかわらず、経営陣として参加しており、これが当初の大変な原動力となった。

　さらに全く面識のなかった、当時伊藤忠商事勤務の石原一裕氏（現コールド・ストーン・クリーマリー・ジャパン社長）が、商談で訪れた際、当時数店しかなかったタリーズで松田前社長と出会い、その人柄と理念に共鳴し、ついには伊藤忠を退職し、これまた年収が数分の一に激減することを承知で経営に参加。以降、常務として店舗開発の指揮をとったことも、きわめて大きな成長の要因となった。

⑦生産・サービス供給能力
　成長し、急拡大する需要に対して、柔軟な生産拡大体制、もしくは供給体制を敷けるか、特にサービス業においては店舗オペレーションなどの管理体制が供給拡大に追いつけるかも、成長には欠かせない前提条件である。

　タリーズの場合、コーヒー豆は当初はシアトルのタリーズコーヒーコーポレーション本社から焙煎済みのコーヒーを輸入していたが、規模の拡大に伴い、コーヒー豆の焙煎権を買い取り、日本の契約工場ですべて自前で焙煎する体制を整えた。

⑧経営管理能力

⑥の経営陣の資質にもつながるが、急激な成長に対して、売り上げ・利益・資金繰りの正確な管理と半年から1年程度先を読んでの資金調達、人的資源・その他経営資源の適切な分配など、経営陣の経営管理能力はバランスシート上の計数管理はもちろんのこと、多岐にわたって重要な成長の前提要因となる。経営陣にこれらが不足している場合には、VCや社外役員の専門性を生かした積極的なコミットメントによる応援も不可欠である。

また、初期の成長からある程度の規模を達成した後の成長管理は、当初の成功パターンを踏襲するだけでは不完全であり、別途異なる経営管理的な視点による成長管理の組織作りや、より洗練された計数管理手法などが必要となる。

3.成長の制約要因とその対策

以上のように、様々な成長のための前提条件を実行しようとする場合、ベンチャー企業に特有のいろいろな制約要因が発生する。主な制約要因とその対策を、経営要件別に少し詳しく検討してみよう。

財務・経理体制

①創業期：最低限「月次の財務管理」を実行する

創業から一定の安定した事業規模に達するまでのベンチャー企業の毎日の仕事はまさに戦場である。少しでも早く技術を確立し、少しでも早く店を出し、少しでも早く売り上げを上げることに経営陣全体のエネルギーが注力される。したがって、往々にして当初は経理・財務管理が甘くなり、記帳が曲りなりにも毎日できていれば相当良い方で、毎日の資金の出入りを銀行の預金通帳残高で確認するだけで済ませたりする場合すらある。

無論、そのような方法で会社全体の経理・決算がきちんとなされ、会社の財務状況をきちんと経営陣が毎週もしくは毎月正確に把握できるわけがない。あげくの果ては忘れていた支払いができず、たちまち資金繰りに行き詰まるとか、決算期になっても決算書が間違いだらけで株主総会前に慌てて作り直しを繰り返すとか、ひどくなると利益が出ているかどうかも不明な状態に陥ったりする。

　当初は経理や税務はすべて税理士任せで事足りると考える経営者もいるが、管理会計は税理士の仕事の範疇ではない。経営者の中には試算表・決算書と税務申告書の差も理解できない者も珍しくない。立ち上げ初期ではバランスシート（貸借対照表）やキャッシュフロー表をきちんと作成し、月次レベルで分析できるようにしている会社はあまり多くないのがわが国の実情である。

　少なくとも、経理の月次試算表は作成すべきだが、社内に当初そういった役割を担える者がいない場合もあるだろう。最近はいろいろな経理のアウトソーシング企業がベンチャー向けに比較的割安で様々なサービスを提供している。給与計算も含めた月次の試算表も、月末に領収書を貼り付けて提出し、預金通帳と支払い履歴を示せば毎月タイムリーに作ってくれるので、せめてこういったサービスを創業時から利用すべきであろう。これらがあれば、ある程度先々の資金需要や期末決算の判断の資料にもなる。

　会社を興し経営者になろうとする起業家は、最低限、バランスシートや損益計算書の読み方くらいは、何らかの方法で勉強してから開業すべきなのは言をまたない。こういう財務諸表が全く読めずにベンチャーを興すのは、クルマの運転をスピードメーターや燃料メーターなしで開始するに等しい危険極まりない行為である。こういった基礎中の基礎のような事柄についても、VCが創業時からきちんと確認し、必要に応じてアウトソーシングを活用するなどして、しっかりとした管理体制を作らせることもきわめて重要である。

②成長期以降：全社的システムを開発・整備する

　ある程度成長してからは、今度はシステムを自前で整備し、月次試算表くらいは自社でつくれる形に早めに移行していくことが重要である。最近は、パソコンで使える市販の経理ソフトウェアもあるので、ある程度知識のある者

がきちんと社内体制を整備することが必要だ。

　ただ、小さな初期のベンチャーであっても、顧客・売り先・仕入れ先・支払い先などの数は成長に応じてどんどん増えてくることになる。市販ソフトだけでは事業の実情すべてに対応し切れないこともあり、税理士・会計事務所の力を借りて決算書にまとめる場合、決算前には徹夜も含めて相当な腕力仕事が必要となることも多い。

　当初はこうしたやり方でなんとか乗り切ったとしても、売り上げが数億円を超える時点からはやはり、もう少しきちんとした設備投資を行い、内部統制の強化を定めたJ－SOX（日本版SOX法）をはじめとするコンプライアンス（法令遵守）要請にも耐え得る、きちんとした経理システムを自前で整備しておくことが必要であろう。

　しかしながら、多くのベンチャーは開発や売り上げ増大に向けた資金は進んで使うが、こういった経理・財務関係のシステム整備への投資は後回しにしがちである。売上高が数十億円以上になってもまだ個人事業に毛の生えたような水準向けの市販ソフトを使っている結果、かなりの無理が生じ、新たなシステム導入は大規模かつ大仕事になってしまうことも多い。

　こういった成長ステージに応じた経理・財務関連の全社的なシステム対応は、経理担当役員だけでなく社長以下全経営陣の合意のもとに、資金事情が許す限り、随時適正なものを導入しておくことを心がけることが、スムーズな成長を裏から支える重要なカギとなる。これらができないと、まさしく成長の制約要因となってしまうことを強く留意する必要がある。

人材の確保と育成

　創業時はとにかく、創業メンバーとその場で集まってきた人材のみを役員・従業員としてスタートしなくてはならない。だが、成功するベンチャーにおいては、その成長スピードは大変に速く、半年前の職能ではもう追いつかなくなり、いろいろな分野の人材を急いで補充してゆく必要が生じる。

　社長1人、あるいは数人の共同創業者が1日24時間、気合いと根性で働き続けても、無理がたたって健康を害し、十分な仕事すらできなくなり、た

ちまち会社が機能不全に陥るケースもままある。

　創業社長は自分の得意分野は別として、管理分野も含めて、力のある人材を引き入れなければならない。そのためには、たとえ大手企業より格段に見劣りする給与水準・労働条件であっても、場合によっては自分以上に優れた人材に参加してもらえるように、説得力のあるビジョンと人間的魅力を維持するように努めなければならない。常に優れた人材との出会いを大切にし、その相手が創業者のビジョンや夢に心酔し、今勤務している大手優良企業を辞めてまで、未知のベンチャーに飛び込んで来てもらえるような魅力や夢のある会社作りをしなくてはならない。

　「会社＝カンパニー」という言葉はそもそもが「仲間」という意味であり、誰もが進んで参加し、創業者と命運を共にして目標に向かおうとするようなベンチャーでなければ、決してその創業者の能力・器以上に大きく成長することはできない。

　ベンチャーの場合、筆者の経験則的には、一般に年間売上高が1500万〜2000万円増大する都度、人員1名の補充が分野を問わず必要となる傾向がある。例えば、1億円の年商なら5人でなんとかなるが、2億円を目指すには5人を追加し、合計10人の即戦力となる人材が集まらなければ、業種を問わず、その実現は厳しい傾向がある。

　その一方で、高い紹介料を払う人材紹介業経由の人材やハローワーク経由で採用できる人材の質・特性と、ベンチャーが求める人物像との間には、往々にして大きなミスマッチがある。特に創業期・開業初期はまずこういった筋からでは求める人材はなかなか得られない、ということは肝に銘じるべきである。

　とりわけ創業メンバーは、創業社長の人徳・人脈・魅力がなくては滅多に集め切れるものではない。事務系や営業系の人材の場合は、有能な派遣社員をそのまま正社員に昇格させる方法もあるが、不況時であってもなかなか給与水準で折り合いがつきにくいという難点がある。

　ことほどさように、求める理想的な人材の確保は創業時から成長期に至るまで、ベンチャーには常に最大の問題の1つであり、完全な解決策はないものの、できる限り望ましいチームを短期間内に創り上げられるかは、創業社

長の手腕にかかっていると言えよう。

外部環境への対応

　いくら優れた創業社長以下の経営陣が揃い、魅力的なビジネスプランがあっても、「外部環境」がそれに合致しない場合は、成功は大変難しい。いわばタイミングの問題である。

　例えば、比較的高級・高額の製品・サービスを売り出そうとしても、金融市場でバブルが崩壊し、世間一般が節約傾向に走れば、苦戦は免れない。技術指向の市場で既存商品に欠けている部分をカバーする新商品を開発しても、それと同等の効果のあるより安価な別の技術が同時期に開発された場合は、思いもよらぬ競合に遭遇することになる。

　その半面、小売り・サービスビジネスなどで良い立地の店舗を確保したい場合、世の中が不景気だとかえって競合が少なく、家賃も相当下落するので、コストを下げながら、有利な場所でのスタートが可能なこともある。

　起業家は往々にして自らのすばらしい（と信じている）アイデアや発明・技術に陶酔し、それを世の中に出せば間違いなく簡単に広く市場から受け入れられると信じ込むものである。だが、個人の消費者であれ、法人・企業であれ、たとえ本当にこれまで存在しなかった革新的な製品・サービス・技術を新たに開発し、売り込んだとしても、これまで使っていた既存商品に代えて対価を払ってもらった上で採用してもらうのは、並大抵のことではない。

　さらに、あまりベンチャー起業家が興味を示さないようなマクロ経済・社会・政治の大きな流れや外的環境が、新規ベンチャーの立ち上げには、成否を決する大変重要な要因となることは肝に銘ずるべきである。新聞・雑誌・テレビ他で報じられるような社会全般の大きな流れ・うねりと、自分のやろうとしているベンチャーとの位置関係を常に把握して、それを自分の側に味方するような絶妙なタイミングを探し出してスタートすることも大変に重要である。

　例えば、タリーズコーヒーの創業時は、大手銀行・証券会社が次々と破綻するなど、日本経済が金融危機に直面していた大変な時期に重なったが、逆

に店舗の家賃が値下がりし、比較的開店しやすいというメリットを享受できた。

　一方、一時のITバブル時のように、猫も杓子も「ネット」や「ドットコム」と言い出してから、それを真似して参入を図っても、すでにタイミングは逸している。誰もまだ注目せず、しかもその製品・サービス・技術といったものがほどなく、せいぜい6カ月〜2年程度でかなり世の中に浸透し、注目されてくる流れとなるのを見越すことが必要だ。そのためには、その当該業界・商品・サービスにそれなりの正確な見通しと見識を常に有する努力を怠らないことも、成功する起業家として重要な要因であろう。

市場での受容

　前項でも述べたように、新たな製品・サービス・技術といったものが個人・企業を問わず市場に受け入れられ、一般に広く用いられるようになる、つまり市場で受容される状況を作り出すのは、たとえタイミングが絶妙であったとしても容易なことではない。

　世の中全体の進歩・変化の中で、最近の例で言えばソーシャル・ネットワーキング・サービス（SNS）のように、その種の新しい製品・サービス・技術が本当に求められている場合は比較的市場での受容は起こりやすい。ただ、それであっても、広く浸透させてゆく場合には、宣伝・広報・マーケティング予算が限られているベンチャーにとっては、あらゆる知恵と支援者を動員して、一時も早く他社より先に市場での自らの居場所を確保しなくてはならない。

　口コミ、ネット上のブログやツイッターなどによる情報発信、展示会での評判、業界紙での推薦記事、新聞・雑誌・テレビなどのメディアの記事や番組による紹介、大企業との提携等々、できる限りカネをかけずに他社より早く市場での評判を確立し、自社の製品・サービスが認知され、受容されるようにエネルギーを費やすことが成長にとって肝要である。こういった市場での受容の状態を引き起こせない限り、それは大きな制約要因となる。

営業・販売体制

　市場の受容が引き起こされるためには、当然それに呼応した多種多様な販売力を備えなくてはならない。限られた経営資源しか持たないベンチャーにおいて、技術であれ、製品であれ、サービスであれ、十分な数の最終顧客が興味を持ち、評価した上で実際に試し、現在使用中の既存商品と代替もしくは全く新たに採用し、恒常的に対価を払ってもらうようになるには、かなりの時間と費用、エネルギーが必要である。

　デジタルな商品（音楽のダウンロード、ゲーム配信など）の場合はもっぱらインターネットで販売することも可能だが、一般的にはインターネットを用いたeコマース（電子商取引）に加え、自前の営業販売員や営業販売チーム、店舗、販売代理店なども持つ必要がある。

　しかし、自前でそれらを持つ費用対効果の問題、営業販売員の技術・商品知識、営業技能の問題とそれらに対する研修の必要、販売用カタログやサンプルなどの営業ツールの作成費用、保証金や多大な設備投資が必要な店舗の開設、量が一定以上さばけなければなかなか本気で営業・販売に注力してくれない代理店の問題など、様々な現実的課題に直面する。

　このため、経営資源がきわめて限られているベンチャーにおいては、社長や経営幹部自身による営業・販売活動からスタートせざるを得ないのが現状である。そうした中で、いかにして本気になって応援してくれる顧客や代理店・提携先を早く勝ち取るか（それは製品・サービス・技術の評価にも大きく左右されるが）、それをやがて雪だるま式の発展につなげてゆけるかが大きな制約要因となろう。

生産・サービス供給体制

　無事に市場から受容され、顧客や販売代理店も広がり、相応の売り上げ・受注が実現できたとしても、次にベンチャーを待ち構えているのは実際の発注・需要に対し、期限までに約束した製品・サービス・技術を顧客が満足いく形で（対価としてのカネを喜んで払ってくれる形で）、瑕疵なく供給できる

かという問題である。IT機器・サービスであれば、システムの対応能力がカギとなるが、そのための設備投資と作り込みは相当な費用と時間を要する。また製品であれば仕入れ・製造の能力、サービスであれば店舗や人材の供給能力など、どれも多大な投資の問題に直面することになる。

　第三者を活用してアウトソーシングで切り抜けるのも１つの方法だが、そのアウトソーシング先自身も急激な発注の増大に対してやはり設備や人材の急激な拡張が必要となるのは同じである。

　特に急成長段階では、これらを早期に実行するための資金需要も活発となり、この資金を銀行などの金融機関やVCから早めに調達することもきわめて重要だ。こうした生産・サービスの供給能力が間に合わないと、せっかく拡大のきっかけをつかんだビジネスも成長し損なうリスクを抱えることとなる。さらに、せっかく設備・サービスを拡張しても、今度は一時の需要ブームが去って、過剰設備・在庫・投資を抱えることもあり得る。

　こうした成長過程での生産・サービス供給体制の構築というきわめて微妙な対応能力は、ひとたびタイミングやさじ加減、読みを過つと、小さなベンチャーにとっては命とりにすらなりかねない重大な成長への制約要因となる。

経営者の経営管理能力

　これまで述べてきたように、成長には多種多様な制約要因がある。これらへの種々の対応能力を統合し、無事に次のステージへと会社を発展させる経営者の総合的な経営管理能力は、ベンチャーの成長においてきわめて重要な要因であり、これなくしては成長そのものが実現できない。

　さらにやっかいなのは、初期成長過程で発生するいろいろな問題を克服し、次のステージに移行できたとしても、次のさらなる成長に求められる経営管理能力は、創業期の「思いつき」「即断即決」「走りながら考える」「社長即全て」といった良い意味でのベンチャー的な特性を一度見直し、規模に相応したより組織的・システム的・計画的・非属人的な、より高度な管理的性格を有するものに作り替えていく必要があることである。

　したがって、こういった急速な成長に対応しつつ、社長以下経営陣は常に

次の成長ステージに留意し、目前の仕事や課題を達成しつつも、新たに求められる経営管理技能を徐々に身につけてゆくことが必要となる。そのことは、創業当初からの方法論のあるいは根本的見直しに発展することもあるが、それがかえって会社や社長以下経営陣の能力を高める結果も生むものである。

日本の場合、上場を果たし一応は成功したと見られるベンチャー経営者が、より大きな規模の経営に熟達したプロの経営者に交代することは、妙な話だが、よほどの理由がない限り、周囲のステークホルダー（銀行・証券会社・取引先・役員など）がめったに認めない社会的な風潮がある。このため、上場し、規模が拡大したからといって、経営陣をすんなりと入れ替えることは至難の業である。

しかし、シリコンバレーの例では、同じ経営陣のまま大企業となっていく例はまれである。アップル創業者のスティーブ・ジョブズ氏も一度は会社を追い出されている。上場後もずっと経営トップに君臨し続けたマイクロソフトのビル・ゲイツ氏は、例外的な存在と言える。

わが国でも、創業経営陣の上場・規模拡大後の処遇については、適性・本人の関心事などを客観的に本人自身も含めて判断した上で、会社の将来にとっての最適の処遇を早めに検討してゆくことを、もっと社内制度的に考慮すべきであろう。

経営者の財務・経理管理能力

創業時からアーリーステージ（成長初期）における経営管理能力の中でも、特に重要なのは、前述した財務・経理分野、とりわけ、月次ベースでの損益計算書・キャッシュフロー表・貸借対照表の３表の定期的な作成（外注も可）とその理解・分析能力である。それに加えて、経営者自身の計数面での「勘」に近い判断能力を、毎日の業務ベースで養うこともきわめて重要である。

上記の月次３表の大まかな数値を頭に入れた上で、経営者は売上実績（販売数量・単価など）と経営コスト（月内の仕入れ・在庫・製造などの主な運営コスト、間接経費、人件費など）、製品・サービスごとの粗利（マージン）、顧客の与信状態、入出金予定などをきちんと把握し、それぞれの数値変化に

よって、翌月の予算をいかに達成してゆくか、経営全体を掌握しながら日々の経営を行わなくてはならない。

　売り上げばかりを伸ばしても、安売り、高コストの製品・サービス、長期の売り掛けや短期の買い掛け、さらには信用に不安のある顧客との取引などは利益・資金繰りに寄与せず、場合によってはやめた方がいいことも判断できるようになるだろう。予算達成のためには、たとえ月次財務諸表・試算表をアウトソーシング会社に外注するにしても、経営者自身が（あえてパソコンを使わず）電卓片手に手計算で大まかな数値の動きを毎月計算するようにして、計数的感覚を養うことも大変重要である。

　こうすることにより、会社全体の動きが好ましい方向性を指向しているかどうか、経営者自身が大まかにつかむことができ、これに正規の月次財務諸表・試算表を常に付き合わせる習慣をつけておけば、少なくとも会社全体のスピードメーターや羅針盤を見誤ることはなく、また適正利益の実現や資金繰りの改善も実現しやすくなる。

　こういった経営者自身による計数的管理能力は、たとえ上場したとしても、組織的に財務・経理・監査部門ができあがり、相応のシステムにより毎日のこういった動きをきちんと管理する体制が確立するまでは、依然として成長のための最重要項目である。

経営者の人事管理能力

　多くの場合、ベンチャーの成長初期の顔ぶれは、社長以下の同志的経営陣と創業時からの古参社員からなり、いわば「仲間内」で各々のできることをお互いに分担し、融通しながら時間・競争相手との戦いの中で、会社の市場での居場所を確保していく作業を達成することに重点が置かれる。したがって、会社そのものの目先の存続にプラスになることを、社長以下全員が一丸となって実行していく人事体制が求められる。例えば、必要な備品や原料を大変安いコストで調達するとか、とにかく売り上げを上げることに貢献するとか、目に見える多大な個人プレーと自己犠牲に基づいた仕事の展開であり、その結果がそのまま評価に反映されることになる。

しかし、会社の財務状況もきわめて脆弱な初期ステージでは、昇給や賞与などの形で成果を上げた者を処遇することは困難だ。その代わりに、将来の株式の流動化（上場や会社売却など）に伴う株価の値上がりを期待したストックオプション（自社株購入権）の付与、会社の規模拡大による急激なポストの増大に対応した形での昇進や新たな肩書きの付与といったことが行われやすい。

とはいえ、こうした急成長下での人事の拙速な措置は、組織内の機能不全や混乱を引き起こしやすい。本当の意味で会社が新たに必要としている高度な職能・業務遂行能力を有さずとも、多大なストックオプションや地位の付与を行い過ぎてしまい、地位と実際に必要とされる職能が合致しないケースがまま見られるからである。

経営陣は、新たなポストには本当はどのような職能が必要なのかを十二分に検討し、単に「創業時のメンバーであるから」という理由だけで上のポストを与えたりせず、会社のできる範囲で相応の待遇を決めるべきである。そして、難しい条件の中であっても、より適切な人材を新たに外部からスカウトしてくる手腕が必要となる。

さらに人数が10～20人を超え、社長と相対での人事評価（面談折衝）のみで評価・処遇を決めてゆくことが徐々に難しくなると、会社の成長度合いに合わせて、人事担当役員や人事担当部署を設け、客観的な人事評価、昇給・賞与・昇進の決定、ストックオプションの付与、各種研修・福利厚生のルール・体制作りが必要となってくる。

50人にも満たない規模の成長途上の段階で、専門的な人事コンサルタントに高額なフィーを払って、複雑な包括的人事システムをつくることは全くムダである。だが、いかに納得性・透明性・客観性のある人事制度を成長段階ごとに構築し、役員・社員の意欲や士気を高めるかは、経営陣の人事管理能力として、きわめて重要である。そういった良い人事処遇体制を構築することは、相応の社会的責任を果たす姿勢を示し続けることとともに、より優れた人材を招聘するためにも大変有用であろう。

経営者の営業・販売・マーケティング管理能力

　いかなる会社も、適正な利潤を伴う売り上げを達成できなくては存続はできない。ましてや創業期のベンチャーにとって、早い時期での売り上げ・利益予算の達成は会社自体の存亡の根幹となる。

　前述したように、当初は社長・経営幹部が陣頭指揮をとり、トップセールスで実績を上げることがきわめて重要だが、いつまでもそればかりに頼っていては、それ以上の発展は望めない。社長・経営幹部に加えて、いかに他の役員・社員、特に営業担当者が「仕組み」の上で創意工夫し、努力すれば業績を上げられるようにできるかが、法人向けであれ、一般消費者向けであれ、きわめて重要である。

　そのためには、よりシステム的な営業・販売・マーケティングの仕組みづくりと、経営陣の管理能力が問われる。気合いと根性と体力といった属人性ばかりに依存しない理論的な成約への方法論が全社的に整備され、経営陣がきちんと管理できるような形をとれるようになるか、といった大きな転換まで見据えた指導・評価・管理体制を作り上げてゆくことが肝要である。

4.ケース:タリーズコーヒージャパン

タリーズコーヒージャパンの成長の軌跡

　ここまでの本章での理論的解説・議論を踏まえ、筆者自身が1998年の会社設立時から2006年11月まで8年以上非常勤の取締役副会長を務めたタリーズコーヒージャパンのケースを検討することにしたい。

　タリーズは、創業社長で元三和銀行（当時）行員であった松田公太氏が、家族・友人らから個人で7000万円の借金をし、1997年にたった1店の東京・銀座店からスタートした。その後、創業2年半という外食産業では最

第5章　会社の成長に合わせて進化する——成長の管理

短記録でNASDAQ-J（現・大証ヘラクレス）市場に上場。その後も成長を続け、MBO（マネジメント・バイアウト：経営陣による買収）の後、2006年には伊藤園に経営権を譲渡し、現在は同社傘下で400店弱の店舗数になるまでに成長を続け、米国シアトルに源流を持つ「スペシャルティコーヒー」のチェーンとしては、わが国第3位となっている。

　筆者は三井グループ系のベンチャーキャピタル（VC）であるエム・ヴィー・シー（MVC）の初代代表取締役社長を務めていた1997年、偶然夕刊紙で紹介されていたタリーズの記事を見つけ、まだ株式会社化する前の同社銀座店に松田氏を訪ね、その場で意気投合して「タリーズコーヒージャパン株式会社」の創設を勧め、MVCが創業時出資して以来、その成長の軌跡を社外取締役副会長（現在は特別顧問）として身をもって体験してきている。

　図表5-3は2000〜2009年のタリーズ直営・FCの店舗数の成長のグラフである[viii]。図表5-4は2008年9月末日現在の同社の日本における店舗の分布図である[ix]。1997年の創業当時、銀座店ただ1店からスタートしたことを考えると隔世の感がある。

図表5-3　タリーズコーヒーの店舗数

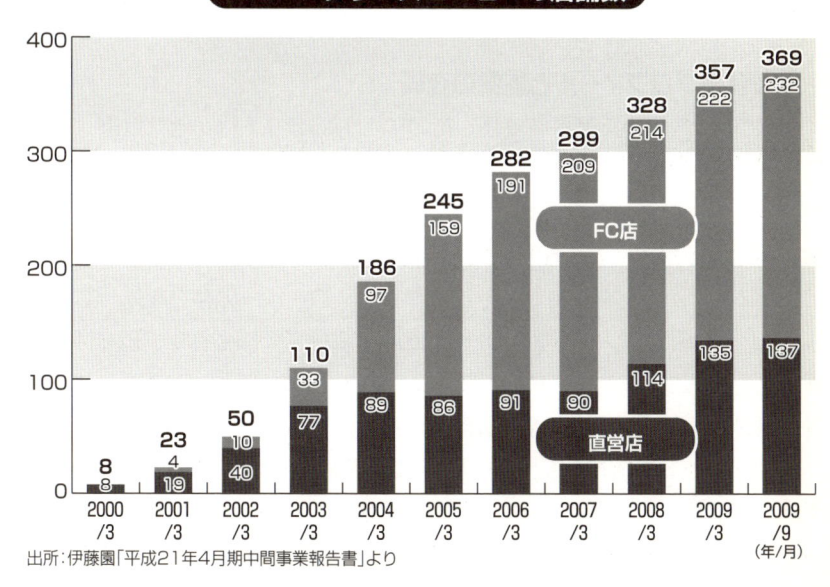

年月	合計	FC店	直営店
2000/3	8	—	8
2001/3	23	4	19
2002/3	50	10	40
2003/3	110	33	77
2004/3	186	97	89
2005/3	245	159	86
2006/3	282	191	91
2007/3	299	209	90
2008/3	328	214	114
2009/3	357	222	135
2009/9	369	232	137

出所：伊藤園「平成21年4月期中間事業報告書」より

図表5-4　タリーズコーヒー全国展開店舗数

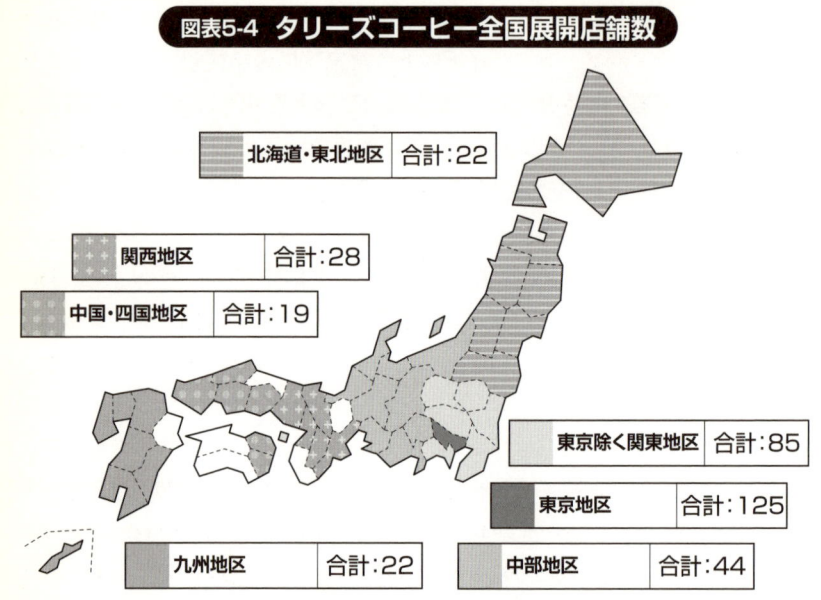

地区	合計
北海道・東北地区	22
関西地区	28
中国・四国地区	19
東京除く関東地区	85
東京地区	125
九州地区	22
中部地区	44

注：店舗数は2008年10月現在　出所：伊藤園「平成21年4月期中間事業報告書」より

出会い・創業

①創業者のプロフィールと創業の経緯

　筆者がMVCの創業社長に就任したのは1996年11月。それ以来、来る日も来る日も、多種多様なルートからの自薦・他薦の出資申込みとそのプレゼンテーションに少々食傷気味だった97年11月、偶然、通勤帰りの地下鉄車内で読んでいた「日刊ゲンダイ」に「米国から日本に来た3つのニュービジネス」という記事があり、そこでタリーズコーヒーの存在を知った。ちなみに、他の2つは、ビジネスコンビニのキンコーズ（Kinko's：現在はフェデックスキンコーズ・ジャパン）とオフィス・デポ（Office Depot：オフィス・デポ・ジャパン＝現在は通販事業に特化）であった。

　翌日直ちに部下に指示し、銀座の1号店に創業者の松田公太氏に会いに行かせた。部下からは「良い印象」との報告を受けた。

　そこで早速、山積みの出資申し込み・売り込みのプレゼンに優先してタリー

第5章　会社の成長に合わせて進化する──成長の管理

ズ銀座店を訪ねた。名刺を出し「社長にお会いしたい」と告げると、出てきたのはアルバイトとおぼしき20歳代後半の青年。それが、オーナーの松田氏だった。会うや否や、松田氏は「実は1つお願いがあります。ご覧の通り、この店はまださほど繁盛していません。ついては、お話は店の外のテラス席でお願いできますか。少しでも店が流行っているように見せたいので」と言った。

確かに開店後間もないこともあり、客足はイマイチのようだったが、それにしても寒空の下、わざわざ訪ねてきた初対面のVC社長をいきなり店のサクラに使おうというのだから、なかなかの男である。寒い外のテラス席で2人でいろいろな話をした。

松田氏は父親の仕事の都合で幼少時よりアフリカ、米国など海外生活が長く、特に中学・高校を過ごした米国ではボストン近郊のレキシントンが長かったという。筆者も高校時代に米国留学し、その後もボストンにあるハーバード経営大学院でMBA（経営学修士）を取った留学経験を持っている。そう

タリーズ銀座店　　　　　　　松田公太氏

注：現在は都市開発事業により閉店
写真提供：タリーズコーヒージャパン㈱

写真提供：
タリーズコーヒージャパン㈱

したことから話がはずみ、松田氏とは年齢は16歳離れているものの、いろいろな価値観を共有していることがわかった。

松田氏の口からは、共感する発言が次々と飛び出した。この当時は、シアトルスタイルの先駆けであるスターバックスコーヒーの銀座1号店が1997年8月に開店して1年ほど経った頃だったが、松田氏は「日本でもタリーズのような同種のスペシャルティコーヒーは大変可能性がある」と力説し、さらには「日本と米国の食文化の架け橋になりたい」「やがては日本発米国向けの飲食の仕事もやりたい」と、夢を熱く語った。

銀座店を開店するまでの「武勇伝」も、いかにも米国育ちらしいやり方で、好ましく思われた。

米国タリーズの味に感動し、何のツテもないまま、三和銀行（当時）を辞めてからは、突撃するかのようにトム・タリー・オキーフ同社会長に電話やメール攻勢をかけた。ついにはオキーフ会長が日本に出張したときに宿泊先の帝国ホテルに電話をかけ、半ば無理やり面会を要請。とうとう夕食に招待されるというチャンスをつかみ、そこから破格の条件で「日本でタリーズ店舗1号店を実験的に開くのを許す」という承認を得るに至ったという。

店舗の運営状況に話が移り、また驚かされた。なんと松田氏は横浜の自宅と銀座の店を往復する片道2時間・往復4時間の通勤時間を節約するため、何カ月も寝袋をかついで店舗に泊まり込んで、というよりは"住み着いて"働いているという。

当時、銀座店は深夜零時近くまで営業し、その後片付けが時には深夜2時までかかり、翌朝は8時の開店に合わせるため6時から準備を開始していたそうで、「通勤していては寝る時間がゼロになるための対応策」とのことだったが、これも並の人間にできることではないと、大いに感心させられた。

②ベンチャーキャピタルからの出資

「大きくなりたいかい？」と筆者が尋ねたところ、「はい。でも、この店だけでもアルバイト数名使っていて、私1人で精一杯。何店も展開するのは現状ではできません」との答え。

その場で、筆者自身、自分でも思いもよらぬ言葉が口をついて出た。「どう

だ、俺と組まないか？」。間髪を入れず「はい、よろしくお願いします」と松田氏は答えた。タリーズが個人営業のコーヒー店から、組織による企業体に生まれ変わることになった瞬間である。

　VCの社長である筆者が起業家である松田氏に「組まないか？」と言った意味はもちろん、当面の資金と経営をVCとして本格的に支援・指導するというコミットメントの申し出と同義である。当時のMVCは親会社である三井物産との協定で「社長投資権限」というものがあり、筆者には誰にも諮ることなく、3000万円までの出資なら一存で即決できる権限があった。しかし、それまではそのような権限をほとんど使うこともなく、通常の社内手続きや場合によっては投資委員会の承認を得ていたが、このときばかりはためらうことなくコミットすることを決断した。

　その背景には、筆者なりの算段が働いていた。旧来型の「喫茶店」とは全く異なる都会型ライフスタイルを売るスターバックス型（シアトルスタイル）の新しいコーヒーショップの業態の黎明期が見えていたこと、「2匹目のドジョウは狙える」という計算、生き残った者は1兆円に近い国内のコーヒーショップ市場の相当部分を獲得できるというチャンス、そして松田氏という目の前にいる逸材があった。

　当時日本には7500店舗ほどの喫茶店があったが、少なくともその3分の1程度は規模・コスト競争力・品質・店舗イメージで優れるスペシャルティコーヒーチェーンにやがて取って代わられる。そして、業態転換されたその後の市場を独占できるのは、恐らく上位3社程度であろう。

　「今なら、その一角に入れるはずだ」。筆者は瞬時にそう考えた。さらには最悪、松田氏が失敗することになったら、筆者自身がこの事業を担うことになってもやり遂げるという覚悟を決めて、「組まないか？」と申し出たのである。だが、正直言って、コーヒービジネスに出資したいなどと、そのときまでは全く考えたこともなかったし、ましてや、自分自身がその後8年以上も実際に経営に深くかかわりを持ち、その成長の全過程から筆者自身の手による2006年の伊藤園への経営権の譲渡（会社売却）までを経験することになるとは、予想だにしていなかった。

　「それでは、『御社』への出資の手続きをとりたい」と言ったところ、松田

氏は「まだ僕個人の借金7000万円でやっている店で、会社組織はないんです」と予想外の答えが返ってきた。「じゃ、まずは会社を作ろう。名前はやはり『タリーズコーヒージャパン株式会社』かな？」といった話をその場でしたことを今も覚えている。

その後しばらくして、九段下にあったMVCの本社で、松田氏、来日した米国タリーズコーヒーコーポレーション（TCC、当時）のオキーフェ会長、R・J・セルフリッジ副社長、それに筆者で会談し、タリーズコーヒージャパンの設立を正式に決めた。株主は松田氏、米国タリーズ社の他、取引先の内装業者やアイスクリーム業者が内定していたが、米国タリーズ社も資金にさほど余裕がなく、総額5000万円の資本金のうち2000万円が不足していた。約束通り、残りの2000万円はMVCが組成した投資事業組合から出資し、株式のかなりの部分をMVCが保有することから、タリーズコーヒージャパンはスタートした。1998年5月のことである。

この少し後には、三菱商事の子会社であるミレニア・ベンチャー・パートナーズの猪熊英行社長（当時）にもお願いし、株主に名を連ねてもらった。これにより、タリーズは創業時から、松田氏という有望な起業家を、三井物産と三菱商事という二大総合商社の系列VCがバックアップするという強力な後ろ盾を得ることになった。

初期展開の挫折と初のキオスク型店舗

こうしてスタートはしたものの、タリーズはすぐ順調に成長を開始したわけではなかった。最大の問題はコーヒーショップの成長には店舗数の増大が必須であるが、創業間もない無名のタリーズに一等立地の店舗を貸してくれるビルオーナーはほぼ皆無だったことだ。いくら松田社長が寝袋持参で銀座店で奮戦し、同店の売り上げが増大しても、成長には限界がある。

次に開いた神谷町の2号店はまずまずだったが、3号店の六本木店はフランチャイズ（FC）店という時期尚早な手法を取ったために挫折し、閉店・移転を余儀なくされた（ちなみに、この六本木店の移転先が現在のタリーズ六本木ヒルズ店で、後に六本木ヒルズが隣に建ったため大繁盛店となっている）。

第5章　会社の成長に合わせて進化する——成長の管理

　新規開店の良い場所を見つけて家主と交渉しても、大手の不動産会社は無名ベンチャーのタリーズはほぼ門前払い、大手外食と言えばマクドナルド、ケンタッキーフライドチキン、ドトールコーヒー、それにライバルのスターバックスコーヒーあたり。これら各社が知名度と豊富な資金力で良い場所は次々と確保してしまうのを、指をくわえて見るしかなく、2001年に上場して知名度も上がり資金力もできるまでは、随分と悔しい思いをしたものである。

　我々が迷っていたこの頃、シアトルの米国本社に出張し、同地でいろいろな店舗を見る機会を得た。シアトル中心街、郊外と様々な店舗を見学し、最後に案内されたのはマイクロソフト本社ビルの１階にある小さなキオスク型のカウンターのみの簡素な店舗だった。見ていると　のべつまくなしにITエンジニアたちが階下に下りてきてはコーヒーを買い、さっさとそれを持ってオフィスに戻ってゆく。わずかなスペースで驚くべき回転率である。

　松田氏に「こんな店、日本でもできないかな？」と尋ねると、「いいですね。でも、日本でこんな大企業のビルに我々が入れるでしょうか？」というコメントであった。そのとき、筆者の頭に閃いたのが、MVCの親会社である三井物産の東京・大手町にある本社ビルだった。

　帰国後直ちに、筆者は三井物産と折衝を開始した。幸運なことに、「三井物産本店ビル」を所有している物産不動産の当時の社長や総務部長は筆者が物産在勤中には仕事の上で大変親しくした方々であり、全面的にバックアップしてくれた。その結果、全く前例のないことであったが、６カ月後に同ビル１階ロビーの一角に、４号店となる「大手町三井物産ビル店」が開店した。たった５坪だけの椅子もテーブルも持たない、まさにシアトルのマイクロソフト本社ビルで見た店舗と同タイプの大規模オフィスビル内のキオスク型コーヒー店が、日本に初めて誕生したのである。

　大手町三井物産ビル店の誕生は、競合各社にも大きなインパクトを与えた。と同時に、タリーズの存在をPRする大きな足がかりともなった。さらに、この出店を機に三井物産食料本部からの出資も得られ、三井物産本体が株主に名を連ねることになった。

　同店は、三井物産社員・役員の絶大な支持をいただき、毎朝タリーズを買う長い行列ができるほど大繁盛した。ビルの館内人口は5000人を超え、国

内外の様々なビジネスパーソンが出入りする。三井物産本店での開業は、絶好のショールーム効果を生み、以降、ここでタリーズを見た人から出店の引き合いも来るようになった。

創業間もない4店しかないベンチャーのタリーズにとって、この開店で安定したキャッシュフローがもたらされた効果は、成長への足がかりとして計り知れないものがある。その後の店舗展開に、ここから一気に弾みがつき始めた。

本格的な店舗展開の開始と資金難

大手町三井物産ビル店開店後、持ち込まれる物件情報も増え始め、徐々に1等立地とはいかなくても、比較的賃料の安いいわゆる「1.5等立地」での出店が加速するようになってきた。しかし、一番の問題は、店舗数が少ない段階では多様な店舗形式を試す必要もあり、すべてを直営で運営しなくてはならず、店舗開店資金の負担が常に重くのしかかっていたことであった。

当時は効率化のため、本社のあった東京・白金台からクルマで30分以内の立地しか探さない方針を定めた。都内で30～60坪の路面店を開設するためには、エスプレッソマシンをはじめとする厨房機器、内装、家具什器など

大手町三井物産ビル店

写真提供：タリーズコーヒージャパン㈱

第5章　会社の成長に合わせて進化する──成長の管理

の設備資金に加え、通常店舗スペースを借りる場合は家主に対し保証金を月額賃料の12〜20カ月分積むことが求められ、中規模の店舗でも初期投資は数千万円の規模となってしまう。1杯300円程度のコーヒー・軽食類を売って回収するには、大変な繁盛と企業努力が必要になる。スペシャルティコーヒーのチェーン展開とはそれほど資本集約的なビジネスなのである。

　順調に発展を始めたとはいっても、まだ10店にも満たないような状況で、新たな出資者を募るのは至難の業。その役割の多くはリードインベスターたるMVCの社長で、タリーズ取締役副会長でもある筆者の仕事であった。

　借入金にはできるだけ依存しないほぼ無借金での経営を心がけ、MVCの株主で投資事業組合員でもあるさくら銀行（現三井住友銀行）系列のさくらキャピタル（当時）、中央三井信託銀行系列の中央三井キャピタル（当時）をはじめ、創業以来何度も増資に応じ最大株主の1つとなった三菱商事系列のミレニア・ベンチャー・パートナーズなどのVC各社に加え、追加出資してくれた三井物産（食料本部に次いで不動産本部）、さらには筆者自身のネットワークを使って、応援してくれる外資系・ベンチャー系の個人資産家からの出資も募った。

　まさにMVCの組織、筆者個人のつながりを総動員しての必死の資金調達の連続であったが、こうやって資金を集め続けても、新規出店の度に多額の資金が必要になる当初のビジネスモデルは自転車操業そのものだった。

　唯一の解決策は、一時も早く上場することであった。そして、その時期はライバルであるスターバックスコーヒージャパンよりも少しでも早くすることを目指した。

コラム　タリーズ成長に伴う店舗形式の多様化

　第1号店は典型的な路面店である銀座店からスタートしたタリーズは、前述の通り、4号店の大手町三井物産ビル店でわが国で初めてキオスク型の大規模ビル内店舗（いわゆる「オフィスビルイン店舗」）を開店させた。それ以降も、斬新な発想で様々な新型店舗を他社に先駆けて展開し

てきた。

　代表例が「病院内店舗」。2004年4月にわが国初の病院内店舗を東大病院（東京都文京区）に開設して以来、東北大学病院（仙台市）、千葉大学病院（千葉市）、亀田メディカルセンター（千葉県鴨川市）、癌研有明病院（東京都江東区）、さらに最近の日本赤十字社医療センター店（東京都渋谷区）など、医療施設内での患者・医療関係者双方の需要に応えている。

　他にも、証券会社、自動車ディーラーのショールーム、旅行会社、携帯電話ショップなどとの共同店舗（コラボレーション店舗）も多種多様に展開している。最近では、高速道路のサービスエリア（SA）内店舗や、京都大学、早稲田大学理工学部、慶応義塾大学日吉キャンパスなどの「大学内店舗」も展開している。

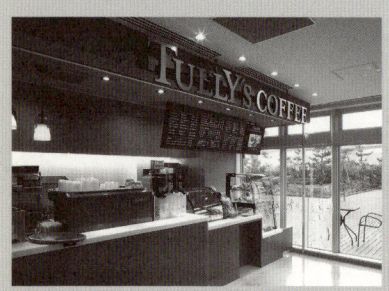

癌研有明病院店

宮前平店

イクスピアリ店
写真提供：4点ともタリーズコーヒージャパン㈱

上郷SA店

NASDAQ-J上場と新たな成長ステージ

①外食産業では史上最短記録での上場

　2001年7月、タリーズは無事、大阪証券取引所のNASDAQ-J市場（当時）に上場を果たした。同年10月に同じNASDAQ－Jに上場したスターバックスコーヒージャパンより3カ月早い上場だった。当時のタリーズは企業規模としては大変小さく、同年3月末の店舗数は23店舗、やっと利益も出始めた時期であったが、日本の外食産業の創業から上場までの最短記録である約2年半での上場達成となった。幹事証券は国際証券（当時）で、この種の業種の上場規模としては異例の小ささにもかかわらず幹事業務をを引き受けてくれた。

　三井物産、MVC、ミレニア・ベンチャー・パートナーズ、さくらキャピタル、中央三井キャピタル、オリックスキャピタルなどの大企業、VCが株主に名を連ね、さらに松田社長以下若く有能な経営陣が身を挺して次への成長を期している会社の体制と、「スペシャルティコーヒーの専門チェーン」というコンセプトとの将来性を評価されての上場だった。市場も好意的に反応し、時価総額は一気に60億円を突破した。

　しかし、上場の喜びにわく暇もなく、次の成長段階への課題が次から次へと襲いかかってきた。上場による知名度の向上は、新卒学生を含む人材の確保と店舗展開には大変なプラスとなり、多くの有能な学生が採用試験を受けに来るようになった。これまで門前払いだった大手不動産会社とも取引が始まり、一等地の大きなビルの優良物件にも出店できるようになってきた。

　上場までは一応の役員分掌や部署の組織はあったものの、1人何役もこなさなくてはならない場面も多かったが、上場後は徐々に専門部署ごとの組織もつくられるようになった。

　筆者は上場後のある日、当時赤坂にあったタリーズ本社に出向いた際、何人かの新卒学生が「人事部」に面接を受けに来ているのを見て、「タリーズもついに人事部を持つようになったか」と感慨を持ったものである。

②創業経営陣と上場後に加わった幹部社員との意識のズレ

　その一方で、創業から上場を経て徐々に「普通の会社」らしくなっていく成長プロセスは、これまでゼロからベンチャーとしてのタリーズを引っ張ってきた創業以来の経営陣には違和感も随分とあったようである。

　上場までは連日、役員も社員も夜遅くまで様々な仕事にたずさわり、夜10時を過ぎてもまるで昼間の執務時間のままのような活況があった。だが、上場後のある日、夜8時を過ぎて多くの社員が帰宅し、オフィスが閑散としているのを見て、松田氏は「情けないじゃないですか。まだ夜8時だというのにがらんとしてますよ」と筆者に嘆いたことがあった。銀座店に寝袋持参で泊まり込んでタリーズを育ててきた創業社長には、そういった状況は歯がゆく、なかなか受け入れ難いものがあったのだろう。

　それに対して、上場後に新卒で入社したり、大企業から転職してきた新しい社員たちにとっては、上場後のタリーズを一応は出来上がった会社と受け止めており、相応の職場環境、組織としての体裁・運営への期待感があって当然であろう。

　創業以来の松田氏以下の経営陣と、上場後に入社してくる幹部社員との間のこうした意識の落差は、他の多くの急成長ベンチャーと同様、会社に対する姿勢という点できわめて大きな違いを生む。この文化的な意識の差の溝は、埋めにくいものがあった。

　それぞれの専門分野でノウハウを持ち、大企業で相応の実績を上げ、上場後のタリーズに転職してきた人たちは、往々にして自分流のやり方を仕事を進める際の前提とする。そもそも移った際の自らの処遇がどうなるかに多くの関心がある場合が多かった。

　だが、創業時の経営陣は前述した石原氏をはじめ、皆、未来への夢に自分たちの将来を託してタリーズに飛び込んでいる。彼ら古参幹部と、上場後に入社してくる新しい幹部たちとでは、基本的に全く相容れない、ある種の価値観の乖離があった。

　本来、会社の成長に合わせて、両者の融合を様々な形で試み、「企業文化の継承」という形でさらに発展させていくべきである。しかし、これは実のところ、言うは易く、実際に行うには大変な困難を伴う。恐らく、どこの成功

したベンチャーでも、半ば神格化されてしまう創業時経営陣と相当に大きくなった段階で入社する幹部社員とのギャップの融合は大きな経営課題であり続けるかと思われる。結果として、有能な幹部社員が大企業から入社してきても、なかなかその定着は当時のタリーズにおいては難しかったようである。

例えば、クリスマス用の装飾・陳列は、創業時当時から松田氏が1店1店に合わせたアイデアを出し、評判の良い装飾を創り上げていたが、マーケティングの専門部署ができ、大企業から移籍してきた「専門家」たちによる全社統一の装飾・陳列が行われるようになった。ところが、その方が出来が良くないことがあった。松田氏はそういった店舗に自ら出向き、マーケティング本部による画一的なデザインをその場で修正してしまい、実際にそのほうが出来ばえがすばらしく、顧客へのアピールもはるかに効果的であった。しかし、これによってマーケティング本部の人たちは著しくモラールが低下してしまい、やがて退職してしまうこともあった。

確かに、松田氏個人の手腕や感性の方が、大企業出身の「マーケティングのプロ」よりも、タリーズの環境下では格段に優れていた。だが、何百も店舗を有するようになった場合、ここは組織としての運営に任せて、たとえそれが創業者から見れば100点満点の60点程度のレベルであっても、やはりシステム的・組織的な構造を我慢してでも作り上げてゆく必要もあったであろう。

会社の成長に呼応して、創業経営陣によるきわめて属人的な経営手法や成功体験は見直され、徐々に組織的・非属人的・システム的な運営による一層の効率化・組織化・均一化が求められてくる。そのための人事研修や様々な職場の規定に基づく企業・組織運営のノウハウも必要となる。

図表5-3に示した通り、2001年3月には23店だった店舗数は、02年50店、03年110店（FC展開を開始）、04年186店舗と急増。タリーズは上場後も絵に描いたような急成長を遂げる。その過程で会社規模も相応に大きくなり、いくらベンチャーという看板があっても、組織の拡大とともに徐々にサラリーマン化してゆくのは避けようがなかった。

そして、創業時のように「1店でも赤字店を出したら潰れる」といった切迫した危機感も、失われていったように思える。

伊藤園への事業譲渡

　タリーズは2006年には282店舗に達するまでに成長を果たし、同年11月に大手飲料メーカーの伊藤園に事業譲渡した。筆者が同社の経営幹部と個人的な知己があり、松田氏に紹介して無事、話がまとまった。現在は、伊藤園傘下の「タリーズコーヒー事業」の子会社として、大企業の経営ノウハウも人材も十二分に注入され、順調な発展を続けている。

　この事業譲渡は、わが国における「タリーズ」ブランドにとっても、この事業にかかわるすべての関係者にとっても、大変に良い選択であったと思う。同時に、伊藤園にとっても、タリーズという一流のコーヒーブランドを傘下に持つメリットは大きいはずである。今後のさらなる成長がますます楽しみな状況である。

タリーズの教訓

1. ベンチャー企業においては、創業時・初期段階と上場後の成長期・ブランド確立期では明らかに仕事のやり方が異なってくる。
　全くゼロからのビジネスを創り上げてゆくことは、ベンチャーのベンチャーたる醍醐味ではある。しかしながら、ある程度の形ができた後の発展段階においては、組織としての運営、効率的なシステム化、カリスマ的な属人性よりもある種"金太郎飴"的な非属人性を、より前面に打ち出す必要があろう。
2. 寝食も忘れて事業立ち上げに没頭する創業期や初期成長期を担う人材と、その後ある程度のブランドができてきてから入社してくる人材とでは、「会社」に対する期待・姿勢が全く異なる。
　自分ですべてを創ろうとするベンチャー経営陣と、後から入社し、プロの技能を相応の環境下で発揮しようとする専門職的幹部との関係がぎくしゃくするのはよくある話だ。両者の融和・歩み寄りのための仕組みを考えることは大変重要である。
　タリーズの場合で言えば、創業時に寝袋持参で店に泊り込んででも仕事を

仕上げるというベンチャー魂は、絶対に譲れないものである。これを次の世代に伝える合宿などの研修制度の充実が、もっと必要だったのかもしれない。その一方で、創業幹部には、より大きな組織の経営管理者としての視点・スキルを持つために、ビジネススクールの短期幹部研修などを行うことも必要だったと思っている。

実際、筆者は何度か松田氏自身にもハーバードビジネススクールのAMP（上級管理職研修）を3カ月間ほど受講することを熱心に勧めた経緯があるが、時間的に多忙すぎて実現できなかった。

3. 大企業への事業譲渡（会社売却）は、急成長ベンチャーの会社規模拡大への現実的な対応策として有効な場合もある。

タリーズの伊藤園という大企業への事業譲渡も、大きな目で見ると、経営体制の改革が次第に会社の規模拡大に追いつかないくらい深刻になり、上記のような問題が起きてきたところから、行われるべきして行われたとも考えられる。事業譲渡（会社売却）も、次章で詳述するように、ベンチャーの有力な「出口戦略」と言える。

---

i 伊藤園ホームページ（2010年4月期第二四半期中間決算資料p.10、タリーズ事業・タリーズコーヒー店舗数）http://www.itoen.co.jp/ir/material/200910.pdf

ii William A. Sahlman, "Lotus Development Corporation" ,Harvard Business School Case 9-285-094 (1985,Rev.Feb.1997), p.9

iii Andrew Zacharakis, "Building Your Pro Forma Financial Statements," in The Portable MBA in Entrepreneurship 4e ed.by William D. Bygrave & Andrew Zacharakis (New Jersey, John Wiley & Sons, Inc.2010) ,p.164

iv ㈶ベンチャーエンタープライズセンター『2009年ベンチャービジネスの回顧と展望』p.38から著者作成。米国については、同書が「NVCA 2009Year」を引用した資料から、筆者が独自にグラフ作成。米国はVC投資のみ、かつ米国内への投資に関しての結果であり、日本は海外投資を含む。

v 「世界経済のネタ帳」ホームページ、「世界の名目GDPランキング」より推定。
http://ecodb.net/ranking/imf_ngdpd.html

vi タリーズコーヒージャパン㈱ホームページ（「経営理念」より）
http://www.tullys.co.jp/company/policy.html

vii William D.Bygrave, "The Entrepreneurial Process," in The Portable MBA in Entrepreneurship 4e ed.by William D. Bygrave & Andrew Zacharakis (New Jersey, John Wiley & Sons, Inc.2010) ,p.21

viii iの前掲資料p.10

ix 伊藤園ホームページ（2009年4月期第二四半期中間報告書 p.13 タリーズコーヒーのご案内）より筆者作成。
http://www.itoen.co.jp/ir/inv_report/apr09/oct31all.pdf

第6章

出口戦略を常に意識する

瀧本哲史

1. なぜ出口戦略(Exit)が必要なのか

狭義の出口と広義の出口

　最終章では、ベンチャー企業の「Exit（イグジット）」について説明しよう。Exitとは「出口」の意だが、ここでは「出口戦略」、すなわち「起業した会社の終着点」ということである。

　狭い意味では、Exitは、外部の投資家であるベンチャーキャピタル（VC）が株式公開（IPO）、あるいはM＆A（合併・買収）による会社の売却によって、投資したお金を回収することを言う。VC向けに事業計画書（ビジネスプラン）を作って、資金を調達するときには、「出口戦略」に関するページを設ける必要があり、いつ頃に株式公開をするシナリオなのか、株式公開をしない場合には、どういった会社に売却することが可能なのか、といったシナリオを提示することが求められる。

　広い意味での出口戦略という観点からは、起業家自身の出口戦略を考える必要もある。会社を興したら、ずっと経営者を続けて、引退するまで経営者でいるという選択肢もある。しかし、それ以外のオプションとして、会社はそのまま継続しながらどこかの時点で他の経営者に譲り渡す、あるいは会社ごと他の会社に売却して、自分は次の活動に移るという選択肢もある。さらに言えば、会社を続けることが合理的でなければ、事業を自主的に終了する（会社を清算する）というオプションもあるだろう。

　事業を始めるときから出口を考えるということは、始める段階からやめることを考えるわけだから、一見、無責任で自己中心的な考え方に見えるかもしれない。確かに、「最後までやり遂げることが大事」というのは潔い考え方にも見える。

　しかしながら、出口を考えるのは、社会全体から見てもきわめて合理的な考え方で、むしろ、起業した当時のステークホルダー（利害関係者：この場合は起業家と投資家）がいつまでもその会社にかかわっていることが、会社にとっても、社会にとっても合理的ではないことが実は多いのである。

出口戦略の合理性とは

　まず、わかりやすいところで、投資家について考えてみよう。ベンチャーに投資するVCは、背後にいる出資者から資金を集めるときに、リスクが高く回収できないかもしれないが、うまくいったときには何倍、何十倍にもなる可能性がある案件に投資することを約束している。VCに出資している機関投資家は、そういった投資案件の性質に応じて、運用資産のごく一部を投資しており、また、VCの投資が高度の専門性に裏付けられていることに期待して、運用報酬を支払っている。

　こうしたVCの資金の性質からすると、会社がそれ以上成長しない、あるいは株式公開によって、ハイリスク・ハイリターンの会社からミドルリスク・ミドルリターンぐらいの会社に変わってしまったら、あえてVC経由で投資する必要はなくなるのである。したがって、会社が急成長する可能性があるベンチャーでなくなってしまえば、資金を回収する、あるいは回収ができないのであれば損切りをして、他の案件に集中することが求められることになる。

　これは、資本をより効率よく運用するという視点から見て、きわめて合理的な考え方であり、他の案件に資源が配分されるという点においては、社会にとっても望ましいということになる。

　起業家個人についても、実は同じ議論が成り立つ。起業して、新しい市場を開拓する起業家のスキルはそれ自体、社会全体にとって大変貴重な資源である。したがって、この人材はより効率よく社会で活用されるべきである。実際、起業のプロセスにおいて、ゼロからイチを作るように新たに始めることと、始めたビジネスをうまくいくように調整することと、うまくいったビジネスを大きくすることは、全く違うスキルと言ってよい。さらに言えば、傾きかけた会社を再建するというスキルはまた全然違うスキルである。

　アップルを起業したスティーブ・ジョブズ氏は、新しい会社、製品、サービスを創造することについては天才的な才能を持っていると言えるだろう。しかしながら、いったん傾きかけた会社を再建するというスキルを持っているかどうかはまた別である。ジョブズ氏がアップルを再建できたのは、「会社を再建した」というよりも、「iPodに代表される新製品によってほとんど新た

に会社を興した」といった方がよい。

　ジョブズ氏はアップルを追放された後、映像制作会社のピクサー・アニメーション・スタジオを買収し、同社の経営を成功させているが、ピクサーもまたそれ以前のCG（コンピューターグラフィックス）システム販売から、CGを使った映画などのコンテンツ制作という新しい分野に事業転換させたのであり、事実上新たに起業したと言ってもいいだろう[i]。つまり、ジョブズ氏ですら、起業の能力は高いが、決して万能の経営者ではないということである。

　したがって、会社がある程度成功して、ステージが変わったら、あるいはこれ以上頑張ってもあまり状況が変わらないということであれば、自分という資源を回収して他のプロジェクトに回した方が社会にとっても有用である。個人という視点からしても、人生は有限で、時間は貴重だから、他のことに時間を使った方がよいという判断になるのであれば、他の活動に移った方が有益であろう。

　会社、あるいはその会社が所有する製品・サービスを最大限社会に役立てるという観点からも、起業家や投資家がその役割を終えた方がよい場合もある。例えば、単独のベンチャーがその製品を持っていてもあまり市場に浸透させることはできないが、大企業の1グループになれば、一気にその商品が普及するというケースはよくあることである。その場合には、その会社を大企業に売却してしまった方が、社会全体にとっては有益であり、その分、起業家や投資家にとっても実りが大きい場合がある。

　実際、ネットワーク機器ベンチャーの世界では、最初からネットワーク機器最大手のシスコ社に買収されることを目指して起業するケースが非常に多い。シスコは、自社で研究開発を行う代わりに、研究開発型ベンチャーの中から見込みのありそうな会社を買収するという「研究開発のアウトソーシング」を行っている会社である。この戦略を「R＆D（Research & Development：研究開発）」ならぬ、「A＆D（Acqsiton & Development：合併開発）」と呼んでいる[ii]。

　新製品の売り上げシェアを全売上高の20％にすることを目標としている革新的なメーカーとして知られる3M（スリーエム）も、すべての新製品が

自社製品なのではなく、半分近くはベンチャーの買収によるものである。

このように、ベンチャーの持っている技術、製品、サービスが大企業の一部門になることは経済的にも合理的であり、重要な企業戦略にすらなっているのである。したがって、起業をするときに起業家がExitについて最初からまじめに考えておくことについては、何ら躊躇すべきではなく、むしろ積極的にイメージを持っていた方がよいのである。

2.株式公開（IPO）

IPOとは何か

IPOとは"Initial Public Offering"の略であり、一般的には「株式公開」と訳されるが、会社の株式が証券市場で売買できるようになり、広く一般投資家から資金を調達できるようになる状態のことを言う。最も有力なベンチャーの出口（Exit）であり、世間一般の「起業をして大金持ちに！」的なイメージである。

というのも、IPOは、会社としては新たな資金調達の機会となるが、それまでの株主にとっては株式を一般投資家に売却することができるチャンスである。今までは、理論上は価値があるが、誰かに売ることがかなり困難だった会社の株（未公開株）を売却することができるようになるからだ。

例えば、料理レシピの情報を集めたウェブサービスを提供するクックパッドは2009年7月17日に東証マザーズに株式公開した。このときの時価総額は約120億円だったが、上場時には人気が殺到し、翌営業日には時価総額は250億円近くになった。代表執行役の佐野陽光氏は約7割の株を所有していたので、実に150億円ほどの金融資産を築いたことになる。1997年の大学卒業後に会社を設立してから12年あまり、ITバブル崩壊後も、リーマン・ショックを経ても、日本がデフレ経済に突入していても、まだま

だ「起業してIPOで一攫千金」という古典的なモデルが通用しているという1つの例証となっている。

とはいえ、株式公開件数は景気や金融環境に左右されやすく、最も多かった2000年には200社を超えていたが、08年には49社、09年にはついに19社まで落ち込んだ。

IPOの件数が減った理由は、①景気低迷により、上場予定企業の業績が悪化した、②株式市場が低迷しているため、公開してもメリットが少ないと判断し、IPOを手控える企業が多かった——という要素が大きな要因ではある。これに加えて、ライブドア事件に代表される公開株式市場を揺るがす経済事件を機に、IPOの前提となる上場審査が厳格化され、それに合わせて、企業側の上場コストが増加したことも、企業がIPOを敬遠する理由となっている。

一方、ベンチャーキャピタル（VC）業界では、「株式公開市場には5年前後の上昇と下降の周期がある」というのが半ば通説になっており、数年以内に次の波がやってくる可能性もある。したがって、執筆段階（2010年夏）においては、株式公開市場は決して良い環境ではないが、起業をする上で最低限知っておいた方がよいことを以下に説明したい。

IPOのメリット

まず、会社にとってIPOのメリットは何だろうか。ここでは以下、5つに分けてメリットを説明したい。

①資金調達が容易になる

第1のメリットは、「資金調達が容易になる」ことが挙げられる。非公開企業が資金を集めようとする場合、VCから投資を集めるか、関連した事業会社から出資を集めるかのいずれかが有力な手段だが、お金の出し手は限られている。銀行などから借り入れをしようにも、担保力に乏しく、リスクも高いベンチャーはなかなか借りるのが難しい。

ところが、IPOをすれば、広く一般投資家から資金を調達することができるようになる。非公開企業が資金を調達しにくい1つの理由は、投資をした

後、投資家が資金を回収するハードルが非常に高いため、投資に慎重になることが挙げられる。

　これに対して、公開企業であれば、株式市場を通じて持ち株を売却することで、資金を回収することが可能になる。株式を売りやすくなることで、会社が資金を集めやすくなり、資金調達をすることで会社がさらに成長すれば、その会社の株主になりたい人が増えるので、投資をした人も投資を回収しやすくなるという好循環が働くようになる。もっとも、資金調達をしても、その資金の使い道が結果的に不合理で損失を出してしまえば、その会社の株式を買いたい人も減るので、株価は下がってしまい、投資の回収は困難になる。つまり、公開企業であっても、株式投資にはリスクがある。

　そのため、一般投資家が投資しやすい会社であるための最低限の条件を満たした会社だけがIPOできる仕組みになっている。

　また、株式市場を通じて資金調達ができるようになると、銀行などの金融機関も会社に対して資金の貸し付けをしてくれるようになる。つまり、IPOすることで信用力が上がり、株式による資金調達と、借り入れによる資金調達の両方がよりしやすくなるのである。

②買収による成長が可能になる

　第2のメリットは、「買収による成長が可能になる」ことである。米国でも、日本でも、IPO前とIPO後では、IPO後の方が成長率が低下するという研究がある[iii]。つまり、IPOできるようになった会社は、事業としては安定期に入っており、既存の事業の延長線上ではそれ以前ほどの高成長を得ることは難しくなってくるということである。

　そのため、新規事業を立ち上げるというオプションが選択されることになるが、新規事業を一から立ち上げるのはスピードや成功確率を考えると、必ずしも万全な方法ではない。そこで、ある程度うまくいっている事業や自社がかかわることで成長路線に乗れる可能性がある会社を買収することで、「成長を買う」という戦略が必要になってくる。

　もちろん、会社を買収するためにはその対価を元の株主に支払う必要がある。非公開企業であれば、自社の成長のために必要な資金の確保で手一杯で

あるから、買収資金を出すのは困難である。ところが、公開企業であれば、市場から資金を調達することで買収資金を捻出することが可能となる。

とはいえ、現実には、会社の買収を決定して、買収資金を調達するために株式を新規発行し、その資金で買収先に対価を払うというプロセスは時間がかかるし、その間に、買収対象の会社を他社に取られてしまうリスクもある。

こうした問題に対処するために、会社法は「株式交換による企業買収」という制度を準備している。すなわち、株式を発行して、資金を得た後、その資金を買収の対価として支払うのではなく、発行した株式そのものを対価として譲渡する形で買収することが可能となっている。買収される会社の株主にしてみれば、公開企業の株式であれば、株式市場を通じて現金に換えることができるので、対価は別に現金でなくてもよいということになる。

また、買収された後も会社に残って、その会社の価値を上げていけば、結果的に自分が所有する親会社の株式の価値が上がるわけだから、その面でもメリットがあることになる。これが非公開企業であれば、こうはいかない。非公開企業の株式をもらっても、容易に現金化することはできないからである。

株式公開後、豊富な資金力を武器に他社を買収することによって成長する戦略が有利であることは、学術的にも裏付けられている。合併、買収、事業提携によって外部の力を使って成長した企業は、内部の力だけで成長した企業よりも高成長という結論が得られている[iv]。

③**人材調達が容易になる**

第3のメリットは、「人材調達が容易になる」ことが挙げられる。筆者が数多くの公開企業の経営者にインタビューしたところでも、IPOのメリットとしてまず指摘するのは、「公開前と公開後では、人材の採用しやすさが格段に向上した」ということである。IPOを機にマスメディアで取り上げられる機会も増えるし、非公開企業に比べて、会社の知名度や経営内容の透明性も格段に高まるため、ベンチャーへの就職を敬遠している層も、積極的に就職や転職のオプションに加えるようになる。IPOを機に、業界の中でも認知されるようになるという要素もある。

例えば、「中古車の輸出業」というビジネスは、業者間同士の取引が主体の

ビジネスであり、マーケットも発展途上国が中心のため、一般の学生、転職希望者にはイメージがわきにくい業界だった。しかし、ある有力企業が株式公開したことによって、業界自体が世間に認知されるようになり、求職者が増えたという。

　もっとも、良いことばかりではない。公開企業かどうかを気にするのは、やや安定志向が強い有名大学出身者や大企業出身者が多くを占める。たとえベンチャー指向の人材であったとしても、挑戦心や自立心においてやや劣ると指摘する経営者も少なくない。IPO前とIPO後で会社は大きく変わり、自社株の割当数やストックオプション（stock option：自社株購入権）の付与数といった報酬も、IPO前に入った社員の方がはるかに条件がよいので、ハイリスクハイリターン指向やチャレンジ精神が強いベンチャー向きの人材は、逆に公開後には集めにくくなる。

④会社の社会的信用が高まる

　第4のメリットとしては、「会社の社会的信用が高まる」結果、取引もしやすくなることが挙げられる。

　ベンチャーが大企業と取引するときには、大企業の審査部門が信用調査を行うのが通常である。契約を履行できそうか、反社会的な勢力（俗に「ハンシャ」と呼ばれる。暴力団などのことである）とつながっていないか、突然倒産するリスクはないか、などである。公開していない会社の経営には開示義務がないので、大企業の側から見ればブラックボックスである。信用調査会社を使って調査したり、営業活動のやりとりの中で判断したりすることは可能ではあるが、それなりにコストがかかり、ハードルが高いプロセスである。

　そのため、優れた製品・サービスがあっても、こうした取引先企業の審査を通るのが困難であるために、他の大手企業の下請けに甘んじている会社もかなりある。

　ところが、株式を公開している会社であれば、証券取引所のルールや金融庁の規制、監査法人の監査などを通じて、会社の透明性が高まるため、大企業にとっても取引しやすい会社になるのである。もちろん、スキルが高く、業界について熟知している取引先や、企業名やブランドを気にせず、サービス

の中身だけで買うような消費者であれば、公開企業であることの信頼性はあまり重要視されない。だが、こうした「信用力」を評価する取引先もまだまだ存在することも事実ではある。

⑤ 会社の質が上がる

　最後に、第5のメリットとして「公開企業として求められるコーポレートガバナンス（企業統治）の水準が、会社としての質も上げる」ということを挙げておこう。

　IPOして、公開企業になるということは、一部の株主や経営者のための会社ではなく、広く社会全体の誰もが株主になる可能性を持つ会社になることであり、会社は「私物」から「公器」に変わる。その結果、公開企業は、株主による経営監視を可能にするための、内部統制、コンプライアンス（法令遵守）の管理態勢、情報開示体制が法的に求められるようになる。もはや、仲間内の「なあなあ経営」ではすまされなくなり、株主、ひいては社会に対して、説明責任を負うことになる。

　これは、ある意味で面倒なことではあるが、会社の経営に対してある種の緊張感を与えることで、最終的には経営の質を上げる効果がある。もっとも、公開後の会社の内部統制の仕組みなどが結果的に形骸化し、最終的には、社会を揺るがす金融犯罪、企業犯罪にまで広がってしまうことも多い。その度に新たな、より厳しい法令や制度が導入されるが、しばらく経つとまたその法令・制度をかいくぐった事件が起こったりする。

　いかなる内部統制の仕組みも、経営者のある程度の「性善説」を前提として作られたものであり、どんな制度においても、経営者の倫理観というものは最後まで重要な要素として残ることをここでは強調しておきたい。

IPOのデメリット

　ここまではIPOのメリットを挙げてきたが、IPOにはデメリットはないのだろうか。もちろん、IPOにもデメリットがある。書店に行ってIPO関連の本を探すと、ほとんどが監査法人や証券会社など、ベンチャーのIPOを支援

するプロフェッショナルサービスの会社がかかわっている本である。IPOをしようと考える者にとっては大変役に立つ内容のものが多いだろうし、それ自体は悪いことではない。

ただ、その一方で、IPOを推進することをビジネスとしている人たちが、自社サービスのプロモーションも考えて出している本であるという要素も否定し切れない。それゆえに、IPOのデメリットについては、本当のところをあまり詳しく書いていない。

また、起業して会社が大きくなってくると、監査法人、証券会社、さらには経営コンサルタントなど様々なプロフェッショナルがIPOを勧めてくる。もちろん、こうした活動は一種の営業という要素もあるので、それなりにバイアスがかかっている。

したがって、IPOのデメリットについてこそ、きちんと説明しておいた方がよいだろう。以下、6点にわたって説明する。

①企業秘密を守りにくくなる

第1に挙げるべきは、「情報の開示義務が発生して秘密が守りにくくなる」ということがある。いわゆる「IR（インベスター・リレーションズ）活動」である。

株式公開すれば、一般投資家が経営状況を分析できるように、ビジネスモデルや財務情報を広く世間に公開しなければならない。こうした情報は投資家及び将来の投資家向けの情報ではあるが、それ以外の人でも、誰でも自由に閲覧できる情報である。その中には、競合企業や取引先も含まれる。

競合企業にビジネスモデルや財務情報を公開すれば、ライバルに本当の儲けどころや弱点などを分析されて、対抗策を取られるリスクが高まる。実際には伸びているマーケットでも、ダメなフリをして競合企業が入ってこないようにするなどということはできない。もちろん、公開していなくても、企業活動は対外活動を含むから、完全に隠すことはできないのだが、公開企業になれば経営のかなりの部分がはっきりしてしまう。

会社の情報を公開し、自社を分析されることで不利になる点は、対競合企業にとどまらない。特に顧客が法人企業の場合には、例えば利益率が結構高

い製品・サービスではそのことをつかれて値引き交渉の材料を与える可能性もある。もちろん本来的には、価格交渉に応じる必要がないぐらい自社の競合優位性がなければ、ベンチャーとしては失格なのだが、そうしたリスクが高まる可能性はあり得る。

　こういった事情から、開示情報を巧みにコントロールしている会社も存在する。名前はあえて秘すが、世界的かつ多角的に展開しているあるグローバルメーカーは、事業部門ごとの収益性があまり変わらない。外部から見ている限り、いくつかの事業セグメントは独占に近いほどシェアが高いため、かなりの収益率を上げているはずだが、財務諸表上はわかりにくくなっている。実は、セグメントの分類がかなり恣意的になっており、儲かっている部門と儲かっていない部門を同じセグメントに入れることで、見た目の収益を平準化しているのである。

　また、ある大手素材系メーカーは、非常にニッチな分野で世界的なシェアを持つ商品をたくさん持っているはずなのだが、見た目の収益性はそれほど高くない。これにもカラクリがあって、経費の計上や減価償却の方針、売り上げの計上といった会計方針がことごとく保守的になっており、利益が低めに見えるようにしているのである。

　会計方針をいじるというと、利益を水増しする粉飾というイメージがまず浮かぶだろう。だが実際には、合法な会計方針の範囲でROA（総資産利益率）ベースで1％ぐらい動かすことはそれほど難しくないし、利益を低めに見せる「逆粉飾」というテクニックも広く行われている。公開企業の中にはそこまでして、「儲かる仕組み」を隠そうとする企業も存在するのだ[v]。

②一般投資家の要求に振り回される

　第2には、「株式市場の一般投資家は要求が厳しく、時には不条理なことさえあり、それに振り回される」ということである。ベンチャー企業の経営陣が株式公開を決断する要素の1つとして、投資を受けたVCや機関投資家からのプレッシャーが強いので、「早く公開して独り立ちしたい」というものがある。

　プレッシャーがかかるケースとしては、プロの投資家として厳しいアドバ

イスを言うケースから、限りなく素人に近い投資家が一種の"債権者モード"的に経営者に要求してくるケースまで様々あるが、ベンチャー起業家にとって、「IPOを実現して早くリターンを返せ！」という投資家からのプレッシャーはことほどさように強い。

ところが、実際にIPOをしてみると、あれほど厳しく、時には不条理で、事業に対する理解が浅くて腹が立つときさえあったVCですら、一般投資家に比べれば、はるかに協力的だったことに気づくのである。

ベンチャーは、長期的な成長を考えるために、1年あるいは3年のスパンで会社の経営方針を考えるべきだろう。しかし、一般投資家はそれほど悠長には待ってくれない。四半期ごとの業績開示が今ひとつであれば、一斉に株を売ってしまうことは日常茶飯事である。

インターネット上の一般投資家向けの掲示板には、企業や経営者に対する、とても教科書には載せられないような罵詈雑言が書き込まれることもある。あれほど名経営者と持ち上げていたメディアやそれを読んで心酔していた投資家たちが、業績が悪くなれば、あっという間に手のひら返しをするわけである。経営者の中には、人間不信に陥る人さえいる。もちろん、一時的な業績不振から立ち直り、それを糧にさらに自分を成長させられる経営者もたくさんいるのだが、その過程で、激しいバッシングの洗練を受けることを覚悟しなければならない。

③公開準備や情報開示のための事務量が増える

第3には、「IPOの準備や公開後の情報開示のための事務量が増える」ことが挙げられる。これは、きわめて現実的なデメリットである。

IPOをするためには、外部の第三者から見ても透明性が高い経営を行っていることを検証できるようにする必要がある。あらゆる意思決定や取引はすべて書類に落とし込まなければならないし、四半期ごとに投資家向けの開示資料を作らなければならない。株主向けの説明会も開かなければならないし、そのためには一般投資家に理解できるようなIR（Investor Relations：インベスター・リレーションズ、投資家向け情報提供）資料を作らなければならない。機関投資家のアナリストの訪問に対応する必要もある。

これらはIPOを果たした後ずっと続くことであるが、その前のIPOの準備段階においても、数百ページにわたる資料を作らなければならない。それ自体が直接事業の進捗に役立つものではないように思える事柄についても、きちんと整備しておく必要がある。

こうしたプロセスは、投資家側から見れば非常に重要かつ基本的なことであり、会社の経営の質を上げるためにはプラスになることではあるが、形式より実質を優先し、制度よりも自由を好む起業家にとっては負担感もあるし、少なくとも、こうした事務のためには多額の経費が発生することは理解しておくべきだろう。

④コンプライアンスの要請が格段に高まる

第4には、「公開企業に対するコンプライアンス（法令遵守）の要請は、非公開企業に比べてはるかに高まる」ことである。

比較的イメージしやすい例を挙げると、ベンチャーの中には、社員が深夜まで働いている会社もあるだろう。しかし、こうした経営は、厳密に言えば、労働基準法に違反している可能性がある。残業時間の上限や深夜労働に伴う割増賃金については、同法で厳格な規制がかかっている。「働きたくて働いているのになぜ？」とか、「そこまで厳密に適用したら、会社の存続が難しい」といった意見も当然出てくるだろう。確かにそうなのかもしれないが、公開企業であればこうした理屈は通らない。

他にも、いわゆるオーナー社長の親族が経営に関与しているようなケースについても、経営体制の見直しが必要になるだろう。

要は、身内や仲間内では合理的で皆が納得しているやり方でも、それは一種のローカルルールなのであって、厳密に言えば認められないケースが出てくるということである。これは会社が大きくなってくると、IPOをしなくてもいずれは通用しなくなることであるから、その意味では、本来は当たり前の話ではある。

⑤第三者からの干渉や買収リスクがある

第5には、「外部の第三者からの干渉、さらには買収されるリスクがある」

ことである。広く一般から資金を集め、誰でも株主になれるようにするということは、会社や起業家にとって好ましくない者が大株主になる、さらには買収される可能性があることを意味する。

これは公開企業の宿命であり、極端なケースでは競合企業の傘下に取り込まれてしまう可能性もある。そこまで行かなくても、経営に対してネガティブな影響を与える者が株主になることを原理上排除することはできない。もっとも、企業業績が好調で、株価が高いときにはこうした活動に巻き込まれる心配は少ない。買収は一種の政権交代であるから、政権である経営陣が成果を出せず、支持率が低いときにこそ起こりがちなのである。

その一方で、グーグルのように、利益を上げ続けているがゆえに、買収リスクを抱えている超優良企業も存在する。グーグルはこのリスクを回避するために、創業メンバーが少ない株式比率であっても、他の株式の何倍もの議決権を持つ「黄金株」を発行することで買収リスクを低減させている。

日本の場合は、黄金株を発行している会社がIPOを認められる可能性はほとんどなく、グーグルのケースも、株式公開時に黄金株に納得した人だけを株主にするスキームだったので、IPOが認められた。これはきわめて特殊なケースと考えるべきであろう。

⑥公開後の社内の雰囲気が悪くなる

最後に第6のデメリットとして、経営者が公の場ではあまり口にしないが、陰で愚痴として聞かされるケースについて説明したい。それは「公開後どうしても、社内の雰囲気が悪くなる」ということである。

まず、IPO前から会社にいて多くの株式を持っている社員は数億円単位の株式を持つこともざらであるから、株価の上下で気もそぞろになってしまう。こうした姿を見て、あまり株式を持っていない後から入社した社員は、大変しらけてしまう。これは株式を現金化していない場合だが、公開時に持ち株を売り出して普通のサラリーマンが一生かかっても貯められないぐらいの現金を手にしてしまった場合には、どうしてもモチベーションが下がってしまうという問題がよく起きる。こうした気分が役員クラスだけではなく、社長にまで蔓延すると、会社としては末期現象である。

これも名を秘すが、鳴り物入りで株式公開したあるベンチャー企業は、若い創業社長が数十億円の現金を手にした瞬間、経営よりも遊ぶことに気を取られてしまった。その結果、会社は1年ちょっとで傾いてしまい、結局、IPOで手にした自己資金をもう一度出資して立て直す羽目になった。

　IPOはあくまでも会社にとっては通過点であり、本来は成長の手段というのが建前ではあるが、実際には、急に大金を手にすると変わってしまう人が少なくないのが実情である。器の大きい人は、IPOを機にさらに上を目指そうとするのだが、残念ながら、そうではない人もいるということは知っておいてよいだろう。

3.会社売却

会社売却のメリット

　ここまで、ベンチャー企業の典型的な出口戦略のパターンであるIPOについて説明してきた。次に、もう1つの出口戦略パターンである「会社売却」について説明しよう。

　会社売却とは、会社を丸ごと他の会社に売却することである。買う側の会社から見れば、「ベンチャーをM&Aした」ということになる。起業家から見たM&A（合併・買収）のメリットは何だろうか。大きく分けて、3点を挙げることができる。

①会社の成長が加速される

　第1には、「会社を売却して、他の会社の1部門になることで、会社の成長が加速される可能性がある」ということである。そもそも、資本が潤沢な大企業にとっては、ベンチャーを買収しなくても、自社で同じビジネスを一から創ることが可能である。それにもかかわらず、大企業がわざわざ他社を買

収するのは、その会社を買うことで早くその事業に参入できるため、「時間を買う」ことができると判断しているからである。

　言い換えれば、大企業側にその事業をさらに伸ばせる算段があるから、会社を買収するわけである。ベンチャーは資本力、ブランド、人材採用力、いずれにおいても大企業と比べて不利なところがある。大企業の1部門になることで、こうした不利な点は一気に解消でき、さらなる発展ができる可能性がある。事業を大きくしたいと強く望む起業家にとっては、会社売却は有力な選択肢である。

②出口としての確実性が高い

　第2のメリットは、「出口としての確実性」である。

　IPOの場合は、成功するかどうかは、事業の進捗状況とは別次元で大変高い不確実性が存在する。マクロ経済状況、金融市場の状況、直前に行われた他社のIPOの動向、基準にあいまいなところが残る上場審査の判断結果、株式市場における気まぐれな投資家からの評価など、起業家がどんなに努力してもコントロールできない要素に依存している。

　その点、会社売却では、買い手は同じ業界のプロである場合が多く、会社の価値を公平に評価してもらえる可能性が高い。経済状況によって、企業買収が多い時期、少ない時期はもちろんあるが、買収慣れしている大企業の場合は、タイミングに関係なく良い会社を買う準備が整っている。上場審査では問題になるような形式的な不備についても、買収の場合にはフレキシブルな対応ができる。

　会社売却後の経営も、株式市場の気まぐれな要求に振り回されるIPOに比べれば、むしろ合理的である可能性が高い。つまり、会社を売却するときには、起業家がコントロールできる「実力の要素」が大きいのである。

③まとめて退出できる

　第3のメリットは、「まとめて退出できる」ということである。通常、IPOをしても、起業家は引き続き多くの株式を所有する大株主であり、自分の持ち株を全部売ってしまい、現金化することなどはできない。

ところが、会社売却の場合には、買い手が丸ごと全株式を買ってくれるケースがほとんどであり、大企業から経営陣を派遣してもらえるケースもあるので、経営から手を引くことすら可能である。起業を一段落させて、次のステージに進みたいと考える起業家にとっては、会社売却の方が望ましい。

会社売却のデメリット

もちろん、会社売却は良いことばかりではない。デメリットも存在する。これも大きく３つに分けて説明しよう。

①会社の価格（株式価額）評価が辛めになりやすい

第１のデメリットは、「会社を売却するときの会社の価格（株式価額）評価は、IPOに比べて辛めになりやすい」ということである。

IPOの場合は、将来の成長可能性も含めて評価し、かつ、会社をポジティブに評価する株主だけが買うので、価格は高めに付きがちである。

一方、会社売却の場合は買い手がプロであり、売却時点での現実的な評価に基づいて冷静に値付けをするため、価格は低めになりやすい。そもそも全く同じ会社でも、すぐに株を売れる公開会社と売ることができない非上場会社では、株価の評価は違ってきてしまう。経験則的には、会社売却の方が３割前後安くなってしまうと言われている。

もっとも、その会社にしかないかなり特殊なスキルや資産を持っていて、複数の会社が争奪戦を繰り広げるようなケースがないわけでもない。そうした場合は、かなりのプレミアムが反映される形で会社の価格が算定される可能性もある。企業価値評価は、一定の理論があるものの、ある程度主観的な要素がどうしても残るので、それが良い方向に働くときもあるのだ。

②潜在能力を発揮できなくなるリスクがある

第２のデメリットは、大企業の１部門になることで、「経営の自由度が落ち、その会社が持っていた潜在能力が発揮できなくなるリスクがある」ことだ。大企業は、ベンチャーに比べて意思決定のスピードが遅く、柔軟性に欠けるき

図表6-1 IPOと会社売却の比較

	メリット	デメリット
IPO	●資金調達が容易に ●買収による成長 ●人材調達が容易に ●社会的信用の向上 ●コーポレートガバナンス（企業統治）の水準向上	●機密保持に制限 ●一般投資家対策 ●事務量増大 ●コンプライアンス（法令遵守）要求の水準上昇 ●買収リスク ●社員の士気低下
会社売却	●大企業の力で成長加速 ●「出口」の確実性 ●一度にまとめてExit	●株価が低評価 ●大企業参加で経営の自由度低下 ●売却過程での情報開示リスク

出所：筆者作成

らいがある。その結果、チャンスをものにできなくなるリスクも高まる。

また、そうした経営風土の変化に伴い、ベンチャーの自由さを好んでいた古参メンバーが退職する可能性もある。これは大きな損失となり得る。なによりも起業家自身が親会社の意向に縛られ、やる気をそがれるケースもある。

③競合企業に情報開示するリスクを伴う

第3のデメリットは、会社売却を検討する過程で、「潜在的な競合企業に情報を開示するという大変リスクの高いプロセスを経なければならない」ということである。これは、もちろん情報をうまくコントロールすることで回避可能ではあるが、一定の限界があるのも確かである。

以上、IPOと会社売却のそれぞれのメリット、デメリットを改めてまとめたものが、図表6-1である。

ケース6-1 メールニュース（現サイバー・コミュニケーションズ）

会社売却については日本ではまだまだケースが少なく、最終的には、起業

家の仕事観、人生観にもかかわることなので、抽象論ではなかなか理解しにくいだろう。

そこで、自らが起業した「株式会社メールニュース」を創業4年目に、電通グループのサイバー・コミュニケーションズ（東証マザーズ上場）に売却した才式祐久（さいしき・さちひさ）氏のケースを紹介することで、どのようなメカニズムが働いているのか、説明したいと思う。

①起業家のプロフィールと創業までの経緯

才式祐久氏は、大学では理学部化学科にいたが、あまり化学の勉強に集中できず、就職先をどうするか悩んでいた。たまたま求人誌で、化学会社とゼネコン（ゼネラル・コンストラクター：総合建設業）をマッチングさせて、砂利舗装を改善する新製品作りの仲介を行った会社（ベンチャー・リンク）を見つけて、興味を持ち、そこへの就職を考えた。同社は「独立志向がある人募集」という求人方針で、新入社員の95％以上が「将来は社長になりたい」という社風の会社だった。

才式氏がベンチャー・リンクに在籍したのは3年間だったが、その2年目の1994年に同社は当時の店頭市場に株式を公開し（現在は東証2部上場）、才式氏はIPO前後の会社の大きな変化を目のあたりにし、自らも上場できるような会社を作りたいという野望を持つに至る。同時に、営業先の中小企業経営者が必ずしも自分と比べてそれほど優秀とは思えないのに、経済的に恵まれている人が少なからずいることも、自分でもできるのではないかという気持ちにさせたという。

従業員持ち株会の株式が50万株から10倍の500万株に株式分割され、50万円の投資が500万円の価値になったのを機に、これを元手に才式氏は起業を決意する。とは言え、まだ起業テーマは決まっておらず、子供ができて、「このまま会社に残ったら、きっと怖くて起業できなくなるだろう」ということから、清水の舞台から飛び降りる決意で退社した。

こうして、才式氏がメールニュース有限会社を起業したのは97年6月（同年11月に株式会社に改組）。最初は、ベンチャー経営者を講師にした起業家向けのセミナー事業をスタートさせた。その頃はセミナーの告知を一斉同報

ファクスで行っていたが、その経費がバカにならないので、電子メールに移行させた。送り先のリストがだんだんと増えてきたので、他の会社のメールマガジンの配信代行を始め、そこに少しずつ広告を入れていったところ、評判が良く、顧客が増えてきた。その実績を基に、まだまだ小さかった大手マスメディアのメールニュースの広告を積極的に売り始めた。当時はまだ新しいメディアだったが、知り合いのベンチャー企業の経営者がその可能性を理解してくれて、どんどん出稿を集めることができるようになった。

才式氏は「自分は決して天才ではないが、この世界なら一番になれるのではないか」と確信する。「他の人と違うことをしたい」という才式氏の夢が実現しつつあった。売上高は、1年目2500万円、2年目5000万円、3年目2億8000万円、4年目13億7000万円と、インターネットの成長とともに急成長を遂げることになる。なけなしの現金と現物出資で創った資本金300万円のメールニュース社は、あっという間に10億円を超える時価総額を有し、ベンチャーキャピタル（VC）から資本を集められる会社になった。

②会社売却の経緯とスキーム

インターネットバブルの熱狂の中、メールニュースは快進撃を続け、上場準備も着々と進んだ。上場審査もクリアし、後はいつ上場するか日程を決めるだけというタイミングで、電通とソフトバンクの合弁会社であるインターネット広告代理店のサイバー・コミュニケーションズ（cci）から、業務提携の提案があった。

Eメール広告は、インターネット広告の中では急成長している分野だったとはいえ、ニッチなビジネスであり、いつかは大手の広告会社と提携すべきだと、才式氏は考えていた。cciはヤフー（Yahoo！）の広告を販売する最大の代理店であり、またとない相手である。そこで出されたcciの提案は、会社を買収することを前提とした、事業提携であった。cciとしては、新しい広告分野であるメルマガ広告を早急に立ち上げる手段として、メールニュースの買収を検討していたわけである。

上場を目の前にして、才式氏は大きな決断を迫られることになる。才式氏は考えた。元々自分が起業をしたかった一番コアとなる理由は、「他の人とは

違うことをして、大きく違う結果を出したい」ということだったのではないか。実際、才式氏は高校のときに自衛隊の航空学校にも合格しており、真剣にパイロットになろうと思っていた時期もあったという。「電通グループで1つの事業部門の責任者になることは、それはそれで新しいチャレンジではないか」。そう考えた才式氏は、会社の売却を決断する。

2001年7月、株式交換での売却を行い、メールニュースはcciと合併。才式氏はcciの大株主として、また、電通のグループ企業の中で最年少の執行役員として、32歳にして新しいキャリアをスタートすることになる。

専門家として腕を買われて、大きな企業グループの会社の役員などをしていた才式氏だが、しばらくすると、やはり自分は大きな組織の一員というよりも、「一国一城の主」である方がやりがいを感じると気づくことになる。

そこで、会社売却時の契約である2年間を経過した03年9月、才式氏は同社を退社。新たに、SSパートナーズ有限会社を立ち上げ、再び起業家としての人生をスタートさせた。

現在は、同社の他、リノベックス代表取締役など複数の企業を経営し、ビジネスホテルの運営委託やリフォームした不動産物件の賃貸、医療関係の人材紹介など、様々な事業を手がけている。

③メールニュースの教訓
1. 会社を売却するのも1つのキャリア上の選択である

才式氏は、IPOして公開企業の社長として仕事を続けるよりも、電通グループの中で活躍した方がよりスケールの大きい仕事ができるのではないか、他の人とは違うキャリア、人生を歩めるのではないかと判断した。

実際、彼の望みは叶った。ただ、結果的に自分が大企業に向いていないこともわかり、再度起業する道を選んだ。もし才式氏がそのままIPOをしていた場合、自分が本当にしたいことを発見したり、再度起業したりするオプションはなかっただろう。その意味では、会社売却した方が、キャリアが拡がる可能性もある。

2. 売却のスキームによっては、経済的には必ずしも恵まれない

メディア報道などから推定すると、メールニュースの会社売却時の企業

価値評価は20億円を超えていたと考えられ、才式氏は十数億円の含み益を公開企業の株式という形で、手に入れたことになる。

しかしながら、その後、ネットバブルの崩壊によって、株式の価値は数分の1に下がってしまった。2006年頃にはまたcciは高値を付けているが、そこでも才式氏はあまり株式を売却していない模様である。才式氏にとって現金を入手することの優先度は必ずしも高くないように思えるが、どうだろうか。

3. 起業家は、起業すること自体が好きな人が多い

才式氏もそうであるが、会社を売却した起業家は再び会社を興すケースが実は多い。ツイッター（Twitter）の創業者も、ブログサービス企業のブロガー（Blogger）をグーグルに売却したメンバーが、その売却資金で再挑戦したものである。そして、その資金を活用することで、短期的な収益を考えずに、じっくりとツイッターを新しい情報メディアとして育てていく余裕ができたと、あるインタビューで答えている。

会社売却後のそのほかのキャリア

才式氏のように大企業のサラリーマンに転身するケース、あるいは、その後の才式氏のように、再び起業するケースを取り上げたが、それ以外の人生を選ぶ人もいる。

1つのキャリアは、今度は起業家を育成する投資家（いわゆるエンジェル）になるというパターンである。投資育成会社のサンブリッジ（本社東京都渋谷区）のファウンダー（創業者）・代表取締役会長であるアレン・マイナー氏は、日本オラクルの創業メンバーである。

もう1つは、ビジネスからは引退して、社会活動に基軸を移す人もいる。最近では、ビル・ゲイツ氏が有名である。日本でもそういう人は何人かいるが、彼らはあまり名前を出すのを好まないので、ここでは例を挙げないでおく。

4.事業の終了

　IPOと会社売却という比較的ハッピーエンドの出口戦略の手法をここまで挙げてきたが、それ以外の形で会社が終了してしまうことがある。これが「事業の終了」である。

　具体的には、何年か事業を続けて、黒字化できず、資金がショートして事業が終了する、あるいはそこまで行かなくても、事業が拡大する見込みがないので、廃業する（会社を清算する）というケースだ。

　ここでは、具体例によるケーススタディーで、説明しよう。

ケース6-2 **初代ライブドア**

①初代ライブドアの事業終了の経緯

　旧ライブドア（現LDH）は、堀江貴文氏が創業した会社だが、実は「ライブドア」という社名自体は堀江氏が作ったものではない。それ以前に、ライブドアという社名で無料インターネットプロバイダー事業を行っていた全く別の会社が存在し、それを堀江氏が当時経営していた「オン・ザ・エッヂ」社が買収してその名前を取ったものである。ライブドア（以下、ここでは「初代ライブドア」と呼ぶことにする）は1999年に設立された、無料インターネットサービスプロバイダーだった。

　最初は、インターネットプロバイダーを無料で提供し、接続時に表示される広告収入で利益を上げるというビジネスモデルを構想していた。外資系の大手VCから多額の出資を受け、タレントを起用した派手な広告宣伝もあり、目標としていた100万人の加入者数を大幅に上回った。しかしながら、当時はまだ新しかったインターネットの「バナー広告」の価値を広告主があまり評価せず、広告収入を伸ばすことができなかった。

　そこで、初代ライブドアは、インターネット接続を行うときに、当時は電話回線を使うダイアルアップが主流だったので、電話料金を電話会社からキャッシュバックしてもらい、それで事業を成立させるという新しいビジネ

スモデルに変更した。

しかしながら、このモデルもネット接続電話料金の定額化やブロードバンド（高速大容量回線）化に対応できずに経営が行き詰まり、結局、同社は2002年に民事再生手続きに入り、事実上倒産した。倒産の原因としては、不正会計による米国の通信会社の倒産により、通信会社からのキャッシュバックが止まり、資金繰りが急激に悪化したとの説もある。

堀江氏が創業したオン・ザ・エッジは、初代ライブドアの事業を買い取り、知名度が高かった同社とそのサービス名を自社の新しい社名とした。

初代ライブドアの当時の社長だった前刀禎明（さきとう・よしあき）氏はその後、しばらくの浪人期間を経て、米国アップル・コンピュータ（Apple Computer：現Apple Inc.）のマーケティング担当バイス・プレジデントに就任し、後に日本法人の代表取締役も務め、「iPod mini（アイポッド・ミニ）」のヒットに大きな貢献があったとされる[vi]。

②初代ライブドアの教訓
1. ビジネスモデルが時代に合わなくなれば、淘汰されるのが必然

初代ライブドアは、アメリカの有力な投資会社が数十億円を投資し、有力な経営陣を投入して、所期の事業計画を達成したが、通信料金の定額化、ブロードバンド化という大きな変化には対応できず、最終的には破綻した。

一時的には良さそうなテーマであっても、どれほど大きなビジョンがあり、有力な経営陣がいたとしても、時代の変化、技術の進歩がそうした好条件を無にしてしまうことは往々にしてある。最近の例では、ウィルコムの会社更生法申請が同じような例として挙げられるだろう。

2. 事業が失敗しても、そこで活躍した人材には復活のチャンスがあり、それは社会的にも合理的である

初代ライブドアの社長で、派手なキャンペーンとパブリシティーで短期間にユーザーを獲得することに成功した前刀氏は、同社で培ったノウハウやネットワークをアップルで活用することにより「iPod mini」をヒットさせた。初代ライブドアでは女性誌とのタイアップやメディアミックスな

どを積極的に仕掛けており、こうした手法は「iPod mini」のキャンペーンにかなり役立ったと思われる。

　会社が失敗しても、そこで活躍すれば、またチャンスが回ってくるということは、「失敗者に対して冷たい」と言われる日本社会において、良いニュースのように思える。実は、他にもそういったケースはある。

　元NTTドコモの執行役員でiモード立ち上げに貢献した夏野剛氏（現ドワンゴ取締役）は、無料インターネットで経営破綻したハイパーネット社の元副社長だった経歴の持ち主である。ポータルサイト「Yahoo！JAPAN」を運営するヤフー社長の井上雅博氏は、80年代前半に注目を集めたパソコンベンチャーのソード出身だが、ソードは業績悪化から東芝に身売りした会社である。米国では失敗したことも、そこからの学習があれば、1つの経験、キャリアとして前向きに評価されるが、日本でもそうしたケースが今後もっと増えてくることが期待される。

3. **事業が終了しても、その経営資産が再活用される可能性はあり、それは社会的にも合理的である**

　　初代ライブドアの無料インターネット事業は、堀江氏のオン・ザ・エッジに会社は引き継がれたものの、事業自体は終了した。しかしながら、そのブランドの知名度は活用され、その後の同社の拡大路線の一翼を担ったことは、非常に興味深いことのように思われる（そのことが結果的に、後に起きるいわゆる「ライブドア事件」の一因になってしまうのだが）。

　　こうした事例はあまり報道されないが、破綻したネットサービスのコンテンツやユーザーを他の会社が引き継いだ事例は、筆者が直接見聞きしたものだけでも2〜3件存在する。会社が終了しても、何らかの形で経営資産が継続利用されるというケースは意外に多いように思われる。

　　これはこれで、資本主義の仕組みであり、その資産を最も良く活用できる企業・人材に移転するということになり、社会的に見ても有用な活動と考えられる。

i アップルについては、オーウェン・W・リンツメイヤー／林 信行著『アップル・コンフィデンシャル 2.5J（上・下）』（アスペクト、2006年）が、ピクサーについてはデイヴィッド・A・プライス著／櫻井祐子訳『メイキング・オブ・ピクサー——創造力をつくった人々』（早川書房、2009年）が、それぞれ大変目の行き届いたレポートとなっている。

ii シスコについてはやや古いが、本荘 修二・校條 浩『成長を創造する経営—シスコシステムズ・爆発的成長力の秘密』（ダイヤモンド社、1999年）がある。顧客のニーズをすばやく満たすためにM＆Aを多用する背景などが述べられている。

iii ジェフリー・A・ティモンズ著／千本倖生、金井信次訳『ベンチャー創造の理論と戦略—起業機会探索から資金調達までの実践的方法論』（ダイヤモンド社、1997年）。日本については、趙丹「新興企業の成長戦略と財務－IPO前後の成長パターンの検証」、年報財務管理研究（17）pp.46-51が詳しい。

iv 趙丹前掲

v 須田 一幸・山本 達司・乙政 正太『会計操作—その実態と識別法、株価への影響』（ダイヤモンド社、2007年）、勝間和代『決算書の暗号を解け! ダメ株を見破る投資のルール』（ランダムハウス講談社、2007年）などに詳しい。

vi ライブドア買収の経緯について、旧ライブドア側からの記述は堀江貴文『稼ぐが勝ち』（光文社、2004年）に詳しい（もっとも、ここで堀江氏が説明している未来構想はほとんど実現していない）。旧ライブドア側の記述は、筆者による関係者インタビューに基づいている。勝者は歴史を書き、敗者の声はかき消されるのが世の常である。

執筆者紹介

木谷 哲夫（きたに・てつお）　第2章・第3章執筆、編者
京都大学産官学連携本部　IMS寄附研究部門教授

1960年神戸生まれ。東京大学法学部卒、シカゴ大学政治学修士（MA）、ペンシルバニア大学ウォートンスクールMBA。10年にわたりマッキンゼー・アンド・カンパニーにてコンサルタントとして活動。アソシエートプリンシパルを務め、金融機関等の新規事業戦略の立案や、自動車、ハイテク産業でのオペレーション改善に従事した。日本興業銀行（現みずほ銀行）にて企業金融業務、アリックス・パートナーズにて新興ネットベンチャーのターンアラウンド等を担当。

スタートアップ企業への助言、大学コミュニティーにおける起業への関心喚起、ベンチャー経営ノウハウを教育の場で効果的に伝達するための教育コンテンツ・仕組みの開発などに取り組んでいる。研究領域は企業戦略、ベンチャーファイナンス、リーダーシップ論。大阪府特別参与、大阪府改革評価委員を兼務。

瀧本 哲史（たきもと・てつふみ）　第1章・第6章執筆
京都大学産官学連携本部　客員准教授

東京大学法学部卒、東京大学大学院法学政治学研究科助手、マッキンゼー・アンド・カンパニーを経て現職。マッキンゼーでは、内外の半導体、通信機、エレクトロニクスメーカーの新規事業立ち上げ、投資プログラムの策定、新卒学生の採用活動およびトレーニングを担当。

独立後、日本交通グループの企業再生、ケーブルテレビのバイアウト投資を行う。ベンチャー投資における実績多数、特に創業期の投資を得意とする。研究領域は起業論、ベンチャー企業のガバナンス。

現在はエンジェル投資業（創業期起業に対する自己資金投資）も行っている。

麻生川 静男（あそがわ・しずお）　第4章執筆
京都大学産官学連携本部　IMS寄附研究部門准教授

京都大学工学部機械工学科卒、同工学研究科修了、ミュンヘン工科大学に短期留学（サンケイスカラシップ奨学生）。

カーネギーメロン大学（CMU）工学研究科（電気・コンピュータ工学）修了、徳島大学工学研究科後期博士課程修了、博士（工学）。

住友重機械工業、ライトウェルに勤務の後、ファースト創甫を創業。CMU日本校プログラムディレクターを経て現職。システム開発エンジニア、SE、ソフトウェアプロジェクトマネジャー、データマイニングビジネスを核とした社内ベンチャーの立ち上げ、複数のITベンチャーの顧問などを歴任。

日本におけるベンチャーの系譜論、および国際的に通用するベンチャー魂をもった人材の育成について、研究・教育を行っている。

須賀 等（すが・ひとし）　第5章執筆
国際教養大学グローバルビジネス課程　客員教授、京都大学産官学連携本部　非常勤講師、慶應義塾大学経営管理研究科　非常勤講師。

早稲田大学政治経済学部政治学科、ハーバード大学経営学大学院卒（MBA）。

三井物産M&A部門の創設者の1人として数々の成功案件を手がける。1996年三井グループ系ベンチャーキャピタル、㈱エム・ヴィー・シーの初代代表取締役社長就任。

タリーズコーヒージャパン㈱を同社創業時に発掘。投資・育成を手がけナスダックジャパン（現・大証ヘラクレス）市場へ上場、2006年の同社の㈱伊藤園への経営権の移転にも同社取締役副会長として大きな役割を果たす。2000年三井物産、エム・ヴィー・シー退任後、2004年三菱地所後援により丸の内起業塾を創設、同塾長として2010年7月末現在累計220名以上の卒塾生を送り出す。

現在、数社の有望ベンチャー企業等の役員・顧問を務めるほか、2009年5月より経済産業省「大学・大学院起業家教育推進ネットワーク」委員、同「教材・ケース　ワーキンググループ」座長。2008年経済産業省所轄　創業・ベンチャー国民フォーラム「Japan Venture Award 2008」中小企業庁長官賞受賞（起業支援家部門）。

ケースで学ぶ
実戦・起業塾

2010年8月23日　1版1刷

編著者	木谷哲夫
	©Tetsuo Kitani, 2010
発行者	羽土　力
発行所	日本経済新聞出版社
	東京都千代田区大手町1-3-7　〒100-8066
	電話(03) 3270-0251
	http://www.nikkeibook.com/
印刷・製本	竹田印刷
本文DTP	CAC
	ISBN978-4-532-31636-5
	Printed in Japan

本書の無断複写複製(コピー)は、特定の場合を除き、
著作者・出版社の権利侵害になります。